LES CHOSES Du COEUR
LIVRE 1

LES JEUNES
ANNÉES

Un Mémoire

RACHEL G. CARRINGTON

LES JEUNES ANNÉES
Copyright © 2023 by **Rachel G. Carrington**.

All rights reserved. No part of this book may be reproduced or transmitted, downloaded, distributed,
reverse engineered, or stored in or introduced into any information storage and retrieval system,
in any form or by any means, including photocopying and recording, whether electronic or mechanical, now known or hereinafter invented without permission in writing from the publisher.

DISCLAIMER: The contents of this work, including, but not limited to, the accuracy of events, people, and places depicted; opinions expressed; permission to use previously published materials included; and any advice given or actions advocated are solely the responsibility of the author, who assumes all liability for said work and indemnifies the publisher against any claims stemming from publication of the work.

Print information available on the last page.

To order additional copies of this book, please contact:

MAPLE LEAF PUBLISHING INC.
www.mapleleafpublishinginc.com

General Inquiries & Customer Service
Phone: 1-(403)-356-0255

Email: info@mapleleafpublishinginc.com

ISBN Paperback: 978-1-77419-181-1
ISBN eBook: 978-1-77419-180-4

Ce livre est dédié à mon mari, Bradley,

car sans lui ma vie aurait été une toute autre histoire.

Bradley E. Carrington

20 novembre 1920 au 31 décembre 2009

A hui hou kakou, e ku'u aloha. 1

Traduction de la langue du vieil Hawaï : Jusqu'à ce que nous nous revoyions, mon amou

Préface

La rédaction de cette autobiographie a tardé à venir, et le processus est quelque chose dont j'ai trouvé que j'avais besoin pour rendre ma vie complète. J'ai toujours tenu des journaux, à partir de mon adolescence et tout au long de ma vie d'adulte. Au fil des ans, à partir de ces documents manuscrits, j'ai écrit de nombreuses histoires courtes qui ont été présentées à ma famille et à mes amis lors d'occasions spéciales telles que des anniversaires, des anniversaires, etc. En raison du contenu de ces écrits, ces membres de la famille, mon mari bien-aimé d'abord et avant tout, et de nombreux amis fidèles m'ont encouragé à écrire un livre, et une fois que j'ai commencé, ces personnes m'ont grandement encouragé tout au long de l'écriture de l'histoire de ma vie. Pour cela, je suis éternellement reconnaissant.Ces journaux n'existent plus car une inondation majeure en 1989 a détruit la plupart d'entre eux, et j'ai délégué ce qui restait au tas d'ordures. Mais sa mémoire est un attribut remarquable et précieux. Une fois que j'ai commencé l'histoire de ma vie, les rivières de la mémoire ont commencé à couler.

J'ai perdu des êtres chers dont la mort a laissé un vide gigantesque dans mon cœur. L'écriture de ce manuscrit a été très thérapeutique pour moi en inondant mon esprit de bons souvenirs de leur vie, pas des tristes de leur mort.

CONTENTS

Préface	5
Remerciements	9
Introduction	12
Les Années De Formation	14
Se Fixer Des Objectifs De Vie	20
L'anniversaire De L'éveil	24
Passer en Temps De Paix	27
Sweet Sixteen: Grandir Mais S'accrocher à L'enfance	29
Temps De Loisirs	33
Aventures Estivales à La Campagne	36
La Douce Splendeur De L'été	46
Coups De Cœur	49
Un Voyage En Train: Découvrir Deux Mondes Différents	51
Les Surprises Continuent D'arriver	56
Un Quasi-Accident	59
Découverte Alarmante	63
Vraies Confessions	66
Encore Une Dernière Fois	74
Démarrer Une Nouvelle Entreprise Ou Deux	79
Une Décision Importante	82
Plus D'obstacles	84
Daniel	87
Le Secret De Dee	89
Moments Volés	91
Anticipation des choses à venir	94
Joyeuses Soirées D'Hiver	97
Problèmes De Maturité	101
Plaidoyer Pour Le Changement	104
Un Aperçu Du Futur	107
Attacher Les Bouts Lâches	111
Pompe Et Circonstance	113
Un Soupçon De Caractère	116
Une Nuit Inoubliable	118
Le Taxi	121
Une Surprise Problématique	124

Un Jour à La Fois	126
Une Autre Pièce Du Puzzle	128
Un Havre De Paix: La Misère Réprimée	130
Nouvelles bénies	133
Un voyage aux jours perdus	136
Besoin De Plus D'espace	139
Le Déménagement	142
Faire Monter Les Enchères	144
Signes De Trouble	146
Un Début D'Incertitude	148
Problèmes Imminents	151
Problèmes Gênants	153
Trouble Brews	154
Recherche, Décision, Action	159
La Robe	163
Avoir Hâte De	165
Obstacles De Confusion	167
Étapes Décourageantes	171
Une Stratégie Différente	176
Un Plaidoyer Répété	179
L'entretien D'embauche	182
Une Chance De Grimper	186
Dépenser De L'argent	190
Les Questions D'argent	192
Nouvelles Tant Attendues	195
La Proposition	197
Une Escale Redoutée	200
Peur Du Matin	203
La Décision	205
Joyeuses Retrouvailles	207
De Retour Dans Les Carrington Folds	209
Anneau De Cloches De Mariage	211
Célébration Après Le Mariage	213
Le Retour En Ohio	215
Le Retard	218
La Promotion	220
Incertitude Future	221
Thanksgiving Numéro Un	223
Premier Hiver	226
Les Bonnes Nouvelles Ne Cessent D'arriver	230
Heures Chargées	232

S'installer à La Campagne 233
Les Nouvelles Apportent Le Changement 235
Ça Vaut La Peine D'attendre 236
Signaux Mixtes Et Nouveaux Bébés 238
Déménagement Et Un Soupçon D'avenir 241
Une Première Surprise Réconfortante 243
Se Préparer à Aider 245
Difficultés Et récompenses 248
Six Plus Deux 251
Une Peur Redoutée Prend Vie 254
Loisirs D'été Rares 256
ne Arrivée Surprise 260
Bébé Leeza 262
Tout Est Bien 265
Danger Sur La Montagne 266
Vulnérabilité Nocturne 268
Indications De Problème 270
Trois Nounous Et Un Billy Acariâtre 275
Un Coup De Pied Dans L'oubli 278
Derrière Des Portes Closes 280
Notre Avertissement: Ma Surprise 282
Le Nombre Magique Est Sept 285
Stockage 287
Une Quasi-Tragédie 289
Le Soutien De Dee Et Son Chagrin 292
Début Des Temps Effrayants 295
Sauvé Par Le Chemin De Fer 297
Plans Cruciaux En Préparation 299
Le Retour 304
Vraiment Béni 306
Épilogue 308

Remerciements

Tout d'abord, à ma sœur Dee, sans elle, mon livre n'aurait pas été possible. Ma chance de rencontrer mon âme sœur serait passée sans qu'elle m'ait poussé à lui donner une chance.

Deuxièmement, à ma sœur Alli, qui était bébé quand j'ai quitté la maison de mon enfance. Elle m'a encouragée à raconter mon histoire afin qu'elle et les sœurs qui sont venues après elle puissent apprendre à me connaître. Et après l'avoir entendu, elle m'a exhorté à le mettre par écrit pour que tous puissent le lire.

Ces sœurs susmentionnées ne sont plus avec nous car elles ont été appelées Home. A hui hou kakou, Ke Aloha kaikainas. Aloha No Au Ia 'Oe! 2 Tout aussi important que ce qui précède - à Lucy, ma plus jeune sœur, qui m'a prêté avec amour ses compétences en matière d'édition, beaucoup de temps à m'écouter lire le manuscrit et les encouragements à m'en tenir à la tâche.

À ma sœur Brandi, née après mon départ de la maison, qui m'écoutait avidement lire le manuscrit et qui a dû essuyer des litres de larmes en m'écoutant.

À ma fille Margene, qui a scanné mon manuscrit d'un œil objectif, recherché des pensées complètes et une continuité du sujet, et a brutalement souligné ce qui manquait, le tout avec un cœur plein d'amour.

Et le dernier de tous, mais non des moindres, à mon amie Connie, qui a une pléthore de récits écrits de ses propres expériences de vie exceptionnelles et significatives. Ses mémoires, la plupart écrites de sa belle écriture, m'ont continuellement poussé à écrire mon livre comme un héritage à ma famille, si ce n'est pour aucune autre raison.

Que Dieu vous bénisse tous pour vos contributions !

Traduction : Jusqu'à ce que nous nous revoyions, chères sœurs. Je t'aime!

Introduction

L'écriture de ce livre a servi de beau papier cadeau pour un très don spécial que Dieu m'a donné. Ce cadeau, c'est ma vie, une vie tellement remplie qu'en regardant en arrière, je vois très peu de choses que je ne voudrais jamais changer !

Chaque épreuve que j'ai vécue, chaque obstacle que j'ai rencontré, chaque chagrin d'amour qui m'est arrivé et chaque doute que j'ai eu en cours de route, je les considère maintenant comme des éléments constitutifs qui ont façonné mon existence dans la vie que j'ai eue et les souvenirs que j'ai tenté de dépeindre dans ce livre—si très spécial.

I

Les Années De Formation

Tout au long de mes années de croissance, nous avions des règles strictes à suivre. Nous étions une famille nombreuse, s'agrandissant d'année en année, semblait-il. En fait, mes frères et sœurs - dix d'entre eux - et moi, dans la plupart des cas, avions dix-huit mois d'écart. Lorsque l'école était en vacances d'été, nous devions tous faire notre part dans les tâches quotidiennes qui nous étaient confiées, et nous acceptions notre routine comme normale, sans ressentiment. Cependant, j'ai appris très jeune que si vous terminiez rapidement les tâches qui vous étaient assignées, vous n'en receviez que plus ! Moi, étant le premier-né de notre famille, j'avais déjà la plus grande liste. Au début, quand on me donnait un travail, je le faisais aussi vite que je le pouvais dans le but d'abord de plaire à ma mère, et ensuite d'avoir du temps pour moi pour jouer ou lire. J'ai appris rapidement que le résultat serait d'avoir des tâches supplémentaires assignées. J'ai alors réalisé que je devais ralentir, sinon j'en viendrais au point de ne plus pouvoir terminer du tout. Certains jours, notre charge de travail était plus légère et, à ces moments-là, lorsque nous étions libres de nos devoirs, nous pouvions jouer avec les enfants du quartier. Cependant, j'ai trouvé plus difficile de trouver du temps pour profiter de mon passe-temps favori. C'était – et c'est toujours – de la lecture…quand je n'écris pas.

La lecture est devenue pour moi un substitut au voyage, un rêve auquel je ne m'attendais pas à devenir réalité, alors que je pouvais trouver des livres sur des endroits très éloignés de mon petit coin du Kentucky. Après avoir découvert les opportunités qui m'attendaient à la bibliothèque de mon école - et plus tard à la bibliothèque municipale - j'ai commencé à avoir un choix encore plus large de matériel de lecture. De quelques-uns des périodiques sur les voyages que j'ai empruntés, avec leurs descriptions alléchantes de lieux de notre pays.

J'ai appris que des brochures de voyage colorées pouvaient être demandées par courrier aux chambres de commerce des villes voisines vers les nombreux sites qui retenaient mon attention. L'ouest des États-Unis et les parcs nationaux de la région sont devenus pour moi un intérêt primordial. Mes désirs étaient des rêves que je ne m'attendais pas à réaliser.

Quand j'avais lu tous les livres, magazines ou journaux qui étaient disponibles à la maison, je lisais l'impression sur les boîtes de céréales, les instructions sur la nouvelle cafetière que papa avait achetée, ou même les étiquettes sur les matelas (et je me demandais pourquoi nous impossible de les supprimer).

Pour une raison quelconque, ma mère ne voulait pas que je lise un livre. Son avertissement à mon égard était de "sortir le nez de ce livre et de trouver quelque chose de plus actif à faire". Plus tard à l'école, les seuls livres qu'elle trouvait agréable à lire étaient des manuels ou des livres nécessaires pour les comptes rendus de lecture. J'hésite à l'admettre, mais pour voler du temps pour lire des livres dans une bibliothèque, si ma mère s'y opposait lorsqu'elle me découvrait en train de lire, je lui dirais que c'était nécessaire pour un rapport de lecture. Cela, elle l'accepterait. Il semblait que le type de livre ou le contenu n'avaient pas grand-chose à voir avec ses objections ; elle ne voulait pas que ses enfants deviennent, selon ses mots, des rats de bibliothèque car elle pensait que cela nous rendrait paresseux.

A cette époque de ma vie, la décision ne concernait que moi, car mes sœurs, les deux plus jeunes que moi, n'aimaient pas lire et les plus jeunes n'étaient pas encore à l'école.

Ma mère a appliqué plus strictement sa décision lorsqu'il s'agissait de lire des magazines. Je sais maintenant que c'était les magazines romantiques qu'elle voulait que j'évite, et je comprends plus facilement cela, mais j'ai remis en question certaines des règles de mes parents pour nous si je ne pouvais pas comprendre les raisons derrière elles. Je n'ai cependant pas verbalisé ces questions parce que la réponse était toujours "Parce que je l'ai dit".

Je n'ai pas toujours obéi à ces règles. La plupart des règles, cependant, nous avons tous accepté docilement. Il semblait que tous les autres membres de la famille à cette époque étaient plus obéissants que moi ; ils se sont contentés d'obéir sans aucun doute, c'est-à-dire jusqu'à ce que nos frères, les premiers garçons nés de papa et maman après cinq filles, arrivent. Mon frère aîné avait tendance à être hargneux et peu coopératif et il était souvent autorisé à se débrouiller avec sa désobéissance. Mon jeune frère avait une disposition ensoleillée et, à cause de sa gentillesse, il était souvent autorisé à ignorer les règles et les corvées et à faire ce qu'il voulait.

Les règles de mes parents pour nous, dans la plupart des cas, étaient basées sur un raisonnement sain ; ils étaient destinés à façonner notre caractère et à nous aider à devenir de bons citoyens. Je crois que certaines règles concernant nos vêtements ou le maquillage que nous portions ont été transmises par les familles religieuses des deux parents, mais surtout par la famille de mon père. Dans l'ensemble, je pense que nos parents ont bien fait de nous aider à établir des valeurs appropriées pour nos vies d'adultes.

Aucun de nos parents n'avait une éducation au-delà de la huitième année, et à cause de cela, moins de choix d'emploi s'offraient à eux. Ils croyaient que leurs enfants avaient besoin, au moins, d'études secondaires. Ainsi, une bonne éducation était une priorité que nos parents nous fixaient, et même s'ils ne pouvaient se permettre que très peu de choses à part nourrir et vêtir notre famille, ils encourageaient - voire exigeaient - que nous allions à l'école, et la plupart d'entre nous avaient des records d'assiduité impeccables tout au long de l'année. nos années scolaires. Les seules absences que j'ai jamais eues étaient une absence à cause de la rougeole et une autre à cause de la réaction allergique que j'ai eue à la piqûre d'une abeille, toutes deux en deuxième année, sans aucun retard tout au long du primaire et du secondaire.

En raison du niveau de revenu stressant de papa, il était probable qu'aucun d'entre nous ne puisse jamais s'attendre à aller au-delà du lycée. Il nous a exhortés à faire de notre mieux pendant que nous avions le luxe de fréquenter l'école qu'il pouvait se permettre. Pour ce faire, nous devions être à l'école tous les jours possibles dans la fenêtre d'opportunité qui s'offrait à nous. Aujourd'hui, je suis reconnaissante des efforts de mes parents pour placer l'éducation en tête de liste des priorités des années de croissance de leurs enfants.

Lorsque l'opportunité s'est présentée pour moi d'aller à l'université, c'était sous la forme d'une offre de bourse inattendue et très lucrative.

J'ai eu une décision difficile à prendre ! En mai 1947, je me trouvais à un carrefour crucial de ma vie. Vers la fin de ma dernière année, là où il n'y en avait pas auparavant, une opportunité de poursuivre des études supérieures m'a été offerte sous la forme de cette bourse tout compris.

Àce moment-là, j'avais décidé d'oublier l'université et de chercher un emploi après le lycée, car je ne m'attendais pas à ce qu'il soit possible d'aller à l'université. Une autre raison qui a influencé ma décision était que je ne voulais pas quitter ma région natale.

C'est au cours de l'été qui a précédé ma dernière année, alors que je n'avais que seize ans, que j'ai rencontré quelqu'un dont je sentais avec la plus grande certitude qu'il était celui avec qui j'étais destiné à partager ma vie. Le bon sens m'a dit que un jour je regretterai peut-être ma décision, mais le léger doute que j'avais ne m'a pas empêché de poursuivre mon rêve de faire ma vie avec lui, et le rêve a pris le pas sur tout le reste dans la décision qui m'a été prise. La bourse offerte fournirait une couverture financière complète pour l'enseignement supérieur, faisant du manque d'argent un obstacle. Il était bien connu que la bourse était l'une des bourses les plus recherchées disponibles à l'époque, mais je sentais fortement que je devais la refuser, car les questions de cœur ont tendance à l'emporter sur tout le reste.

Je sentais fortement que mes parents me combattraient dans cette décision, mais je sentais que je ne pouvais pas les laisser gagner. J'ai pensé que ne pas leur parler de mon offre pouvait fonctionner si le personnel de l'école ne les impliquait pas, et jusqu'à présent, ils ne l'avaient pas fait. Ils m'avaient donné des formulaires à remplir et à retourner lors de la demande de bourse, ce que j'avais fait. J'avais été encouragé par mon mentor élémentaire, le directeur de South Denton Elementary, à postuler. Sachant que mes parents m'approuveraient son prix s'il m'était offert, même si je ne m'y serais jamais attendu, et ne voulant pas passer par les tracas d'obtenir la signature de mon père, j'avais signé les noms de mes parents sur les formulaires de candidature. Puisqu'ils n'étaient présents à aucune des réunions de planification de la remise des diplômes, ils ne l'ont appris que lorsque j'ai refusé.

J'ai honte d'admettre que je devenais de plus en plus et silencieusement provocateur envers mes parents. Je sais maintenant que les jeunes adolescents passent souvent par cette étape. Je me suis rebellé, encore une fois silencieusement, contre leur autorité et surtout parce que j'avais des règles à respecter qui semblaient trop strictes par rapport à celles des autres dans ma promotion. Certes, j'avais un an de moins que les autres, ce qui pourrait compenser une partie de la différence. Je me suis toujours légèrement rebellé si je ne pouvais pas trouver une raison valable à la règle ; c'était particulièrement le cas lorsque je pestais contre les décisions qu'ils prenaient concernant mon avenir, car je voulais avoir le dessus sur ces décisions, et quelque part en cours de route, je leur ai fermé les oreilles. Je suis éternellement reconnaissante envers ces bonnes personnes (la voix de l'amour de ma vie résonnait haut et fort parmi elles) qui ont attiré mon attention et m'ont maintenu en équilibre lorsque la voix de mes parents n'a pas atteint mes oreilles !

Ma mère et mon père se sont mariés respectivement à vingt-deux et vingt-six ans et sont devenus parents à vingt-cinq et vingt-neuf ans. J'étais leur premier-né, et comme aucun manuel fiable pour élever chacun et chaque enfant est disponible, ils ont dû apprendre avec moi les bases de l'éducation des enfants. Avec leur premier, deuxième et troisième enfant, ils ont été plus stricts en tous points qu'avec ceux qui sont venus plus tard, lâchant légèrement les rênes avec chacun d'eux.

Lors de notre dernière réunion de famille, en comparant les règles et l'application stricte de ces règles, nous les aînés avions comme enfants avec les règles rencontrées par nos plus jeunes frères et sœurs, nous avons réalisé à quel point nos parents avaient changé. Tous les parents doivent apprendre ce qui fonctionne et ce qui ne fonctionne pas, ceux d'aujourd'hui comme ceux d'hier, donc ma conclusion est que je n'avais que des parents ordinaires qui aimaient leurs enfants et faisaient de leur mieux. Avec chaque enfant successif, ils supprimaient les règles et les méthodes qui ne fonctionnaient pas et assouplissaient les autres au fur et à mesure qu'ils apprenaient. C'est juste que j'étais le premier… mais j'ai survécu sans cicatrices !

Avec le recul, il y a très peu de choses que je voudrais changer dans la vie que j'ai vécue. Je ne suis qu'une personne ordinaire, méconnue, banale, mais qui a vécu une vie extraordinaire, multiforme, passionnante, remplie d'amour. Je suis maintenant au mois de septembre de cette vie, et bien qu'elle ait connu de nombreux changements, j'ai une myriade de raisons d'affronter chaque jour avec le sourire. J'aime voir le soleil se lever sur les montagnes chaque matin et se coucher sur l'océan chaque soir (avec le bonus très attendu mais toujours inattendu d'un flash vert). J'aime le temps libre, mais j'ai envie du temps occupé et de l'expérience des deux avec un plaisir égal. Je suis seul mais pas solitaire. L'amour de mon mari me soutient même s'il n'est pas physiquement présent ; il m'attend dans une meilleure maison ! L'amour de mes enfants, petits-enfants et arrière-arrière-arrière-petits-enfants et mon amour pour eux font chanter mon cœur de joie ! Et le dernier mais non le moindre, l'amour de mon Père céleste est le fil continu qui relie tout cela.

2

Se Fixer Des Objectifs De Vie

J'ai grandi dans une petite ville du Kentucky, une ville typique de l'époque, où les voisins se connaissaient tous et se souciaient les uns des autres. La plupart d'entre nous avaient un revenu faible à moyen (en fonction principalement de la taille de la famille).

La plupart des chefs de famille étaient des cheminots, le chemin de fer étant la principale source d'emploi dans notre ville. Dans les environs, les mines de charbon étaient nombreuses et un certain nombre d'hommes de notre ville travaillaient dans ces mines. Les autres travailleurs travaillaient dans les services alimentaires, les épiceries, les entreprises de meubles, les magasins de vêtements, les magasins de pièces automobiles, les emplois de bureau et les services de santé avec quelques professions telles que médecins, avocats et enseignants. Notre ville se vantait d'avoir une école secondaire publique, deux écoles élémentaires publiques et une école élémentaire paroissiale. Il était de plus en plus nécessaire pour nos jeunes de s'expatrier dans les grandes villes pour trouver un emploi après l'obtention de leur diplôme. Cela pourrait être ce à quoi je serais confronté en tant que diplômé.

Puisqu'il semblait toujours y avoir une demande d'enseignants, mon père m'a encouragé à viser cet objectif après l'obtention de mon diplôme.

J'ai facilement accepté; Je pense que cela aurait été mon choix même sans son insistance. Mon père a admis ouvertement qu'il avait des raisons égoïstes de vouloir cette carrière pour moi ; il pensait que cela me garderait dans mon état natal du Kentucky et peut-être dans notre ville natale.

Lorsque j'ai commencé la huitième année et que j'ai poursuivi mon entrée au lycée, je m'étais fixé pour objectif de devenir professeur d'arts du langage. Mon directeur du primaire au collège semblait reconnaître un certain potentiel en moi. Par conséquent, il m'a montré quel grand collège il y avait des possibilités pour les étudiants ayant de bonnes notes, en particulier ceux qui étaient prêts à travailler dur. J'avais hâte d'apprendre. Une grande partie de mon empressement était due à mon désir de plaire à ce merveilleux professeur qui m'encourageait tant, un enfant d'une famille nombreuse dont les parents n'avaient pas les moyens de m'envoyer à l'université. Cependant, la principale raison de mon empressement était de plaire à ma famille, en particulier à mon père, qui surveillait mes progrès à l'école et admirait ouvertement mon zèle pour apprendre. Sans m'en rendre compte, j'établissais un modèle qui m'a suivi pendant et à travers de nombreuses années de ma vie d'adulte. Ce schéma consistait à faire passer le plaisir des autres avant de considérer mes propres désirs. Ce n'était pas parce que j'étais désintéressé ; J'avais besoin de l'approbation des autres.

Mon père avait toujours montré de l'intérêt pour mon éducation, et même quand je commençais à peine l'école en première année, il semblait éclater de fierté avec ce que j'apprenais chaque jour. Chaque jour où je rentrais de l'école quand papa n'était pas censé travailler, il semblait attendre que je lui montre tout ce que j'avais appris de nouveau, et j'étais toujours ravie de lui parler des nouvelles expériences d'apprentissage que la journée avait fournies . L'attention de papa était quelque chose dont j'avais toujours rêvé, et j'ai appris très tôt dans la vie qu'essayer de faire de mon mieux à l'école attirerait toujours son attention. Il fournissait l'argent pour tous les livres que je devais acheter, mais vérifiait toujours soigneusement le contenu afin de se tenir au courant de ce qu'on m'enseignait. De plus, en raison du manque d'argent à dépenser pour ce qu'il pensait être inutile, il a remis en question n'importe quel article s'il ne pouvait pas déterminer le besoin.

Un article dont je me souviens précisément était un périodique intitulé Junior Scolaire. Chaque élève de ma classe a reçu une copie à emporter à la maison pour notre parents à voir. L'échantillon avait une demande d'achat avec des instructions à remplir et à renvoyer à l'école, et la demande doit être accompagnée du coût de l'abonnement de l'année. Je ne me souviens pas combien c'était, mais mon père, qui avait des fonds limités à dépenser pour des articles pas absolument nécessaires, m'a dit que je devrais m'en passer. J'ai été très déçu et j'ai commencé à signaler des articles de l'échantillon qui étaient si bons. Je n'oublierai jamais ce qu'il m'a dit alors, car c'est quelque chose dont je me souviens toujours quand je regarde un échantillon de quoi que ce soit à vendre.

Il a dit: «Rachel, un échantillon montre toujours tout à son meilleur. Vous ne pouvez tout simplement pas vous en tenir à cela pour vos décisions concernant un produit. Le magazine peut être sept d'accord, mais ce n'est pas un manuel, et je dois vous acheter des manuels. Il n'y a pas assez d'argent pour tout.

Aujourd'hui, plus d'un demi-siècle plus tard, j'ai toujours tendance à remettre en question tous les échantillons, mon opinion reflétant celle de mon père concernant cet échantillon du petit périodique.

Mon père a reçu une note de mon professeur expliquant à quel point le Junior Scholastic serait important pour mes études et qu'il était conçu comme un complément à nos manuels pour nous tenir au courant de l'actualité. Elle lui a également parlé d'un fonds auquel il pourrait demander de l'aide pour l'acheter pour moi. Inutile de dire que mon père a demandé l'abonnement et l'a payé.

Il a fait remarquer: "Je paierai les fournitures de mes propres enfants."

Plus tard au lycée, la promesse de bourses a ravi mes deux parents. À cette époque, peu étaient financièrement en mesure d'envoyer leurs enfants dans les bonnes écoles sans l'aide d'une bourse d'études. Par conséquent, il était rare qu'un parent refuse l'offre d'une bourse pour son enfant.

En raison de mes bonnes notes et de mon désir de réussir, le directeur de mon école primaire dans la petite ville de Denton, Kentucky, a pris la décision de charger lourdement mon horaire de matières afin de me faire avancer plus rapidement, son objectif étant de me donner la possibilité d'accéder plus tôt à l'enseignement supérieur. Dans cet esprit, il a recommandé au directeur de l'école secondaire que je termine mes études dans un cours accéléré de préparation à l'université de trois ans plutôt que dans le cours général de quatre ans du secondaire. Le principal a obtenu l'approbation nécessaire pour le permettre, et par conséquent, je suis passé de la neuvième à la onzième année.

Totalement d'après mon expérience, je fais cette note d'avertissement à quiconque envisage de sauter des classes ou d'accélérer autrement le rythme de passage au lycée. Je ne sais pas si c'est une procédure utilisée du tout dans le programme d'études d'aujourd'hui, mais je pense que celle-ci devrait surtout dépendre de la maturité de l'étudiant concerné. Je crois que beaucoup d'élèves n'ont peut-être pas le niveau de maturité pour être poussés dans une classe remplie d'élèves plus âgés à un moment critique de leur développement émotionnel et que le résultat sera souvent que les élèves ne se sentent pas partie prenante des classes où les camarades de classe sont pas dans la même tranche d'âge.

Je mentionne ce qui précède car je crois qu'il décrit mon cas; cependant, je ne pense pas que cela ait eu un effet sur ma capacité d'apprentissage ou mes notes. Quelque chose Je dois mentionner ici que j'ai toujours été très timide et qu'il n'était pas facile pour moi de faire connaissance avec des gens ou de me faire des amis. J'ai trouvé très difficile d'engager une conversation, à tel point que la légende sous la photo de mon annuaire de fin d'études disait « Le silence est vertu » pour quelque raison que ce soit. Une chose est sûre, cela a souligné ma personnalité calme et timide. Cela a quelque peu changé au cours de ma vie, mais je suis facilement revenu près de ce stade si je restais à l'écart des interactions avec d'autres personnes pendant de longues périodes. À cause de cela, j'ai fait un effort pour maintenir quelque chose dans ma vie qui m'exposerait aux gens.

3

L'anniversaire De L'éveil

L'été 1944 est gravé dans ma mémoire, et un exemple se tient plus que tout autre. Le 6 juin 1944, mes sœurs et moi avions passé la matinée à l'école biblique de vacances à notre église, l'église de la Pines, juste en haut de la rue où nous vivions. En tant qu'enfants, nous avions toujours fréquenté cette église pour l'école du dimanche, mais l'école biblique d'été était un régal spécial pour nous. On nous a appris beaucoup de versets bibliques et d'histoires destinées à nous aider à mieux comprendre la Bible. Non seulement cela, mais nous avions des activités et de l'artisanat pour maintenir notre intérêt pour la session de trois à quatre heures chaque jour.

Vers midi, nous avons été libérés pour rentrer à la maison, et ce jour-là, parce que c'était mon anniversaire, je me suis empressé de rentrer chez moi avec mes sœurs pour voir quelle friandise m'attendait. Les cadeaux n'ont jamais fait partie de cette anticipation car il n'y avait pas d'argent supplémentaire pour les cadeaux frivoles; ce n'était tout simplement pas la coutume chez nous. Une fois dans ma vie, j'ai organisé une fête d'anniversaire avec des cadeaux. C'est ce jour-là, le 6 juin 1936, que j'ai eu six ans, et les filles du quartier (il n'y avait pas de garçons là-bas) ont été invitées à m'aider à célébrer. Ils avaient apporté des cadeaux ! Ce jour-là était un jour très spécial pour moi. Maman l'a appelé mon premier anniversaire "chanceux" parce que j'avais six ans le 06/06/1936. Elle a poursuivi en expliquant que je serais une vieille dame quand j'aurais eu mon anniversaire chanceux le plus spécial le 6 juin 1966 (6/6/1966), car deux chiffres de l'année étaient les mêmes que les chiffres du mois et le jour de mon anniversaire. Quand cet anniversaire est arrivé, je ne me sentais pas comme une vieille dame, et il est venu et reparti sans que rien de remarquable ne se produise – du moins rien que je n'aie remarqué. À trente-six ans, les anniversaires ne sont pas aussi mémorables que lorsque vous êtes enfant.

Dix Comme d'habitude à tous les anniversaires de notre famille, maman a eu un gâteau, un gâteau renversé à l'ananas. Elle nous a dit plus tard qu'elle n'était pas satisfaite du gâteau car il ne s'était pas déroulé comme elle l'avait prévu. c'était la première fois qu'elle faisait ce genre de gâteau. Elle avait tort; C'était délicieux!

Nous avons immédiatement remarqué qu'il y avait un gâteau d'anniversaire, même si maman ne l'avait pas mis en évidence comme elle le faisait habituellement pour les anniversaires. En fait, elle semblait très distraite et a donné peu d'indications qu'elle avait même réalisé que nous étions revenus de l'église. Elle écoutait une petite radio qu'elle gardait sur le porche arrière où elle faisait son repassage; le repassage était un travail chaud, et elle pouvait y avoir un jeu d'enfant

.À l'époque, le repassage des vêtements était un travail beaucoup plus chaud qu'aujourd'hui, car ma mère utilisait de lourds fers plats qui étaient chauffés sur la cuisinière à charbon de la cuisine, où le feu devait être maintenu pour fournir la chaleur nécessaire. A l'intérieur des maisons en été, la chaleur était accablante.

L'attention de maman était uniquement tournée vers l'émission de radio qu'elle écoutait et elle avait un air tendu sur le visage. Ma pensée était, Elle va pleurer.

C'est alors que j'ai remarqué une sorte de musique inhabituelle provenant de la radio, le type de musique que notre voisin, qui jouait de la musique de fond pour les films muets, jouait si quelque chose de triste se produisait. Maman a finalement dit d'une voix très triste et tendue : « Walter est là.

Comme je devais l'apprendre plus tard, ce jour-là, le 6 juin 1944, était le jour de l'invasion de la Normandie pendant la Seconde Guerre mondiale. Walter est le frère de maman, un de nos oncles préférés. Il était soldat dans l'armée. J'avais quatorze ans ce jour-là et je savais que ce devait être une période effrayante pour ma mère, mais je ne comprenais pas la peur profonde et l'impuissance que maman ressentait

en ne sachant pas si son frère était en sécurité.

Cet anniversaire reste gravé dans ma mémoire comme un moment où j'ai quitté l'enfance et pris une compréhension plus sérieuse de ce qui se passait en dehors de mon cocon confortable et protecteur d'enfance.

4

Passer en Temps De Paix

La fin de la Seconde Guerre mondiale a changé beaucoup de vies pour beaucoup de gens ; c'était en 1945, les militaires rentraient chez eux et l'excitation était au rendez-vous !

Toutes les radios domestiques étaient constamment réglées sur les stations d'information nationales afin de ne pas manquer les nouvelles très attendues selon lesquelles la guerre avec l'Europe et/ou le Japon était terminée, car les nouvelles actuelles de la guerre indiquaient que les conflits pouvaient se terminer à tout moment. . Des célébrations majeures de cette bonne nouvelle ont été planifiées et les membres de notre orchestre de lycée ont été informés et encouragés à être prêts quand cela se produirait.

En tant que membre de la fanfare de notre lycée, j'ai, avec le reste des membres du groupe, été appelé à plusieurs reprises pour m'entraîner afin d'être prêt, car la fanfare du lycée jouait toujours un rôle majeur dans toute grande fête en notre petite ville. Les écoles étaient en vacances d'été et une méthode devait être développée pour la communication nécessaire entre notre directeur de groupe et les membres du groupe. L'absence de téléphones en ces temps de guerre rendait la communication plus difficile, mais notre directeur, M.

Gentry, professeur vénéré, conseiller et ami des étudiants, s'est brillamment acquitté de cette tâche. Par la vigne qu'il a mise en place, nous avions tous été avertis.

Ma ville natale, ainsi que le reste de notre pays, a pu organiser deux grandes célébrations ce printemps et cet été car la guerre a pris fin sur les deux fronts.

La fin de la guerre avec l'Europe en mai 1945 et le Japon en août de la même année ont ramené un certain nombre de jeunes hommes chez eux, dont beaucoup de ma lycée et environs. Certains de ces garçons avaient des amoureux parmi mes camarades de classe qui les attendaient, et leur excitation était grande. J'étais plus jeune et même si je comprenais leur enthousiasme, je me sentais juste un peu à l'écart. Je n'avais que quatorze ans lorsque le conflit avec l'Europe a pris fin et à peine quinze ans lorsque le Japon s'est rendu.

5

Sweet Sixteen: Grandir Mais S'accrocher à L'enfance

L'été 1946 est une année qui a changé ma vie pour toujours ! Le jour annonçant mon seizième anniversaire a commencé comme n'importe quel autre jour, mais c'était aussi le dernier jour de l'école biblique de quatre jours de vacances annuelles. Le dernier jour se terminait toujours par une sorte de pique-nique avec des friandises spéciales et un moment pour dire aux enseignants et aux camarades de classe un au revoir affectueux pour l'été.

Au cours des dernières années, notre boisson de pique-nique était une boisson rafraîchissante, peu coûteuse, sucrée et aromatisée aux fruits, conditionnée sous forme de poudre à laquelle de l'eau était ajoutée et servie sur de la glace. Cette boisson était familière à la plupart d'entre nous qui l'avions souvent à la maison. Cette année, cependant, c'était un régal d'avoir un soda (la première fois que je goûtais cette boisson, un luxe pour la plupart d'entre nous). Nous avons eu une variété de petits sandwichs, de croustilles et de biscuits. Et étant mon anniversaire, j'attendais avec impatience une autre gâterie à la maison parce que je savais que ma mère aurait un gâteau d'anniversaire pour moi ; elle l'a toujours fait quand nous pouvions nous permettre les ingrédients.

Pendant la guerre et un temps après, nous avons économisé le nombre de bons de rationnement nécessaires pour acheter du sucre. Elle semblait toujours gérer des friandises spéciales pour nous, même dans les périodes de vaches maigres que nous vivions alors. C'était le 6 juin 1946.

Comme le déjeuner nous avait été fourni à l'école biblique et que maman avait déjà donné à manger à nos petits frères et sœurs à la maison, nous nous sommes immédiatement mis à allumer les bougies de mon gâteau d'anniversaire. je ne crois pas nous devenons trop grands pour le plaisir d'avoir quelqu'un qui nous prépare un gâteau d'anniversaire et le présente avec des bougies allumées. Ce fut une journée de friandises pour moi. Je ne savais pas que plus était à venir !

Après avoir lavé la vaisselle du déjeuner et des desserts, j'ai décidé de me laver les cheveux, car avec le week-end qui approchait, je voulais que ce soit agréable pour l'église. J'ai mis l'eau sur la cuisinière pour la chauffer dans une petite casserole puisque nous avions utilisé la majeure partie de l'eau chaude du réservoir de la cuisinière pour faire la vaisselle du déjeuner. Le réservoir, contenant environ cinq gallons d'eau, a été construit àl'extrémité d'une cuisinière à charbon. L'eau chauffée dans le réservoir lorsqu'il y avait du feu dans la cuisinière, et comme le feu pour le repas de midi refroidissait rapidement, le poêle n'était pas assez chaud pour que l'eau nouvellement ajoutée chauffe. Ainsi, pendant que la petite casserole d'eau chauffait sur la cuisinière, j'ai commencé à traiter mes cheveux avec de l'huile chaude ; Je le faisais habituellement avant le shampooing car mes cheveux avaient tendance à être secs et le traitement les rendait plus faciles à coiffer.

Juste au moment où j'avais appliqué l'huile d'olive sur mes cheveux, j'ai entendu une agitation dans le salon et je suis entrée pour vérifier. J'ai vu que nous avions un visiteur, un de nos oncles préférés, Oncle Owen! Il était l'un des deux oncles que nous appelions des oncles de contes de fées (parfois de contes) à cause de toutes les belles choses que lui et son frère Walter, tous deux des frères de maman, ont faites pour nous et qui ont apporté de la joie dans nos vies. Maman lui a offert un morceau de mon gâteau d'anniversaire.

L'oncle Owen s'est exclamé : "C'est aussi pour ça que je suis ici, pour aller chercher la fille dont c'est l'anniversaire et ses sœurs et les emmener au cinéma !"

Après avoir mangé son gâteau, il a suggéré que nous sautions dans sa voiture (c'était un régal majeur de monter dans n'importe quelle voiture; nous n'en possédions même pas). Je me souviens de cette soirée ayant eu une émotion en particulier que d'autres femmes de ma famille comprendront certainement. Les filles Gaylord étaient connues pour leurs cheveux bouclés, ingérables mais jolis et qu'elles ne quitteraient pas la maison si une mèche de cheveux n'était pas à sa place. Comme je ne savais pas que mon oncle venait, je venais de m'arroser les cheveux d'huile d'olive très chaude, et comme vous pouvez l'imaginer, ce n'est pas du tout un soin coiffant attrayant, pas avant que les cheveux soient lavés. Comme mon oncle était venu à l'improviste, je n'ai pas eu le temps de laver mes cheveux et de les faire sécher. Cela ne fonctionnait pas bien s'il n'était pas peigné pendant qu'il séchait, et cela prendrait trop de temps. Sans cela cependant, il sécherait en un gros nuage de cheveux crépus. Que devais-je faire ? En rien plat, la décision a été prise pour moi.

Owen a attrapé un foulard sur la commode de maman, l'a enroulé autour de ma tête et a dit : « Maintenant, tu es magnifique ! Allons-y!"

Ma vanité m'a empêché de profiter de cette sortie d'anniversaire autant que je l'aurais fait sans l'huile d'olive sur mes cheveux car j'étais mal à l'aise pendant le film, croyant que tout le monde autour de moi me regardait et remarquait que l'huile suintait à travers mon écharpe. Vanité? Oh oui.

Après qu'Owen a obtenu nos billets et s'est assuré que nous avions tous du pop-corn, nous nous sommes assis pour profiter du film. Je ne me souviens pas de ce qui était montré car cela n'avait pas vraiment d'importance. Nous avons même apprécié les avant-premières. Je me souviens d'une avant-première en particulier pour un film muet ; ceux-ci étaient encore montrés au milieu des années 1940. J'étais curieux des films muets; bien que je n'en aie jamais vu, j'en avais entendu parler par notre voisin, qui jouait du piano comme accompagnement. Il avait démontré comment sa musique contribuait à créer les ambiances émotionnelles dans les films.

Nous avons aimé l'écouter pratiquer les accords joyeux, tristes et effrayants qu'il jouait pour correspondre aux actions à l'écran. Dans l'ensemble, ce qui a vraiment rendu cette journée si spéciale, c'est de pouvoir être avec notre merveilleux oncle.

Je ne mentionne que mes propres célébrations d'anniversaire car celles des autres membres de ma famille étaient, naturellement, moins mémorables pour moi. Mon anniversaire est arrivé en été lorsque l'école était fermée avec plus de temps pour les célébrations de midi; quand l'école était en session, peu de temps pouvait être réservé le soir. A cette époque, seul un frère cadet, né dix ans après moi, avait un anniversaire d'été. Chaque fois qu'ils tombaient - été, automne ou hiver - les anniversaires évaluaient tous un gâteau et des bougies.

Oncle Owen a passé la nuit avec nous et est parti tôt le lendemain, promettant de revenir au début de l'automne. Ses visites étaient toujours très attendues.

Après le départ de mon oncle, nous nous sommes installés dans notre routine estivale habituelle. Toutes mes sœurs assez âgées pour s'occuper même de la plus petite corvée devaient les terminer avant que l'une d'entre nous puisse sortir jouer. Mes tâches consistaient généralement principalement à faire le ménage. Je n'aimais pas le ménage, mais j'ai appris à faire toutes les nombreuses tâches banales nécessaires pour garder une maison en ordre. Cela m'a bien servi quand j'ai eu plus tard une maison àmoi ! Mon amour pour le ménage (ou devrais-je dire le manque d'amour) a très peu changé, mais j'apprécie la propreté, alors je le fais.

Ma sœur Deanna (tout le monde l'appelait Dee) semblait toujours aider dans la cuisine où elle a acquis d'excellentes compétences en cuisine. Maman était une merveilleuse cuisinière et Dee est devenue une excellente cuisinière, dépassant même les compétences de maman. Dee n'a pas beaucoup pratiqué le ménage en grandissant, mais d'une manière ou d'une autre, cela n'avait pas d'importance. Elle a également réussi en tant que femme au foyer à exceller dans le maintien d'une maison très propre.

L'école était une autre affaire; elle n'allait pas bien du tout. Elle était au sommet de la courbe des compétences pratiques et avait beaucoup de bon sens. Elle pouvait bien lire les gens, une compétence que j'admirais beaucoup chez ma petite sœur calme et timide.

6

Temps De Loisirs

Même si cela prenait beaucoup de temps pour les corvées, surtout pour Dee et moi (les autres étaient trop jeunes en 1943-1946 pour avoir beaucoup de corvées), nous avions encore le temps de jouer, et nous jouions parfois avec les enfants du quartier, même si nous jouions surtout avec nos propres frères et sœurs. Nous quittions rarement notre cour, mais nous étions parfois autorisés à aller à l'autre bout de notre bloc où il n'y avait pas de maisons mais plutôt une zone boisée qui existait encore dans nos premières années de croissance. Certains de mes les plus beaux souvenirs de récréation impliquent ce domaine.

L'un des souvenirs qui me vient à l'esprit de cette époque concerne plusieurs familles d'enfants du quartier, dont mes sœurs et moi. Nous avions eu une tempête d'été quelques jours avant l'incident de l'histoire que je raconte ; par conséquent, plusieurs arbres énormes et de nombreuses grosses branches avaient été emportés par le vent, créant des espaces ouverts sous des branches feuillues où nous pouvions créer des maisons de jeux pour nos fausses familles.

Nos voisins, la famille Partridge, avaient une fille Lowella, qui avait à peu près mon âge, ainsi que plusieurs enfants plus jeunes. Leur maison était sur Keaton Street, une rue qui croisait la nôtre (nous étions au coin,

avec le côté de notre maison juste en face de leur porche). Dans nos jeux de théâtre, Lowella et moi, étant les filles les plus âgées, devions agir en tant que mères, et nous avions choisi nos propres frères et sœurs comme nos enfants. Comme plusieurs vraies familles de notre bloc étaient représentées ici, Lowella et moi avons partagé les plus jeunes enfants restants entre nous, en veillant à ce que tous soient inclus dans nos jeux. Il y avait deux garçons d'environ Lowella et de mon âge qui devaient être les pères. Il y avait une controverse entre nous deux sur qui était le mari de qui ; nous voulions tous les deux le même garçon. Les garçons l'ont réglé pour nous et mon mari est devenu un adolescent que nous connaissions tous les deux depuis notre école primaire. Je n'avais pas le béguin pour lui, mais je pense que Lowella l'était. Il était en fait celui que nous voulions tous les deux; cependant, pour moi, ce n'était qu'en tant que faux mari. Lowella m'a dit plus tard qu'elle aimerait un jour l'épouser. Je ne me souviens pas de l'autre garçon, celui qui est devenu le faux mari de Lowella, mais je pense qu'il était le plus jeune des deux.

Je crois que la sélection des maris et la jalousie qu'elle a pu créer ont amené Lowella à ressentir de l'inimitié envers moi car nous avons eu des querelles non provoquées (de ma part) dans notre nouveau «quartier». Lowella semblait s'en prendre à ma prétendue famille, les accusant de méfaits, et si mes petits frères espiègles avaient fait partie de notre maison en train de jouer, j'aurais pu le croire. Mais elle blâmait ma sœur Dee, qui n'a jamais fait de mal; en fait, elle était l'incarnation d'un enfant épris de paix.

Dee était la compagne constante de l'un des « enfants » de Lowella, et comme les enfants étaient ensemble tout le temps, elle était une cible facile pour Lowella à blâmer pour tout ce qui arrivait. Lowella est venue me parler d'un incident pour lequel elle blâmait Dee (je ne me souviens pas de l'incident), et parce que je ne la croyais pas, je ne punirais pas Dee. Plus tard, Dee est venue me voir en pleurant, disant que Lowella l'avait fessée pour quelque chose qu'elle n'avait pas fait !

Même en tant qu'enfant prétendant être un parent, j'avais appris que même les parents prétendants devraient rester en dehors des querelles de leurs enfants. Mais c'était différent; mon enfant avait été fessée par un autre parent pour quelque chose que je croyais qu'elle n'avait pas fait. Je suis allé chez Lowella pour la confronter à propos de l'incident, et elle a fait une remarque à propos de la famille Gaylord, nous traitant de « pauvres ordures », ce qui m'a fait perdre le peu de retenue que j'avais, et je l'ai frappée fort au menton (elle était une bonne dizaine de centimètres de plus que moi, je devais donc me tenir sur la pointe des pieds). Elle se tenait debout tenant sa livraison de glace (une grande batte en brique servait de fausse glace). À cette époque, la seule forme de réfrigération dont disposaient la plupart des maisons était la glacière, et des camions de glace visitaient quotidiennement notre quartier, livrant des blocs de glace aux maisons qui en avaient besoin.

Quand j'ai donné un coup de poing à Lowella, j'ai immédiatement pensé qu'elle allait m'écraser cette brique à la tête, alors j'ai sauté en arrière. Cependant, au lieu d'utiliser sa glace comme une arme, Lowella a attrapé mes cheveux avec sa main libre mais a tenu sur seulement brièvement ; elle s'est alors retournée et a couru en pleurant dans sa maison. Avant cela, j'avais été la cible de nombreuses blagues cruelles de la part de Lowella, mais elle ne devait plus jamais m'embêter ! En fait, après quelques jours, nous étions de nouveau amis en quelque sorte, mais il y avait toujours une rivalité jalouse entre nous.

À cette extrémité du pâté de maisons et en face de notre aire de jeux boisée se trouvait notre église (Church in the Pines), que nous avons fréquentée depuis notre plus jeune âge jusqu'à l'hiver 1944-1945. Puis, pour une raison inconnue, nous avons changé pour une église plus éloignée de chez nous et n'avons fréquenté l'école biblique de vacances qu'à Church in the Pines.

L'église à laquelle nous avons changé, une église baptiste missionnaire, était South Denton Baptist. Cette nouvelle église semblait avoir beaucoup plus d'enfants de notre âge, et nous y avons continué le reste du temps où j'ai vécu à la maison. J'ai particulièrement aimé aller à South Denton parce que de nombreux adolescents de mon école y ont fréquenté, ainsi qu'un certain nombre de cousins d'un lotissement voisin pour les familles dont les hommes étaient des ouvriers d'entretien pour les lots de chemin de fer locaux.

sept

Aventures Estivales à La Campagne

Quand j'avais onze ans et Dee dix ans, elle et moi avons commencé passer au moins une partie de l'été avec notre grand-mère paternelle, Minnie Gaylord, et notre tante Nancy. La raison de notre visite était d'aider grand-mère et Nancy à s'occuper du jardin qui avait été planté par tante Nancy, grand-mère et papa. Le plan était de fournir des légumes frais pour les deux familles, la grande famille de papa, et pour grand-mère et Nancy. La plupart des produits qui en résultaient sont repartis avec papa. Il viendrait sortir une fois par semaine et cultiver le jardin, et c'était à nous de le terminer et de l'aider à choisir les produits prêts à manger, qu'il ramenait à la maison pour que maman les cuisine à la maison et conserve ce qui restait pour l'hiver.

J'ai adoré le temps passé chez ma grand-mère à North Denton. J'adorais être à la campagne en jouant dans les bois, et je m'émerveillais et me réjouissais des histoires merveilleuses que grand-mère et tante Nancy racontaient pendant que nous nous asseyions sur le porche le soir juste avant de nous coucher.

J'ai adoré les excellents repas faits maison qu'ils nous ont préparés en utilisant les produits qu'ils ont élevés. Le poulet était souvent le plat principal, car en élevant leurs propres poulets, les plats de poulet préparés de nombreuses façons étaient abondants. Tous les œufs que nous pouvions manger étaient également disponibles pour le petit-déjeuner et les autres repas.

J'ai adoré en apprendre davantage sur toutes les poules pondeuses qu'elles semblaient toujours avoir et je pouvais à peine attendre que les œufs éclosent. Si les poules faisaient des nids du poulailler, surtout dans les bois comme ils avaient tendance à le faire, il fallait les retrouver au plus vite. Si l'on en trouvait un avant que la poule ne commence à pondre, les œufs étaient apportés à la maison et le nid détruit, car si la poule était autorisée à pondre les œufs loin du poulailler, les vermines tueraient les diddles (tous les termes utilisés par ma grand-mère et mes tantes). Il semble que les poussins étaient à l'abri des vermines dans le poulailler. À cette époque, je n'étais pas tout àfait sûr de ce qu'étaient les vermines . Cela s'est avéré signifier plusieurs types d'animaux, ceux qui se nourrissaient de poulets sans défense sur le nid ou au moment du repos.

J'ai adoré la façon dont tous les animaux avaient des noms et les chiens pouvaient "parler" à grand-mère et Nancy, et les chiens semblaient savoir exactement ce qu'on leur disait.

J'aimais aller à la ferme de Swede Carroll, à quelques pas de là, pour obtenir du lait et du beurre, car c'étaient des gens de la campagne si sympathiques. Je n'aimais pas aller chez un autre voisin, les Roses, où nous sommes allés téléphoner lorsque grand-mère est tombée dans le coma diabétique et avait besoin d'un médecin, comme elle l'a fait à deux reprises au cours d'un été pendant que nous étions là-bas. Ces voisins étaient aussi des gens adorables, mais nous avions peur de leurs chiens, qui nous ont accueillis avec des aboiements bruyants et menaçants. Ils m'ont dit qu'aucun d'entre eux ne mordrait, mais ils n'ont pas réussi à me convaincre ni Dee ! Et en plus de tout cela, nous avons dû traverser un bois profond couvrant ce que je sais maintenant être dix acres; ça m'a semblé des kilomètres. Ce n'étaient pas nos bois préférés car ils étaient très denses et sombres sous les arbres, et les créatures que nous voulions éviter étaient très proches avant même que nous puissions les voir. Nous avons souvent vu des serpents dans les bois des Roses.

Ils n'étaient généralement pas venimeux, mais à une occasion, nous avons vu une tête de cuivre qui a sauté cinq ou six pieds, essayant de mordre Papa. Il l'a tué avec un râteau de jardin.

Une autre forêt plus grande était proche de celle de grand-mère, et cette forêt était notre préférée. En raison des activités d'exploitation forestière, ces bois n'étaient pas si denses et les chemins étaient ouverts avec la lumière du soleil inondant.

Je n'avais pas une grande peur des serpents, mais Dee en avait, et qu'ils soient ou non venimeux lui importait peu. Les créatures qui m'effrayaient (sans compter les chiens) étaient des araignées. Heureusement, j'ai dépassé cela, bien que je ne les touche toujours pas ou que je ne veuille pas qu'ils me touchent !

J'ai adoré l'odeur de la fumée de bois qui était toujours présente à l'intérieur et à l'extérieur de la maison de grand-mère et autour du foyer (une expression familière pour cheminée). Pendant les matinées fraîches et les jours d'automne, nous visitions un week-end et voyions un pot de haricots verts (haricots verts secs) ou de haricots à soupe (généralement des pintos, mais les haricots blancs ou autres haricots secs cuits étaient appelés haricots à soupe) bouillant joyeusement et envoyant une odeur paradisiaque (pas les haricots écaillés; j'ai bâillonné à cette odeur!) Aux visiteurs affamés. Les haricots ont été cuits dans un pot à haricots en fonte qui a été utilisé en retirant un "bouchon" (la zone du brûleur de la surface de cuisson du poêle) et en plaçant le pot dans la zone ouverte, où il s'intègre parfaitement. Le fond du pot était toujours recouvert de suie et devait être pré-nettoyé avant de le mettre dans le lave-vaisselle quand je faisais la vaisselle (mon devoir principal quand je n'étais pas dans le jardin). Le pain de maïs était déjà cuit, comme l'indiquait cette merveilleuse odeur de pain frais. Si le pain était cuit, cela signifiait que les pommes de terre étaient cuites aussi, car nous avons toujours su que les pommes de terre frites et le chow-chow en conserve (une sorte de plat de relish qui accompagnait à merveille les haricots à soupe) étaient toujours prêts lorsque le pain avait fini de cuire.

Nous serions bientôt tous assis le long des bancs latéraux à leur longue table en bois faite à la main, engloutissant un bon repas - du moins, s'ils n'avaient pas préparé les haricots verts, car je n'ai jamais appris à les aimer. Il n'y a que quelques plats que je n'aime pas, mais les haricots écaillés en font toujours partie !

Nous nous rendions rarement visite en hiver, mais je me souviens quand nous le faisions, nous faisions rôtir des châtaignes dans la cheminée et faire cuire des pommes de terre sur le foyer. En de rares occasions, nous avons fait éclater du maïs dans un popper en fil tissé avec une longue poignée qui était tenue au-dessus des flammes. Parfois, nous avons séché (grillé) de gros grains de maïs ordinaire, pas de maïs soufflé. Les grains de maïs desséchés étaient un peu difficiles à manger mais avaient un goût merveilleux.

J'adorais les jours de lavage chez grand-mère, quand les vêtements étaient transportés à Lennox River pour être lavés. Nous pourrions patauger dans les bas-fonds tout en étant avertis de vérifier souvent les sangsues, trop courantes dans les courants lents des bas-fonds de la rivière Lennox. Ils pourraient s'attacher à vous sans que vous ayez rien senti ; par conséquent, nous avons été avertis de vérifier souvent pour nous assurer qu'aucun ne s'était attaché à notre corps.

À l'occasion, l'une des sangsues redoutées a réussi à s'accrocher à nous. Même si leurs dents sont acérées et dentelées, il n'est pas douloureux de les retirer lorsqu'elles se sont attachées à votre corps. J'ai appris plus tard dans un cours de biologie pourquoi on ne sent pas la morsure mais qu'on a du mal à arrêter la flux sanguin après les avoir retirés. Leur salive contient une enzyme qui est injectée dans leur proie par leur morsure, qui agit comme une anesthésie, rendant la morsure indolore ; par conséquent, l'hôte ne sait pas qu'il a été mordu. Deuxièmement, l'enzyme contient un anticoagulant qui permet au sang de l'hôte de circuler librement, de sorte que la sangsue peut se nourrir plus rapidement. S'il n'est pas détecté et retiré avant qu'il ne se libère, il devient rapidement engorgé à plusieurs fois sa taille d'origine, puis il tombe de l'hôte et retourne à son habitat habituel au fond du plan d'eau douce. Mais la plaie continue de saigner et l'hôte peut perdre une quantité considérable de sang avant de découvrir qu'il a été mordu. Ces jours-là, dans les eaux infestées de sangsues de la rivière Lennox, on nous a souvent avertis de vérifier s'il y avait des sangsues attachées, et nous l'avons fait.

Tant de bons souvenirs abondent du temps passé chez grand-mère à North Denton! De petits souvenirs insignifiants de vues, de sons et même d'odeurs abondent. Par exemple, j'ai adoré l'odeur du tabac à priser que grand-mère et Nancy utilisaient (trempé est le terme courant) et je me suis émerveillé de la façon dont ils s'empêchaient de l'avaler. Je me demandais pourquoi ils crachaient si souvent ! S'ils l'aimaient tant, pourquoi l'ont-ils recraché ? Je voulais y goûter, et après s'être moqués de moi, ils ont dit fermement : « Non ! J'ai adoré la façon dont ils ont sculpté (leur terme n'était pas sculpter mais tailler) de petites figures humaines à partir de branches d'arbres. (Papa était un whittler aussi.) Grand-mère, Nancy et mon oncle George (pendant une partie de ce temps, il était parti dans l'armée) ont fabriqué les petites figurines, les ont habillées avec les vêtements que Nancy avait fabriqués et les ont placées dans un petit meuble en bois. maison qu'ils avaient construite, et à l'intérieur de la maison se trouvaient des meubles sculptés à la main, qu'ils avaient également construits. Les personnages portaient tous des noms indiens. Le seul petit groupe familial de personnes sculptées qui semblait être le thème des sculptures était la famille Kalijah. Beaucoup plus tard, mes propres enfants ont vu ces mêmes personnages et ont pu entendre certaines des histoires de grand-mère et de Nancy. D'autres figures qu'ils avaient faites avaient des têtes très humaines, en miniature, qu'ils sculptaient dans des pommes et laissaient sécher. Ils avaient l'air si réels, comme des hommes et des femmes très vieux et ridés. Ils avaient de délicieuses histoires à raconter sur tous ces personnages réalistes.

J'adorais les entendre parler d'Eleanor Roosevelt, en l'appelant uniquement par son prénom. Je pensais qu'Eleanor était une amie chère et proche à eux, et je leur ai demandé quand elle viendrait pour une visite parce que je voulais voir sa. Ils m'ont dit qu'elle était trop occupée à aider les pauvres pour leur rendre visite, et qu'elle ne viendrait probablement pas du tout, ont-ils dit, parce que "nous ne sommes pas pauvres". Je suis tout à fait certain que grand-mère et Nancy avaient rarement deux nickels à frotter ensemble à un moment donné, mais ce qu'ils m'ont dit sur le fait de ne pas être pauvre était juste ! Ils n'avaient pas d'argent, mais ils étaient bien riches !

Nous avons assisté à un certain nombre de réunions de famille Gaylord chez grand-mère Gaylord, et je me souviens d'avoir passé la journée à jouer avec tous mes nombreux cousins et d'avoir vu tant de tantes et d'oncles, dont un certain nombre venaient d'une distance considérable d'aussi loin que Cincinnati. !

Un de mes cousins locaux les plus proches de mon âge était Emmajean Fields. Emmy et moi étions très proches, peut-être parce que nous étions si proches en âge, mon anniversaire tombant douze jours avant le sien, ce qui faisait de moi l'aîné. J'adorais être l'aîné quand nous étions adolescents; cela a quelque peu changé lorsque nous étions beaucoup plus âgés. Elle m'a un jour prévenu qu'il n'était pas préférable d'être le plus vieux et que j'obtiendrais le « dandinage de dinde » en premier. À ce moment-là, je n'avais aucune idée de ce qu'elle voulait dire. Plus tard, quand ce moment de notre vie est arrivé, peu importait qui était le premier. Emmy est parti maintenant, plus de dix ans.

Il semblait que le travail de laver la vaisselle incombait toujours à Emmy et moi lors des réunions de famille. Je pense que nous avons été choisis car nous étions davantage considérés comme des cousins « locaux » et donc faisant partie des familles d'accueil. Je n'avais jamais lavé autant de vaisselle avant ou depuis ces réunions de famille ! De nombreuses années plus tard, lors de mes propres réunions de famille, mes sœurs et ma fille Kaylene, plus âgée que certaines de mes sœurs, ont semblé accepter ce travail. Parce qu'ils étaient plusieurs à faire la vaisselle, leur travail n'était pas aussi important qu'Emmy et moi à l'époque, et c'était juste nous deux.

Pour Emmy et moi, de grandes cuves à linge rondes en zinc (nous les appelions des bacs à laver) étaient placées sur le bord du porche arrière en planches de pin, et nous nous tenions debout sur le sol pour faire la vaisselle. Emmy et moi semblions recevoir autant d'eau sur nous que ce qui coulait à travers les fissures du porche ! Les poulets de grand-mère se sont rassemblés autour de nos pieds pour ramasser les restes de nourriture qui tombaient à travers les fissures avec l'eau débordante.

L'eau pour laver la vaisselle était chauffée dans deux grandes marmites en fer suspendues au-dessus d'un feu ouvert. Plus tôt dans la journée, papa s'était chargé de puiser seau après seau d'eau dans le puits de grand-mère et de remplir ces marmites en fer. Une fois le repas terminé, le lavage de la vaisselle devait commencer immédiatement pour Grand-mère était catégorique sur le fait qu'elle n'avait pas l'intention de nourrir les mouches. Et ils étaient nombreux !

Une fois le dîner terminé et tout rangé, Emmy et moi pouvions jouer avec tous nos cousins. Une année, deux cousines d'environ notre âge sont venues d'une branche de la famille qui vivait dans le nord du Kentucky, juste au sud de Cincinnati. Nous ne les avions jamais rencontrés et nous ne les avons pas aimés immédiatement. La raison pour laquelle nous leur avons pris cette aversion immédiate, c'est parce qu'ils nous appelaient leurs «cousins de la campagne», ce qui était censé être un dénigrement, et ils ont clairement indiqué que les cousins de la campagne devaient se classer bien en dessous des cousins de la ville. Ils semblaient nous mépriser et agissaient comme s'ils assimilaient la campagne à la bêtise. En se référant aux activités de la ville, ils ont parlé de jeux et les événements sociaux, et ils pouvaient dire que, dans de nombreux cas, nous n'avions aucune idée de ce dont ils parlaient. J'ai essayé de faire remarquer que je ne vivais même pas à la campagne ; donc, je ne pourrais pas être un cousin de campagne si j'habitais en ville, et je le leur ai dit.

L'une des sœurs sourit. « Vous appelez Denton une ville ? Ce n'est rien d'autre qu'Hicksville, et ça fait de vous des gars de la campagne.

Nous n'avions jamais rencontré ces filles auparavant, et nous, les connards de la campagne, avons décidé que nous ne les aimions pas non plus. Nous en avions assez de leurs dénigrements, et j'avais une idée de comment me venger.

Nous avons décidé d'emmener un groupe de petits pour une promenade dans les bois et avons demandé à nos cousins de la ville de prendre leur bébé (je pense que c'était leur sœur) et de nous accompagner. Ils ne voulaient pas l'emmener, et le bébé ne voulait pas y aller, mais comme plusieurs petits d'à peu près son âge étaient avec nous, leurs parents les ont poussés à l'emmener, et ils l'ont convaincue d'y aller en la soudoyant avec des biscuits.

Pendant que nous marchions, ils lui ont donné des biscuits... beaucoup de biscuits ! J'ai suggéré qu'ils évitent d'en donner autant au bébé car cela pourrait la rendre malade. Celle qui s'appelait BJ m'a dit, en gros, d'écraser, que tant que le bébé en voudrait, elle les lui donnerait.

Après seulement quelques minutes, alors que nous étions dans les bois, le bébé est tombé malade et a commencé à vomir. Pendant qu'ils s'occupaient d'elle, nous avons mis en marche notre plan d'équilibre. Le reste d'entre nous s'est discrètement éclipsé et les a laissés, sachant qu'ils ne connaissaient pas les bois et que les nombreux chemins forestiers qui les traversaient, se ressemblant tous, ajouteraient à leur confusion et qu'il serait plus difficile de retrouver leur chemin. . Nous avons estimé qu'il n'y avait aucun doute que ils trouveraient le chemin du retour, mais nous savions que cela leur prendrait du temps.

Nous avons rapidement pris un raccourci et sommes retournés à la ferme de grand-mère.

Après que nous ayons été à la maison quelques minutes, grand-mère a remarqué que les filles du nord du Kentucky n'étaient pas avec nous, et elle a appelé Emmy et moi et a exigé de savoir ce que nous avions fait. Nous avons avoué, et après nous avoir bien réprimandés, elle nous a renvoyés - nous seuls tous les deux - dans les bois pour les retrouver, leur présenter des excuses et les ramener à la maison. Nous avons fait exactement ce qu'elle a ordonné. Grand-mère était une femme gentille, mais un regard d'elle était effrayant !

Bien que difficile à manger, nous nous sommes excusés auprès des filles lorsque nous les avons trouvées, selon les instructions de grand-mère. Nous les avons trouvés sans trop de problèmes, car ils appelaient constamment, espérant que quelqu'un les entendrait et viendrait à leur secours. Même après nos excuses moins que sincères, ils étaient quelque peu réticents à nous suivre car ils avaient peur que nous fassions plus de tours. Cependant, plutôt que d'être laissés à nouveau, ils se sont collés à nous comme des sangsues. Nous n'étions en fait qu'à une courte distance de chez grand-mère et savions que les filles auraient pu rentrer à la maison sans notre aide de toute façon, mais nous sentions que nous avions sauvé la face en les poursuivant.

Je n'ai revu aucun de ces cousins pendant de nombreuses années; Je ne sais pas si Emmy les a revus. C'est après la mort d'Emmy que j'ai vu l'un d'eux sous les lumières vives du Grand Ole Opry. Les filles, nos cousines du nord du Kentucky, nous l'avions appris plus tard, étaient BJ et Skeeter Davis. Je crois qu'elles étaient sœurs d'adoption. Quand BJ a été tuée - je pense que c'était dans un accident de voiture alors qu'elle avait une vingtaine d'années, et nous l'avons entendu à la radio - tante Nancy m'a dit qu'elle était une cousine, l'une des filles qu'Emmy et moi avions délibérément perdues dans les bois. .

De nombreuses années plus tard, alors que je faisais des tournées de groupe et que j'étais en voyage, j'avais un groupe à un spectacle du Grand Ole Opry où Skeeter jouait le rôle principal. Après le spectacle, je lui ai parlé, et elle s'est souvenue de l'incident des bois lors de notre réunion de famille, et elle en a ri. Elle n'avait aucune animosité envers nous parce qu'elle s'est rendu compte que c'était une revanche et a estimé qu'ils l'avaient à venir.

Elle a ajouté en riant: «Et n'est-ce pas ironique que BJ et moi allions dans la musique country, car nous avions tellement méprisé les gens de la country – ou n'importe quoi de country, d'ailleurs – et alors que faisons-nous? Allez faire carrière dans ce genre de musique Ils (en particulier Skeeter) avaient probablement fait fortune dans leur carrière de musicien country. J'imagine que la mort prématurée de BJ a empêché la sienne d'être aussi lucrative, car je pense qu'elle aurait pu être l'une des meilleures dans la carrière qu'elle a choisie.

Je me souviens avec émotion de ces journées passées sur le minuscule domaine de grand-mère. Les goûts, les sons et les odeurs me reviennent au fur et à mesure que j'écris sur nos étés. De nombreuses années plus tard, alors que j'emmenais ma propre famille là-bas pour des visites, l'odeur des haricots verts de grand-mère et de son maïs à la crème produit dans sa petite ferme et cuit sur sa cuisinière à bois me ramène aux jours passés avec elle et Nancy . Je ne crois pas avoir jamais goûté de haricots verts depuis qu'ils sont aussi bons que les siens !
Ma grand-mère était une femme forte et pionnière. C'était une personne gaie et amusante qui l'est restée jusqu'à la fin de sa vie. C'était assez étonnant pour une personne dont la vie était rendue si difficile pour elle, car elle a dû beaucoup souffrir pendant ses années de diabète. Elle a été attachée à un fauteuil roulant en tant que double amputée pendant plusieurs années avant de mourir. À travers toutes ses souffrances, elle a gardé son regard positif sur la vie.

Les souvenirs de Dee ne correspondaient pas aux miens concernant le temps passé chez grand-mère, mais il y avait des circonstances atténuantes qui l'affectaient. Elle ne pouvait pas s'habituer à l'eau de la ferme car cela lui faisait mal au ventre. Parce qu'elle aimait tellement le goût du maïs frais du jardin, elle mangeait trop, et cela lui causait aussi des problèmes d'estomac. Elle semblait toujours avoir des problèmes intestinaux. Grand-mère et Nancy ont qualifié sa maladie de "caca décroissant", et comme elles le diraient d'une manière chantante, c'était humiliant pour Dee. Je n'ai pas l'impression qu'ils voulaient être cruels, mais les sentiments blessés de ma petite sœur sensible étaient les plus évidents. J'avais une constitution plus dure que Dee ; rien ne m'a fait mal. J'ai toujours senti que j'étais si dur, et j'ai réalisé plus tard que je ne savais pas ce que c'était que d'être dur.

Dee a beaucoup souffert dans sa vie, surmontant de nombreux obstacles, prouvant à quel point elle était vraiment dure jusqu'à la toute fin où elle a dû abandonner son combat. Dieu a gagné un bel ange quand, à la fin des années soixante-dix, elle a été rappelée à la maison.

8

La Douce Splendeur De L'été

Pendant les mois d'été, quand nous étions à la maison plutôt qu'au Nord Denton chez grand-mère, maman nous emmenait souvent chez tante Haley, la sœur de papa, qui vivait à Section Acres, le village qui était un lotissement pour les ouvriers de la gare de triage situé au sud-est de Denton. Ce village a été créé pour les familles des ouvriers qui entretenaient les chantiers et les voies pour les triages de chemin de fer locaux à Denton.

Maman et Haley étaient très proches et maman aimait rendre visite à sa belle-sœur et amie. Nous aussi étions heureux de pouvoir visiter car nous avons tellement aimé être avec nos cousins germains. C'étaient des enfants tellement amusants et polyvalents.

L'un de nos cousins, Shelton (appelé plus tard Shel), était un jeune homme aux nombreux talents, dont la musique, car il avait une voix chantante délicieusement douce et pouvait jouer de nombreux instruments à cordes. Un autre de ses talents consistait à travailler avec des piles et, plus tard, à câbler avec de l'électricité, fabriquant toutes sortes d'objets alimentés. Parallèlement à son talent musical, il a utilisé ses talents impliquant l'électricité pour construire des amplificateurs et d'autres instruments pour améliorer leur musique; il est ensuite entré dans le domaine professionnel en tant qu'électricien. Shel avait quatre frères qui étaient tout aussi talentueux dans les arts musicaux. Ses trois sœurs pouvaient bien chanter, mais je ne crois pas qu'elles jouaient d'instruments. Il semble que les capacités musicales des garçons et des filles de Fields aient été transmises àchaque génération pour suivre la plupart, sinon la totalité, des descendants de la famille de Will et Haley.

Les parents des cousins Fields n'étaient pas aussi stricts que les nôtres, et les enfants s'amusaient juste plus que nous n'en avions le droit car ils étaient plus détendus.

liberté. En raison de leur talent musical, des jeunes aux talents similaires se réunissaient souvent chez les Fields, et nous (Dee et moi en particulier) avons rencontré beaucoup de jeunes de notre âge et plus âgés de quatorze àdix-huit ans. Nous aimions leur musique et avons eu le béguin pour quelques-uns des jeunes garçons qui jouaient de la musique avec nos cousins. Je ne sais pas si les gars étaient même au courant de nos béguins.

Le plaisir était innocent. C'étaient de bons enfants, mais maman avait peur que leur style de vie plus libéral ait une influence indue sur nous, et à mesure que nous avancions dans notre adolescence, nous avons été autorisés à les voir moins souvent. Ces étés (1943-1945) étaient en fait les seuls moments de mon adolescence où nous passions beaucoup de temps avec nos cousins. On les voyait parfois à l'église, mais ils n'y étaient pas des habitués. Cependant, nous n'avons jamais perdu le contact et ils ont toujours été spéciaux pour nous. Quand on arrêtait d'y aller, les cousins venaient chez nous. Plus tard, maman a découragé cela, disant qu'Emmy était «trop fougueuse» et qu'elle n'aimait pas les garçons avec lesquels les enfants traînaient.

Un autre souvenir agréable de cet été est que j'ai appris à faire du vélo et, grâce à cela, j'ai acquis une liberté supplémentaire. Quand nous allions encore à Section Acres, Emmy et moi faisions du vélo dans le quartier et j'ai rencontré de nouvelles personnes. (Je n'avais pas de vélo, mais les cousins garçons s'assuraient toujours qu'il y en ait un à ma disposition lors de notre visite.) J'ai eu mes deux premiers béguins réciproques pour les garçons de Section Acres après avoir appris à faire du vélo.

  Avant que maman ne décide que nous devrions voir moins nos cousins de Section Acres, elle m'a permis de passer la nuit plusieurs fois avec ma cousine Emmy. Ces nuits-là, nous avons fait du vélo autour du village et, ce faisant, nous nous sommes retrouvés avec une caravane de vélos et avons commencé à nous séparer en couples. Un jeune homme, un des amis de mon cousin Shelton (sur qui j'avais développé un béguin plus tôt), a commencé à rouler uniquement avec moi. Plus tard, il est venu avec mes cousins pour nous rendre visite à la maison, et la bande d'entre nous est allée se promener jusqu'à l'école primaire locale à quelques rues de là. Lui et moi avons passé du temps assis sur les marches de l'école pendant que les autres jouaient sur les ensembles de gym sur la cour de récréation. Tellement excitant! Et j'ai pensé, est-ce que courtiser est? Il s'appelait Will Saylor. Will était là plusieurs fois pendant au début du printemps 1946, mais comme cela s'était produit auparavant avec mes béguins, mon l'intérêt a commencé à décliner. Aucun incident ne semblait provoquer cette diminution de mon intérêt ; c'est juste arrivé, même si j'essayais désespérément de m'accrocher à cette sensation. Cependant, mes sentiments ont changé en un sentiment de culpabilité à cause du changement. Des béguins d'adolescents stupides et innocents !

9

Coups De Cœur

L' un des garçons pour qui j'ai eu le béguin n'avait pas le parfait caractère des autres pour qui j'ai ressenti de l'attirance. Son nom était Harry Snyder, un autre garçon de Section Acres. Il avait rejoint l'armée en mentant sur son âge (il n'avait que seize ans). Il ne voulait pas entrer dans l'armée sans avoir une fille à la maison qui lui écrirait des lettres, et il voulait que je sois cette fille. J'ai été impressionné par son arrogance de confiance en soi et son attitude plus âgée que son âge, même si je savais qu'il n'avait pas le caractère respectable que mes parents approuveraient. Il m'a traité avec respect et j'ai promis de lui écrire. je pense J'ai écrit une lettre avant qu'il ne soit de retour en ville en congé.

La courte durée de service d'Harry avant son congé l'avait mûri, et les changements que j'ai découverts n'étaient pas tous favorables. Il semblait avoir développé la certitude qu'il ne reviendrait jamais vivant - du moins il me l'a dépeint - et à cause de sa croyance morbide, il voulait «vivre vraiment» pendant qu'il était à la maison. Il est devenu assez évident qu'il s'attendait à pouvoir prendre certaines libertés avec moi, et cela n'allait pas arriver ! Sa seule tentative malavisée de me toucher a résulté en une joue cuisante et un pansement de ma part.

Alors que je m'éloignais, je l'ai entendu dire : « Il y a toutes sortes de filles que je peux avoir. Vous serez désolé.

Je n'ai jamais été désolé. Je ne sais pas ce qui lui est arrivé, mais j'ai entendu des rumeurs par l'intermédiaire de mes cousins selon lesquelles il a fait son temps et a quitté l'armée et n'est pas devenu un blessé de guerre. Ils avaient aussi entendu dire qu'il était parti retour à l'endroit où il vivait à l'origine, à une certaine distance de Section Acres, Kentucky.

Mon prochain et seul véritable coup de cœur après que Harry et moi nous soyons séparés est survenu en août 1946. Ce n'était pas du tout un coup de cœur, car cette implication m'a montré les différences entre un coup de cœur et la vraie chose !

dix

Un Voyage En Train: Découvrir Deux Mondes Différents

À la mi-juillet 1946, papa nous a dit (mes sœurs Dee et Josie et moi) que nous partions en voyage à Cincinnati pour rendre visite à deux de ses tantes, et que nous rencontrerions des cousins que nous n'avions jamais vus. Papa travaillait pour un grand chemin de fer avec un grand hub à Denton. Un de ses principaux employés les avantages comprenaient des laissez-passer pour les membres de la famille. Papa pouvait demander et acquérir des laissez-passer pour des destinations partout où les lignes de chemin de fer offraient un service de train de voyageurs, et Cincinnati était un arrêt majeur sur ce chemin de fer. C'était tellement excitant de pouvoir partir en voyage, mais un voyage avec papa, qui était si rare, le rendait tellement plus spécial.

Nous sommes arrivés dans la grande ville de Cincinnati et avons été complètement émerveillés. Mes sœurs - Dee qui avait quatorze ans et Josie qui en avait douze - n'avaient jamais été à plus de quelques kilomètres de chez moi, mais moi, qui avait l'avantage de faire des voyages de groupe plus près de chez moi, je me sentais comme un voyageur chevronné avec un certain degré d'expertise. . Oh oui!

Contrairement à ce à quoi je m'attendais, j'étais dans une grande surprise avec la grande ville de Cincinnati. Il y avait de si grands bâtiments; Papa les appelait des gratte-ciel. Il y avait des chariots similaires aux voitures particulières sur les trains circulant sur des voies, mais avec une seule voiture auto-alimentée et pas de locomotive séparée. Il y avait des chariots sans chenilles qui avaient de longs bras étendus sur le dessus qui étaient connectés à des fils électriques au-dessus de la tête qui jetaient des étincelles de temps en temps. Il y avait des chariots tirés par des chevaux de toutes sortes. Certains exploitants de wagons vendaient de la glace, du charbon, et d'autres ramassaient des chiffons, des bouteilles et d'autres articles divers. Tous avaient des chauffeurs qui appelaient leurs marchandises ou ce qu'ils ramassaient. Et dans les coins, de jeunes garçons vendaient des journaux, appelant le journal qu'ils représentaient, les gros titres et le prix du journal (certains coûtaient trois cents et d'autres un nickel). Jamais nous n'avions vu de tels spectacles ou entendu un tel fracas de véhicules et de voix. Quelle arrivée excitante dans cette grande ville de Cincinnati !

Pour me rendre à l'appartement de notre grand-tante (un nouveau terme pour moi, j'étais impatiente de voir ce qu'était un « appartement »), je ne me souviens plus quel moyen de transport nous avons utilisé, mais il semble que ce soit une voiture — un taxi peut-être. Nous sommes entrés dans une petite pharmacie pour que papa puisse passer un coup de fil, et ça aussi c'était une expérience !

Papa nous a laissés debout au fond de la pharmacie pendant qu'il se dirigeait vers une cabine téléphonique pour passer l'appel. Un homme très sombre avec deux petites filles est entré dans le magasin, et mes jeunes sœurs, qui n'avaient jamais vu de nègres (le nom politiquement correct pour les Afro-Américains utilisé dans les années 30 et au-delà), regardaient avec admiration les petites filles qui avaient de minuscules nattes recouvrant leurs petites têtes, des nattes qui s'agitaient quand elles bougeaient. Dee et Josie montraient du doigt leurs étranges coiffures et riaient et chuchotaient à propos de leurs visages "sales", pensant qu'ils étaient sales à cause de la couleur de leur peau. Le père des filles était manifestement offensé, et Papa, qui, de sa position dans la cabine téléphonique, a vu ce qui se passait, s'est précipité vers nous et nous a bousculés hors du magasin.

Il a dit quelque chose comme : « Les filles, vous allez me faire tuer ! Ne jamais regarder ou pointer et se moquer de quelqu'un que vous voyez. Vous êtes dans une grande ville et vous verrez des sites étranges et différents types de personnes. Ne refais plus ça. La tante Lucy (notre grand-tante) de papa vivait dans un appartement (Qu'est-ce qu'un « appartement » ? Je croyais qu'elle vivait dans un appartement. Tant de nouveautés dans la grande ville.). Son appartement, ou appartement, se trouvait dans une partie du Grand Cincinnati appelée Oakley. C'était toujours une grande ville pour nous, mais c'était à un niveau légèrement différent de tout ce que nous avions connu dans le centre-ville. Il n'était pas rare de voir des gens marcher dans la rue portant des miches de pain - non emballées mais dans un sac en papier ouvert qui ne couvrait qu'une petite partie du pain ou portant un pichet ouvert d'un liquide mousseux que je connais maintenant sous le nom de bière ou d'ale. Dans la rue de tante Lucy, nous avons vu plusieurs petits magasins ou épiceries fines et de petits bars de style maman et pop vendant tous des articles délicieux, tels que des bonbons, de la glace crème, biscuits, beignets, et bien sûr, les liquides mousseux par pichet. Que de nouveaux sites et expériences formidables ! Nous les avons tous trempés avec une excitation ravie. J'étais tellement intrigué par la mousse dense sur la boisson transportée dans des pichets que tante Lucy, après avoir ramené un pichet à la maison, l'a versé sur une soucoupe, l'a salé généreusement et me l'a présenté à boire. Je l'ai aimé. Cela s'est répété plusieurs fois tout au long de notre court séjour chez tante Lucy. Papa a juste ri de la façon dont je l'ai englouti, mais inutile de dire que quand maman l'a découvert plus tard, elle a été horrifiée qu'il m'ait même laissé le goûter. Je crois que le goût salé était ce que j'aimais en tant qu'adulte, le goût de la bière ne m'attire pas.

Après quelques jours passés avec tante Lucy, un jeune homme au volant d'une automobile est apparu un matin et nous a annoncé qu'il était venu nous emmener chez sa mère à Corinth, Kentucky. Il était le premier de nombreux cousins que nous allions rencontrer dans les jours suivants.

Nous nous sommes dirigés vers la maison de tante Laura, sœur de tante Lucy. Ce que nous avons vu là-bas était le contraire de ce que nous avions vécu les deux premiers jours de notre voyage. Alors que nous voyagions à Corinthe, nous avons réalisé que nous quittions la ville, et ce que nous avons vu, ce sont des collines et des vallées verdoyantes parsemées de bétail, certains de moutons et parfois d'un élevage de poulets ou de porcs. Et c'était si calme.

Bientôt, nous sommes arrivés à destination pour voir nos cousins qui attendaient tous sur le porche pour nous accueillir car ils avaient entendu la voiture arriver. Ils nous ont offert une boisson fraîche d'eau de puits fraîche pendant que nous attendions que tante Laura mette la touche finale au dîner. Et quel dîner ! J'ai toujours eu un grand appétit et manger est l'un de mes plus grands plaisirs. Je ne devais pas être déçu ici car la propagation qu'elle nous a fournie était exceptionnelle. Pour la viande, elle avait de l'agneau rôti (ils élevaient leur propre viande, nous a dit un des cousins). Elle avait plusieurs légumes, des haricots verts, des épis de maïs, des betteraves marinées, de la salade de chou, certains des meilleurs pains de maïs – badigeonnés de beurre de baratte maison – que j'avais jamais mangés, et tout le lait que nous pouvions boire. Le paradis de la restauration !

Je devais apprendre que ce repas n'était pas un festin spécial concocté pour la compagnie, mais un événement quotidien dans cette maison. J'ai réalisé plus tard que les gens qui vivent dans des fermes semblent toujours avoir ce type de repas avec les légumes frais de saison et les légumes en conserve ou surgelés lorsqu'ils ne sont pas de saison. La viande est récoltée et conservée pour toutes les saisons. C'est la vie à la ferme. Ayant grandi dans une petite ville, nous n'avions pas cette opportunité et dépendions grandement sur ce que nous pouvions acheter au marchand ambulant occasionnel qui venait en ville.

Malgré les limites de notre petite ville, nos parents, pour la plupart, ont bien pris soin de nous. Maman était très économe et utilisait judicieusement ce qu'elle avait sous la main pour fournir nos repas sains. Lorsque les produits étaient facilement disponibles, elle mettait en conserve et conservait ce qu'elle pouvait obtenir pour la saison hivernale, et bien sûr, il y avait presque toujours des haricots secs à cuisiner.

Il y avait des moments, cependant, où il y avait très peu de nourriture dans notre maison. Nous étions une famille fière, et quelque chose que nous avons essayé de cacher aux voisins – même si je doute que nous ayons réussi même minutieusement – c'est que papa avait un problème. Je ne sais vraiment pas s'il était alcoolique ou buveur excessif. Il y avait des périodes de temps (en fait moins plutôt que plus) où il glissait "hors du wagon", et même s'il semblait ne manquer aucun travail, de nombreux chèques de paie ne rentraient pas à la maison. À cette époque, il fallait toutes les compétences de la pauvre maman pour nous nourrir.

Notre visite chez notre tante à Corinth, Kentucky, a certainement été quelques jours agréables pour mes sœurs et moi. Les enfants de tante Laura avaient des corvées à faire le matin, mais ils étaient toujours libres en début de soirée. Alors que les jeux commencent ! Nos cousins qui aiment s'amuser nous ont présenté des jeux comme Annie Over, une nouvelle version du jeu de cache-cache, et dans l'un des jeux, nous avons appris ce que l'on entend par «être laissé avec le sac». Tiens, Snipey, Snipey ! Nous avons joué à de nombreux autres nouveaux jeux (la plupart amusants) ainsi qu'aux jeux que nous connaissions de chez nous. Inutile de dire que nous avons passé un merveilleux moment.

Nos cousins comprenaient deux garçons, un garçon de dix-neuf ans (fraîchement démobilisé) et un garçon de quinze ans. Il y avait aussi deux filles, une de vingt et un ans (récemment libérée des WAAC de l'armée américaine) et l'autre une jeune femme handicapée mentale dont je ne connaissais pas l'âge. Ils se sont tous joints à nos jeux nocturnes. J'ai développé un béguin pour Eddie, le garçon plus âgé, et je devais constamment me rappeler qu'il était mon cousin. Je soupçonnais que le jeune cousin, Art, avait le béguin pour moi. Plusieurs années plus tard, il me l'a confirmé, et nous en avons bien rigolé. Cependant, je n'ai jamais admis mon béguin pour Eddie, et je n'ai jamais revu Eddie après notre visite estivale avec eux. Notre agréable visite avec tante Laura et sa famille a pris fin et nous sommes retournés à contrecœur au dépôt de train et à la maison.

II

Les Surprises Continuent D'arriver

Un matin, peu de temps après notre retour de Cincinnati, nous étions surpris par la visite d'un autre oncle de conte de fées ! L'oncle Walter était parti dans l'armée américaine, et après avoir été démobilisé, il était sur le chemin du retour vers un travail à Cincinnati, celui qu'il avait quitté lorsqu'il avait été enrôlé dans l'armée. (Oncle Walter était l'oncle mentionné plus tôt qui était dans l'invasion de la Normandie.) Oncle Walter a travaillé sur la rivière Ohio roue à aubes l' Island Queen ; Je crois qu'il était steward de cabine.

Pendant les mois d'été, l' Island Queen effectuait des voyages quotidiens de Cincinnati à Coney Island et retour. Oncle Walter a eu un peu de temps libre avant de reprendre son travail, et pendant ce temps, il voulait emmener mes sœurs Dee et Josie et moi à Coney Island pour une journée.

Après avoir pris toutes les dispositions nécessaires, il s'arrêta chez nous et nous dit que nous devions partir le lendemain matin à quatre heures. Afin d'avoir suffisamment de temps pour profiter de Coney, nous avons dû prendre le train le plus tôt possible.

L'oncle Walt avait pris des dispositions pour que nous restions chez un ami pour la nuit, en utilisant son petit appartement. Puisqu'il devait commencer à travailler le lendemain, il couchait sur l' Island Queen comme il l'avait fait pendant ses vingt-huit jours de travail, suivis de sept jours de repos. Son amie, une dame que l'oncle Walt nous avait présentée comme une ancienne petite amie - maintenant juste une bonne amie - voyageait avec nous pour qu'elle (Janet) puisse nous ramener à la maison dans le train avec elle. (Walter ne retournait pas à Denton car son travail commençait le lendemain.) La maison des parents de Janet était à East Denton et, comme Papa le savait la famille de la petite amie, il nous a donné la permission de faire le voyage avec elle et Walt. Sinon, il ne nous aurait jamais donné la permission de partir sans qu'un adulte nous ramène à la maison, sachant que Walt restait à Cincinnati. Prendre le train deux fois en un été était un tel privilège. Et à Cincinnati aussi ! C'était du jamais vu pour nous, qui roulions rarement dans une automobile, et nous n'étions jamais allés à Coney Island.

Aller à Coney pour la journée était une telle excitation. L'oncle Walt nous a acheté deux bandes de billets (une vingtaine de billets) et s'est assis et nous a regardés monter tout ce que nous voulions monter pendant la durée des billets. Ce jour-là, c'était Crosley Day à Coney, et de nombreuses familles d'employés de l'entreprise étaient présentes. (Crosley était une usine de fabrication bien connue à Cincinnati, et parmi ses produits figuraient des radios.) Dans le cadre des avantages sociaux, les employés avaient reçu des laissez-passer pour Coney avec des bandes de billets pour toutes les activités. Comme certaines familles partaient avant que leurs billets ne soient tous utilisés, elles ont cherché des enfants à qui elles pourraient les donner. Mes sœurs et moi nous sommes retrouvés avec de nombreux billets Crosley Day avec ceux que l'oncle Walt a achetés, ce qui nous a permis de faire suffisamment de billets pour toute la journée. Nous avons profité de ce privilège spécial pour faire le plein de manèges. L'oncle Walt ne nous arrêtait que pour s'assurer que nous mangions, puis c'était le retour aux manèges.

La fin parfaite d'une journée parfaite était de s'asseoir à l'arrière du bateau à aubes The Island Queen en redescendant la rivière Ohio jusqu'à Cincinnati. Nous nous sommes assis avec l'oncle Walter à la poupe, regardant la roue à aubes tourner alors qu'elle poussait le bateau à vapeur à travers la rivière noire de nuit, envoyant un jet blanc sur la roue et même sur nous alors que nous nous dirigions vers notre maison pour la nuit. Pendant que le calliope jouait, nous avons rêvé de la merveilleuse journée que nous avions passée à Coney Island et de la chance que nous avions d'avoir un oncle qui voulait que nous vivions cette journée. Il semblait tirer lui-même une joie particulière rien qu'en nous regardant. Ce fut une fin de journée parfaite et assoupie, surtout pour trois jeunes filles qui connaissaient si peu les plaisirs de la vie, et pour nous, ces expériences rares étaient tout à fait fantastiques.

12

Un Quasi-Accident

Mercredi 14 août 1946 commença comme n'importe quel autre jour avec le La seule chose à attendre avec impatience est la réunion de prière à la petite église baptiste à laquelle nous assistons régulièrement. Aller à l'église était toujours agréablement anticipé car nous avions l'occasion de nous retrouver avec certains de nos amis. Cependant, ce jour-là, il se passa quelque chose qui changer ma vie pour toujours!

Deux de mes sœurs cadettes, âgées de quatorze et douze ans, et mon frère aîné, qui venait d'avoir six ans, étaient avec moi. Quand nous sommes arrivés à l'église, deux de mes camarades d'école légèrement plus jeunes que moi nous attendaient et nous tenaient des sièges. Juste pour le contexte, mes parents étaient stricts sur notre comportement à l'église, et même s'ils ne nous accompagnaient pas, nous étions, dans la plupart des cas, très obéissants à leurs règles, dont l'une était que nous ne devions pas nous asseoir à l'arrière de l'église. Les sièges que mes amis avaient choisis étaient au deuxième de la dernière rangée !

Mes copines étaient prêtes, bien qu'à contrecœur, à se diriger vers le front. Une autre règle de nos parents était de se méfier de la compagnie que nous avons. L'un de leurs dictons en se référant à cette règle était

"Une pomme pourrie gâchera le baril". Je m'en suis toujours souvenu et, dans la plupart des cas, j'en ai tenu compte. Par coïncidence, cette règle était déjà enfreinte parce que les amis avec qui je me trouvais étaient (selon la terminologie de ma mère) à la fois «garçon fou» et «fougueux». Ce n'étaient pas vraiment des « brebis galeuses », mais des filles avec des caractéristiques dont ma mère espérait nous protéger.

Les églises étaient des lieux de rencontre privilégiés pour les garçons et les filles, et de nombreux jeunes venaient à l'église spécifiquement pour cette raison. L'arrière de l'église était l'endroit idéal pour cette activité, donc la préférence de mes parents pour nous n'était pas cette zone. Une autre règle que nous enfreindrions ici était celle de ne pas parler aux garçons.

A cette époque, les lieux publics n'étaient pas climatisés, et pour rester le plus frais possible, les fenêtres étaient toutes ouvertes. Les insectes attirés par la lumière volaient toujours par les fenêtres ouvertes. Cette nuit-là, nous étions constamment en train d'écraser de gros coléoptères bruns.

Peu de temps après le début du service, une de mes copines n'arrêtait pas de tendre le cou pour voir qui était assis à l'arrière de l'église et se plaignait parce que nous n'étions pas assis là. Soudain, quelque chose heurta et pendit dans mes cheveux. Pensant qu'il s'agissait d'un des redoutables coléoptères passant par les fenêtres ouvertes, je me tapotai les cheveux juste au moment où un autre frappait. J'ai demandé à ma copine de m'aider à le sortir, et elle m'a tout de suite dit que ce n'était pas un coléoptère mais une liasse de papier jetée par un beau mec au dernier rang. A l'église, attention ! Elle m'encourageait à regarder en arrière et à voir; elle était extrêmement excitée. Une autre des règles de mes parents était de ne pas se retourner pour regarder vers l'arrière pendant l'église ; nous devions toujours garder notre attention vers l'avant. Alors bien sûr, je ne me suis pas retourné.

Peu de temps après, le service s'est terminé et nous nous sommes préparés à quitter l'église. Mes copines étaient tellement pressées de sortir avant que tous les mecs éligibles ne s'enfuient qu'elles nous ont laissé mes frères et sœurs et moi derrière. Quand je suis sorti de l'église, mes amis parlaient à deux jeunes hommes et me montraient du doigt. Un gars était blond et l'autre était brun. Le blond était le plus grand. (J'ai appris plus tard qu'ils étaient tous les deux de bons amis de longue date.)

Le brun (le plus beau des deux) s'avança et demanda poliment : « Puis-je vous accompagner dans la rue ?

Je savais qu'il m'adressait sa question, mais j'étais si timide, et me souvenant de l'avertissement de mes parents de parler aux garçons, je suis passé devant sans répondre.

Mes pensées se déchaînaient avec excitation; il était si beau ! Il avait les cheveux brun foncé et les yeux les plus bleus. Il était habillé avec soin dans une salopette (nous les appelons maintenant des jeans) et une chemise bleu clair à manches longues, boutonnée et à col ouvert avec des manches repliées juste en dessous de la sienne.

coudes; son visage et ses bras étaient lisses et bronzés. Sur son avant-bras, une partie d'un tatouage était visible, et je reconnus qu'il ressemblait à ceux que j'avais vus sur certains des anciens du lycée qui avaient été dans la marine. Et j'étais muet.

Mes deux sœurs me frappaient et disaient avec enthousiasme : « Il te parle. S'il te plaît dis oui!"

Une autre des règles de nos parents était « Ne pas faire la cour tant que tu n'as pas terminé le lycée. Alors j'ai continué à marcher même si j'avais tellement envie de dire oui. J'ai été impressionné non seulement par sa beauté, mais aussi par sa voix douce et ses bonnes manières évidentes. Mais des liasses de papier à l'église ?

L'église était située au milieu du pâté de maisons, et bientôt nous serions au coin de la rue et hors de vue du beau jeune homme qui s'intéressait visiblement à moi et qui était resté à l'église. Mes sœurs m'ont insisté avec insistance pour qu'il marche avec moi, mais même si je voulais qu'il le fasse, je ne pouvais pas me résoudre à donner mon consentement.

Alors que nous étions sur le point de tourner le coin et de sortir de sa vue, Dee a crié en retour: "Elle dit d'accord!" Puis elle m'a arrêté et a supplié: "Attendez de lui parler."

Lorsque le jeune homme nous a rattrapés, il m'a demandé si je voulais monter dans sa voiture avec lui au lieu de marcher. Je lui ai expliqué que mes parents étaient très stricts et qu'il était absolument interdit de monter dans une voiture avec lui. Il a semblé comprendre et m'a suggéré d'attendre pendant qu'il rendait ses clés de voiture à son copain afin de faire venir sa voiture pour le récupérer après qu'il m'ait vu à la maison.

Il m'a raccompagnée à la maison, et pendant que nous marchions, nous avons parlé. Il s'appelait Brad Carrington et vivait dans une petite ville non loin de Denton appelée Sunfish. J'ai appris qu'il avait vingt-cinq ans et qu'il avait été honorablement libéré de l'US Navy en avril 1945 (je l'ai rencontré en août 1946) en raison d'une condition physique liée au service. Il avait sa propre entreprise aux multiples facettes, qui comprenait un restaurant de restauration rapide, une salle de billard et une station de taxis, qu'il avait financé en partie avec ce qu'il appelait son salaire de rassemblement et un peu d'argent qu'il avait économisé. Il m'a dit qu'il s'était arrêté à l'église pour aller chercher une fille pour l'emmener à une patinoire, pas une copine, m'a-t-il expliqué, mais juste une fille qui aimait patiner et qu'il l'avait conduite à une patinoire plusieurs fois auparavant. Il m'a dit que la fille n'était pas à l'église ce soir-là, et après m'avoir vu, il avait décidé d'attendre et de me rencontrer, si je voulais lui parler. Et j'ai failli ne pas le faire !

Nous avons parlé de beaucoup de choses et je me sentais tellement bien avec lui. Cependant, il y avait une chose dont nous n'avions pas parlé, et cette seule circonstance a presque fait que l'histoire de ma vie a pris une direction très différente.

13

Découverte Alarmante

dimanche 18 août 1946, mes sœurs et moi sommes arrivées au South Denton Église baptiste. J'ai laissé Dee et Josie dans leur classe d'école du dimanche et j'ai continué avec la mienne. Tout de suite, j'ai remarqué une jeune fille que je connaissais qui attendait nonchalamment à la porte de ma classe. Quand elle m'a vu, j'ai compris qu'elle m'attendait. Elle a immédiatement commencé à me parler avec colère voix, comme si elle m'accusait de lui avoir fait un affront personnel.

« Je sais quelque chose sur ton nouveau petit ami que je parie que tu ne sais pas ! Il t'a dit qu'il était marié ?

Mon cœur est tombé au fond de mon ventre !

Elle était persistante. « Saviez-vous qu'il a deux enfants et demi ? elle a demandé.

Bien sûr, je ne savais pas de quoi elle parlait. Elle a poursuivi en disant qu'elle sortirait avec lui s'il n'y avait pas ces complications (elle ne pouvait pas avoir un jour plus de quatorze ans, à peu près l'âge de ma sœur la plus proche, Dee). Elle a poursuivi en me disant qu'elle allait patiner avec lui deux ou trois fois par semaine. Elle semblait tellement en colère contre moi.

Ce que la fille, qui s'appelait Jessie, m'avait dit m'a vraiment mis en colère contre le jeune homme que je venais de rencontrer - qu'il serait assez malhonnête pour me cacher des informations aussi nécessaires, mais plus encore, j'étais déçu de moi-même. pour être si crédule. J'avais prévu de le revoir à l'église ce dimanche soir, mais j'ai caressé l'idée de ne pas être là pour le rencontrer. Mes meilleurs sens me disaient qu'il viendrait peut-être chez moi si je ne le rencontrais pas à l'église. Je ne voulais pas qu'il apparaisse là-bas car je savais comment mes parents réagiraient, puisque les fréquentations étaient interdites jusqu'à ce que j'aie fini le lycée, et j'avais encore une année à faire.

Le jeune homme (il m'avait dit qu'il s'appelait Bradley, et j'avais demandé si je pouvais l'appeler Brad) était à l'église comme il l'avait promis. Je me suis assuré d'être entouré de mes sœurs et amis pour qu'il ne puisse pas s'asseoir à côté de moi. Après l'église, Brad attendait à l'extérieur du bâtiment comme il l'avait fait la première fois.

Alors qu'il emboîtait le pas à côté de moi, sentant apparemment ma colère, il demanda poliment : « Est-ce que quelque chose ne va pas ?

"Pas si ce que j'entends à ton sujet est faux," répliquai-je avec colère. "Y a-t-il plus que tu as besoin de me dire sur toi ?"

Il a répondu : « Probablement la partie la plus importante de ce que vous devez savoir sur moi. C'est vrai. Je suis marié et j'ai deux enfants, un garçon et une fille de quatre et sept ans.

"Et quoi d'autre?" J'ai demandé.

Il a immédiatement répondu : « Voulez-vous entendre toute l'histoire ?

À mon bref hochement de tête, il a poursuivi : « Ma femme est enceinte de six mois d'un troisième enfant.

Dieu merci, mes sœurs étaient passées devant pour nous donner de l'intimité ; ils savaient que j'étais en colère contre lui, mais ils n'en connaissaient pas la raison. Il a commencé le reste de ce qu'il avait besoin de partager avec moi d'une manière calme et douce, ne faisant pas d'excuses mais, je crois, voulant sincèrement que je sache exactement comment les choses se passaient avec lui.

14

Vraies Confessions

« Je suis rentré de la marine après avoir été libéré et je n'ai trouvé aucun une maison dans la maison où j'avais vécu. Il ne semblait pas que quelqu'un y soit allé récemment. Mes affaires personnelles étaient là, mais rien d'autre.

Il semblait y avoir quelques aliments en conserve, mais pas de denrées périssables et très peu de vêtements dans le placard, presque comme si personne n'y vivait », a-t-il commencé.

J'ai interrompu : « Ne savaient-ils pas que tu rentrais à la maison ?

« Personne ne savait exactement quand je revenais. J'y ai pensé et j'ai pensé que peut-être, puisqu'ils ne m'attendaient pas, ma femme était peut-être partie chez sa mère. Comme il était tard, j'ai décidé de passer la nuit et d'aller la chercher, elle et mes enfants, le lendemain. Ma mère habitait à proximité, je suis donc allée la voir avant de partir à la recherche de ma famille. Elle m'a dit que ma femme n'était pas restée dans notre maison et qu'elle ne savait pas où elle était.

«Je suis parti pour essayer de la retrouver, elle et les enfants. J'ai finalement trouvé sa mère et j'ai tout de suite compris qu'elle semblait sur la défensive et n'avait pas l'intention de me dire quoi que ce soit. Il était aussi clair que le jour que sa mère, comme c'était sa nature, dansait autour de la vérité. Elle m'a finalement dit qu'elle ferait savoir à ma femme que j'étais à la maison. Je doutais qu'elle le fasse, car je l'avais connue pour transmettre rarement quoi que ce soit de façon véridique. Elle semble toujours vouloir créer des problèmes entre nous. Je suis désolé, mais je n'ai pas beaucoup de respect pour elle.

Encore une fois, je l'interrompis : « Ne semblait-elle pas avoir la moindre idée de l'endroit où ils se trouvaient ?
Il a répondu: «Rien qu'elle ne me dise, même si je crois qu'elle le savait. Puis deux jours plus tard, après la tombée de la nuit, Bobbie est revenue chez nous avec un seul des enfants, mon petit garçon. Elle m'a dit que ma petite fille était malade et qu'elle ne voulait pas la sortir dans l'air de la nuit. Elle ne m'a pas dit où elle avait laissé Kaylene, mais je n'ai pas demandé non plus.

«Le lendemain, elle m'a dit qu'elle partait et qu'elle reviendrait quand ma petite fille, Kaylene, irait mieux. Bobbie n'a pas dit que Kaylene était chez sa grand-mère. Je suppose que je l'ai juste supposé. Comme elle n'est pas revenue ce jour-là, je suis allé chez la mère de Bobbie pour découvrir que Bobbie n'y était jamais allée, selon la sœur de Bobbie, qui vivait à proximité. Sa sœur m'a également dit que cela faisait assez longtemps qu'elle n'avait pas vu Bobbie là-bas. Encore une fois, elle a répété ce que sa mère m'avait dit, que ni sa mère ni elle ne savaient où ils étaient. D'une manière ou d'une autre, encore une fois, j'ai l'impression que ni sa mère ni sa sœur ne m'ont raconté toute l'histoire.

À ce stade, j'intervins : « Quelle raison auraient-ils de ne pas te le dire ? Je pense qu'ils devraient savoir à quel point leur père manque aux enfants et qu'ils voudraient qu'ils te voient. Combien de temps avez-vous été absent ? »

«Presque quatre ans. Mon fils était bébé quand je suis parti. Il ne se souvenait même pas de moi. Ma petite fille le fait, et je suis sûr que je lui ai manqué. Ma belle-mère ne m'a jamais aimé. Elle voulait que sa fille épouse un médecin qui avait environ vingt-cinq ans de plus que Bobbie.

Je n'avais pas d'argent, et lui si. Pour une raison quelconque, Bobbie m'a choisi, mais elle n'a jamais été contente de moi. Elle ne me l'aurait jamais avoué, mais elle n'a jamais voulu rester à la maison.

Àce moment-là, nous étions arrivés chez moi, mais l'histoire de Brad n'était pas terminée et je voulais tout entendre. Entre-temps, j'ai remarqué que Dee et Josie étaient allées sur les marches du porche arrière et étaient assises là tranquillement. Papa était parti travailler et maman était au lit. J'étais vraiment heureux que mon frère de six ans, Chandler, ne soit pas allé à l'église avec nous ce soir-là parce qu'il était plutôt un enfant gâté et qu'il était connu pour bavarder et ne disait pas toujours la vérité. Quand il l'était, ce n'était que des vérités partielles ; il avait tendance à embellir fortement tout bavardage sur ses sœurs, et il était bon dans ce domaine. Il m'avait déjà causé des ennuis en racontant à maman et papa que Brad m'avait raccompagnée la semaine dernière et avait ajouté quelques demi-vérités - tout à fait inutiles car simplement marcher avec un garçon aurait ça a suffit ! Ils m'avaient vraiment lu l'acte anti-émeute, soulignant les règles de ne pas courtiser les garçons jusqu'à ce que j'obtienne mon diplôme et certainement de ne pas parler aux garçons à l'église. En fait, on ne parle pas à l'église, point final !

Je voulais vraiment entendre ce que Brad avait à me dire, et j'étais déterminé à lui donner le temps dont il avait besoin. Ma seule crainte était que maman se réveille et ne nous trouve pas encore à l'intérieur et sorte pour nous chercher. Nous nous tenions dans une zone ombragée hors de vue de la seule fenêtre arrière de la maison et du porche arrière, et mes sœurs devaient m'avertir si quelqu'un sortait de la maison.

Brad a tendu la main et a tenu mes deux mains pendant qu'il continuait son histoire. « Je ne sais pas quoi, mais il était évident que quelque chose d'étrange se passait avec Bobbie. Mais le lendemain, elle est rentrée à la maison avec les deux enfants. J'étais si heureuse d'avoir ma famille à la maison, mais cela n'a pas duré. Dans le passé, avant que je ne sois enrôlé, elle avait tendance à se battre à la moindre provocation et à utiliser les combats comme raison de partir. Elle resterait absente pendant trois ou quatre jours puis reviendrait, mais dans quelques jours, elle serait de nouveau partie. À son retour, aucune raison n'a jamais été donnée pour son absence. C'est la même chose qui s'est produite cette fois-ci, et après que cela se soit produit deux fois la semaine suivante, avec une nuit à chaque fois, j'ai réalisé qu'il était temps que je vérifie les choses, car en ne l'interrogeant pas, je rendais les choses trop faciles. pour qu'elle joue à n'importe quel jeu auquel elle jouait.

«J'avais décidé que je ne voulais pas vivre comme ça, qu'il était temps que je fasse quelque chose. En attendant, je n'allais pas rester là à attendre qu'elle se décide à rester à la maison.

«J'ai fait mes bagages et j'ai emménagé dans la maison de mes parents. Après avoir découvert que j'avais déménagé, Bobbie a commencé à venir souvent chez mes parents, me suppliant de revenir chez nous. Je l'ai fait après quelques jours car je voulais être avec mes enfants et essayer de réussir le mariage, même si je doutais sérieusement que les choses changeraient. Cette fois cependant, elle était à la maison pendant environ un mois, la plus longue période où elle était restée à la maison pendant tout le temps où nous avions été mariés. Au moins, elle ne partait que le jour, revenait la nuit, et c'était vraisemblablement pour rendre visite à sa mère.

«Un jour, un de mes frères qui avait été dans l'armée américaine est rentré à la maison et j'ai voulu emmener les enfants le voir, alors pensant qu'ils rendaient visite à la mère de Bobbie, je suis allé les chercher et je les ai ramenés à la maison. Je suis arrivé chez la mère de Bobbie, et il n'y avait personne. Un de ses voisins m'a dit que ma belle-mère était dans l'Ohio avec une de ses filles et qu'elle était partie depuis deux semaines. Au cours des deux dernières semaines, ma femme avait quitté la maison, vraisemblablement pour rendre visite à sa mère, du moins c'est ce qu'elle m'avait dit, à trois reprises. De toute évidence, tout cela n'avait été que des mensonges.

"J'avais presque renoncé à ce moment-là à faire fonctionner mon mariage. Même si ma femme était restée à la maison récemment, plus qu'elle ne l'avait jamais été auparavant dans notre mariage, elle semblait toujours avoir peu ou pas d'intérêt pour une relation. Rien n'avait vraiment changé dans ses efforts pour essayer de faire fonctionner les choses entre nous. Nous étions parents maintenant, et je sentais qu'il était important, ne serait-ce que pour le bien des enfants, que nous essayions. Il était évident qu'elle s'en fichait.

"Pourquoi avez-vous jamais supporté ce comportement ridicule ?"

"Je n'aurais jamais pensé que je supporterais quelque chose comme ça, mais si un mariage avec des enfants est en jeu, vous en supporterez beaucoup plus, je le découvre ! Mais maintenant j'ai peur qu'il se passe quelque chose que je n'ignorerai plus. Les enfants peuvent être exposés à des choses auxquelles ils ne devraient jamais être autorisés à participer, et je ne peux pas me permettre de laisser cela continuer. Je dois les éloigner de la situation.

« Comme je vous l'ai dit, ses actions à mon retour de la marine n'avaient vraiment rien de nouveau. Elle semblait toujours avoir envie de voyager et allait et venait à sa guise. Je ne savais jamais quand je rentrais du travail chaque jour si je verrais ma famille ou non. Au début de notre mariage, je l'ai supporté car je voulais tellement que notre mariage fonctionne. Plus tard, je suis resté pour le bien des enfants. Les circonstances de notre mariage n'avaient pas changé, sauf qu'elle était devenue très querelleuse ces derniers temps. Elle choisissait des arguments, mettant son visage dans le mien tout en me criant dessus comme si elle me défiait de la frapper ! Ce n'était pas mon idée de ce que devrait être un mariage, et j'en avais assez de vivre comme ça.

« Depuis que vous vous sentez comme ça, avez-vous déjà envisagé le divorce ? Si vous étiez resté avec elle et qu'elle vous mettait au défi de la frapper, n'avez-vous pas peur de le faire ? Est-ce que les enfants sont là quand elle crie après toi ? »

« Les enfants le sont. Et le divorce n'a pas été dans mon esprit jusqu'à présent. Je ne pensais qu'à la quitter, mais je ne voulais pas lui laisser les enfants.

"De la façon dont elle a agi, j'ai supposé qu'elle voulait que je parte. Quand elle est partie cette fois-ci, j'ai attendu qu'elle rentre à la maison – elle n'était partie qu'une nuit – et je lui ai dit que puisque ça ne marchait pas pour nous, je retournais chez mes parents. Elle a commencé à crier que je n'allais pas laissez-la avec deux enfants à charge. Je lui ai dit que je les emmènerais volontiers avec moi, et elle est devenue encore plus en colère et a attrapé un balai et a commencé à me frapper avec. Elle avait reçu quelques coups durs avant que je puisse le lui enlever.

"Alors que je me tournais pour m'éloigner d'elle, elle m'a attrapé dans la nuque avec ses ongles pointus. Je me retournai et la frappai avec le balai, la frappant à l'épaule. Elle a alors arrêté de se battre et s'est vraiment mise à pleurer et à me supplier de rester. J'en avais assez de ses promesses, et je me suis retourné, j'ai rassemblé mes affaires et je suis parti pour la maison de mes parents.

"Oh mon Dieu!" était tout ce que je pouvais dire alors qu'il continuait.

"Les jours suivants, j'ai passé beaucoup de temps à chercher un travail temporaire pour nous dépanner jusqu'à ce que je puisse démarrer mon entreprise et je venais de rentrer à la maison le troisième jour lorsque le shérif du comté est venu chez mes parents et a arrêté moi pour avoir battu ma femme avec un balai.
« J'avais passé quatre jours dans la prison du comté lorsque ma mère est venue me renflouer. Pendant que j'étais là-bas, pendant le temps libre, j'ai beaucoup réfléchi à ma situation et j'ai décidé que je ne perdrais plus de temps dans un mariage avec une femme qui ne voulait tout simplement pas s'installer !

« J'ai trouvé un emploi chez un agriculteur qui avait besoin d'aide pour défricher un nouveau terrain. [Il s'agissait de terres agricoles qui n'avaient jamais été cultivées et, dans la plupart des cas, étaient remplies de souches dont le bois avait été coupé et emporté. Il a été préparé pour la plantation des cultures en enlevant les souches et les sous-bois. Le sous-bois est composé de petits arbustes et de beaucoup de ronces, et il faut un travail très dur et éreintant pour l'enlever. Le processus s'appelle défricher un nouveau terrain.] Quand j'étais au travail pendant la journée, Bobbie venait voir ma mère et pleurait parce que je n'étais pas satisfait d'elle et que je ne voulais pas que notre mariage fonctionne. Apparemment, elle ne parlait à ma mère que de mon départ et n'a rien mentionné des fois où elle était elle-même restée à l'écart. Je n'avais pas parlé à mes parents de nos problèmes parce que je ne voulais pas les inquiéter. Ils savaient seulement que je n'étais pas heureux. Mais Bobbie les avait convaincus qu'elle voulait que notre mariage fonctionne et que la séparation n'était que mon idée. Puis ma mère et mes sœurs ont toutes commencé à me presser de la reprendre, et j'ai finalement cédé sous la pression supplémentaire.

"Combien de fois as-tu cédé comme ça ?"

"Plus de fois que je ne veux l'admettre. Au moins cette fois, elle semblait plus disposée à rester. Cela m'a pris du temps car j'avais perdu beaucoup de respect pour elle. L'amertume à propos de l'incident avec le balai m'était restée. Alors que j'étais assis à ne rien faire en prison, j'avais eu le temps de réfléchir. Avec le recul, j'ai réalisé qu'elle m'avait délibérément poussé à la frapper, et qu'elle avait eu la réaction qu'elle avait voulue afin d'avoir quelque chose à retenir sur moi afin d'avoir le pouvoir d'obtenir ce qu'elle voulait de moi.

« J'ai réemménagé mais j'ai insisté pour avoir des couchages séparés. La situation était délicate, mais j'avais plus d'espoir pour les prochaines semaines. Puis elle a commencé à venir dans ma chambre chaque soir et à pleurer et à me supplier de revenir dans son lit, et par conséquent, aucun de nous ne dormait beaucoup. Elle a finalement gagné, et comme elle était restée à la maison selon sa promesse pendant plusieurs semaines, j'avais moi-même commencé à espérer que cette fois notre mariage pourrait fonctionner. J'ai finalement décidé de faire ce qu'elle m'avait supplié de faire, de réessayer, sinon pour moi, du moins pour le bien des enfants.

"Puis ça a recommencé. Cette fois, elle resterait des semaines. Je voulais voir mes enfants, alors j'ai décidé d'aller là où elle était pour les voir. Un de mes voisins m'avait dit qu'il l'avait vue entrer dans une maison sur Bugger Branch Road avec les enfants quelques jours auparavant. Je me suis dirigé vers l'endroit où il m'avait indiqué, et quand je suis arrivé à ce qui ressemblait à une cabine d'une pièce, j'ai frappé et Bobbie est venue à la porte. Vous avez probablement deviné maintenant. Elle vivait avec un homme dont j'ai découvert plus tard qu'il n'avait probablement jamais travaillé un seul jour de sa vie. Il ne vivait pas légalement dans la cabane mais y squattait. La cabane était une cabane de chasse approvisionnée pour que les chasseurs l'utilisent comme refuge contre le froid pendant la chasse hivernale. J'ai pensé que cela durait depuis longtemps, depuis que j'étais dans la marine, sinon avant.

Incrédule, j'ai demandé : « Les enfants étaient-ils là ?

"Ils étaient. J'ai vu par la porte ouverte qu'il n'y avait qu'un lit double et un lit bébé, et ma première question a été de demander où dormaient mes enfants. Elle m'a immédiatement dit qu'ils dormaient dans le lit de bébé. J'ai appris plus tard par ma petite fille qu'elle dormait dans le même lit que sa mère, aux pieds de sa mère !

"Après la preuve de mes soupçons qu'elle était avec un autre homme, j'ai décidé que je n'avais aucune raison de rester pour un mariage avec une femme qui ne m'aimait pas et dont le comportement avait tué tous les sentiments que j'avais pour elle. Je suis rentré chez moi pour parler à mes parents des plans que je faisais pour retourner à Newark, New Jersey, et retour aux chantiers navals là-bas. Étant donné que notre pays était encore dans une telle tourmente sur le marché du travail avec la reconversion industrielle du temps de guerre en temps de paix et le retour des militaires retournant à leur emploi, il était difficile de trouver du travail.

"N'ayant pas de mariage pour rester et aucun moyen de subvenir aux besoins de ma famille correctement avec un salaire d'un dollar pour une longue journée de travail éreintant, j'avais décidé que je n'avais pas d'autre choix que de retourner au travail que j'avais quitté quand j'ai été rédigé dans les chantiers navals du New Jersey. Je leur avais écrit et ils m'ont encouragé à revenir au plus vite car mon travail m'attendait. Mon pote Nathan Hathaway, un garçon qui avait grandi avec moi – c'est à cause de lui que j'avais d'abord décroché le poste dans les chantiers navals – avait entendu par la vigne des plantes que je revenais. Il avait appelé son frère dans le Kentucky pour me faire savoir qu'il avait réservé un appartement pour moi dans son immeuble, mais il voulait s'assurer que ce n'était que moi qui viendrais. Il semble que la direction de l'immeuble ait des règles strictes et qu'elle ne préfère que les célibataires, et tous ceux qui vivent dans l'immeuble doivent avoir un emploi. Je l'ai appelé et lui ai dit que c'était juste moi, que je n'avais pas de mariage. Il avait l'air vraiment content que je vienne. Je travaillais toujours avec le fermier, et juste un préavis d'un jour pour lui était tout ce dont j'avais besoin avant de partir, alors je suis parti pour le New Jersey dans quelques jours seulement.

15

Encore Une Dernière Fois

Brad avait encore des choses à me dire. Il a poursuivi: "Après que Bobbie ait été prise, elle a semblé décider qu'elle avait trop à perdre en continuant comme elle était, alors elle est rentrée à la maison. Cette fois, c'est elle qui est venue maison à une maison vide. Elle se rendit chez mes parents et, constatant que j'avais quitté l'État pour retourner à mon travail dans les chantiers navals, se mit immédiatement à m'écrire là-bas, me suppliant de la laisser venir à Newark. Je n'y pensais même pas au début, puis ma mère m'a écrit pour dire que Bobbie avait rangé nos meubles après avoir laissé partir notre maison de location et était venue vivre avec ma mère et mon père et n'était pas partie depuis même peu de temps en les deux semaines où elle était là. Ma mère m'a dit qu'elle semblait être très sincère en essayant de rattraper ses erreurs, et elle espérait que peut-être j'envisagerais d'essayer encore une fois. Elle a également dit qu'elle s'occuperait des enfants si je voulais essayer à Bobbie de venir dans le New Jersey et de trouver un emploi.

"Puisqu'elle semble essayer sérieusement d'arranger les choses, un essai de quelques semaines vous donnera une chance de voir s'il y a une possibilité que les choses soient prêtes à fonctionner pour vous deux", a plaidé ma mère.

« Comment as-tu pu même penser à la reprendre ? Je penserais que vous ne l'envisageriez même jamais ! m'écriai-je.

« Parce qu'elle est la mère de mes enfants, et je croyais alors qu'il valait mieux pour une famille qui a des enfants d'avoir une mère et un père qui vivent tous les deux avec eux. Depuis lors, j'ai décidé que j'avais tort, pour une mère et un père qui ne s'aiment pas et se disputent et se battent en présence de leur les enfants ne créent pas le bon type de contexte familial. Dans le passé, une séparation légale n'est pas quelque chose que je pensais envisager, mais maintenant je ne vois pas d'autre moyen.

"Alors j'ai finalement cédé sous la pression et je lui ai dit qu'elle pouvait venir dans le New Jersey. J'ai expliqué les règles de l'appartement dans mon immeuble, en soulignant qu'elle devrait travailler. J'ai également souligné que cela ne signifiait pas que je la reprenais, mais que je verrais comment les choses se passeraient et que je déciderais ensuite de ce que je ferais. Elle a pris des dispositions pour venir à Newark et est arrivée deux jours plus tard, un jeudi.

« Dans les deux jours qui ont précédé son arrivée, j'ai cherché des possibilités d'emploi pour elle. Elle n'avait aucune expérience car elle n'avait jamais été employée, et je savais qu'elle pourrait avoir un peu de mal à trouver un emploi, du moins un bien rémunéré. Il y avait quelques boulangeries et restaurants avec des panneaux d'embauche dans leurs fenêtres, et j'ai obtenu les informations pour eux et j'ai même parlé aux personnes qui ont fait l'embauche dans quelques-uns d'entre eux. Ils semblaient prometteurs. Je pensais que l'un de ces emplois serait un début car je ne savais honnêtement pas combien de temps elle durerait. Je n'avais pas hâte qu'elle vienne. Je n'avais pas compris comment je m'y prendrais.

« Comme elle est arrivée un jeudi, elle a eu le week-end pour s'habituer à la région et s'y retrouver. Les emplois pour lesquels j'avais des informations étaient proches, et une courte promenade l'amènerait à la plupart des emplois où j'avais vu les panneaux Help Wanted. Je n'avais pas besoin de voiture à Newark. Les chantiers navals où je travaillais avaient des bus pour les employés des chantiers navals pour les amener au travail. Il y avait des bus de la région, mais je me suis dit que si elle pouvait marcher jusqu'à son travail, ce serait moins compliqué pour elle. Je l'ai emmenée et lui ai montré la région et les emplois que j'avais vérifiés pour elle. Elle a dit que n'importe lequel d'entre eux irait bien et qu'elle ferait le tour lundi pour voir si quelqu'un voulait l'embaucher.

« Au cours de la semaine suivante, les choses ont commencé à se produire. Quand je suis rentré du travail, elle m'a dit qu'elle commençait à travailler le lendemain dans l'un des restaurants. Aucune excitation ou même anxiété ne s'est manifestée dans ses actions - juste une déclaration pragmatique selon laquelle elle a été embauchée. Le lendemain, quand je suis rentré du travail, elle était assise sur les marches de notre immeuble. Je lui ai demandé pourquoi elle était absente à cette heure de la journée, car la plupart des restaurants étaient très occupés à l'heure du dîner.

"Elle a dit : 'J'ai arrêté ! Le cuisinier ne pouvait pas garder ses mains loin de moi. "J'ai dit:" Avez-vous essayé l'un des autres endroits?
« Elle a répondu : 'Pas encore. J'irai demain. Tu dois me laisser une clé. Je suis assis ici depuis deux heures.

« J'ai dit : 'Deux heures, et il est tout à l'heure quatre. Ça veut dire qu'à deux heures, tu aurais eu le temps de postuler à un autre endroit, et si c'était un autre restaurant, ils t'auraient peut-être embauché pour le rush du dîner !

« 'Je n'ai pas vraiment envie de travailler dans un restaurant !' elle s'est plainte.

« 'Que diriez-vous d'une des boulangeries alors ?' J'ai demandé.

« 'Cela ressemble plus à ce que je voudrais faire', a-t-elle répondu. « Le lendemain, je l'ai réveillée en partant au travail à six heures et demie. Ellese plaignait de devoir se lever si tôt, mais elle s'est levée. Ce jour-là, quand je suis rentré à la maison, elle n'était pas là, alors j'ai supposé qu'elle avait obtenu le poste et qu'elle travaillait. Elle est rentrée à onze heures et demie ce soir-là et a dit qu'elle avait obtenu le poste, qu'elle travaillerait en deuxième équipe et qu'elle n'aurait pas à rentrer avant deux heures et demie le lendemain après-midi.

« Les jours suivants, elle était au lit quand je suis parti travailler et partie quand je suis revenu. Ce changement me convenait bien car j'étais loin de l'accepter dans ma vie, et elle ne faisait vraiment aucun effort pour agir comme si elle voulait que je revienne. Quelques jours plus tard, le propriétaire m'a arrêté à mon retour du travail et m'a dit qu'il me signifiait un préavis et que je devais partir. Les règles étaient claires : si une chambre était occupée par un couple, ils devaient tous les deux travailler ; il en avait assez des marins qui traînaient dans les appartements des femmes quand leurs maris étaient au travail. Je suppose qu'il était évident pour lui que je ne savais pas ce qui se passait. Il continua en disant que j'avais été un excellent locataire jusqu'à ce que j'y amène ma femme, et qu'il me laisserait rester si je la renvoyais faire ses valises le lendemain et s'il n'y voyait pas d'autres marins.

« Je l'attendais quand elle est arrivée à mon appartement vers minuit ce soir-là ; J'avais remarqué qu'elle commençait à être un peu plus tard chaque soir. Je lui ai d'abord demandé si elle avait toujours sa clé, puis j'ai demandé à la voir. Elle parut perplexe mais le sortit de sa poche et me le tendit. Je l'ai pris, puis je lui ai dit qu'elle devait sortir de là quand je partirais travailler à six heures et demie le lendemain matin, et qu'elle ne devait pas du tout revenir dans le bâtiment. Elle pourrait rester dans le New Jersey ou rentrer chez elle. Je me fichais de ce qu'elle faisait, mais elle ne pouvait pas rester avec moi, et je veillerais à ce qu'elle ne reste pas chez mes parents quand elle rentrerait à la maison. j'ai encore dit lui que je ne voulais pas la voir mentir, se faufiler à nouveau, et je voulais qu'elle reste hors de ma vue.

"C'est alors que j'ai appris qu'elle était enceinte. Au début, je ne la croyais pas, et je ne croyais certainement pas que le bébé était le mien. Cependant, j'ai appris plus tard que la date d'accouchement du bébé correspondait au moment où elle était à la maison pendant plusieurs semaines et au moment où, pendant une courte période, elle semblait faire des efforts pour que les choses fonctionnent.

« Le reste appartient à l'histoire. Elle est enceinte et, selon les calculs du médecin, elle accouchera fin octobre. Le bébé est probablement le mien, et je vais l'élever. Mes enfants sont très importants pour moi et j'ai l'intention de les avoir tous sous ma garde un jour. Si jamais je décide de me remarier, mes enfants et moi arrivons ensemble.

"Même avec les nouvelles de la grossesse - je ne la croyais pas à l'époque - j'ai tenu ferme ma déclaration selon laquelle elle devrait quitter mon appartement et sortir de ma vie tôt le lendemain matin. Je n'étais pas assez cruel pour la mettre dehors cette nuit-là, mais je le pensais quand j'ai dit qu'elle ne pouvait plus revenir là-bas. Comme j'avais sa clé, elle ne pouvait pas rentrer et j'ai ressenti un grand soulagement. Elle n'avait pas pensé à ce qui se passait car elle pensait que j'étais si crédule qu'elle pouvait s'en tirer. Je me demande comment elle a compris pourquoi elle ne recevait pas de chèque le moment venu ? J'étais content qu'elle soit hors de mes cheveux pendant le temps où elle était censée être au travail. Je me demande combien de temps il aurait fallu avant que je soupçonne quelque chose si le propriétaire ne m'avait pas dit ce qu'il avait fait. Comme je ne communiquais vraiment pas avec elle, cela m'a peut-être pris du temps. Aucun salaire venant d'elle ne m'a peut-être informé car je m'attendais à ce qu'elle paie elle-même.

« Au moment où Bobbie est retournée au Kentucky trois jours plus tard – je ne sais pas où elle a passé ces trois jours, je ne m'en soucie pas – j'étais aux chantiers navals de Newark depuis un mois. Mes enfants me manquaient et je manquais d'avoir quelqu'un de proche à qui parler, et j'ai décidé que je n'avais pas besoin de rester à Newark. J'ai donné mon préavis de deux semaines, et au bout de ce temps, je suis parti pour rentrer chez moi.

J'étais tellement abasourdi par tout cela que je ne pouvais rien dire !

16

Démarrer Une Nouvelle Entreprise Ou Deux

Brad n'avait pas encore fini et je savais qu'il se faisait tard. je n'ai pas interrompre, cependant, car je voulais entendre toute son histoire. Il a poursuivi: "Tout en cherchant un moyen de créer une vie avec un peu plus de stabilité pour mes enfants, j'ai commencé sérieusement à essayer de trouver quelque chose dans lequel je pourrais m'installer à à la maison pour subvenir aux besoins de ma famille.

"Mon travail sur les chantiers navals était soudeur, alors j'ai commencé à penser à démarrer un atelier de soudure et de réparation en tant qu'entreprise. J'avais toujours mon salaire de départ pour acheter ce dont j'avais besoin pour ouvrir une entreprise. Et ce qui était le plus important, je croyais qu'un atelier de soudure pouvait bien fonctionner à Denton car à cette époque, les réparations nécessitant des soudures devaient être apportées dans une ville voisine. C'est donc ce que j'ai regardé en rentrant chez moi.

« J'ai trouvé un immeuble qui me convenait, je l'ai loué avec un bail de six mois et j'ai acheté du matériel d'occasion à un gars en faillite. Il m'a donné des noms de clients de Denton pour que je puisse commencer et a promis de m'en envoyer d'autres. Il a tenu sa promesse et j'ai commencé avec plusieurs bons clients. L'un des clients essayait constamment de me racheter, m'offrant plus que ce que j'avais réellement dans l'entreprise.

"En peu de temps, j'avais gagné assez d'argent pour économiser un peu en vue d'une maison pour l'avenir, lorsque j'aurais la garde de mes enfants. Je n'avais pas changé dans ma résolution qu'ils vivraient un jour avec moi.

"Alors que j'approchais de la fin du bail de construction de mon atelier de réparation de soudure, un homme que je connaissais de Rolling Rock, une ville au sud de la maison de mes parents à Sunfish, a voulu me vendre un restaurant et une salle de billard. Après avoir pesé le possibilités de l'entreprise dans laquelle j'étais avec le loyer élevé que je payais à Denton par rapport au loyer très bas des bâtiments abritant le restaurant et la salle de billard existants - qui était également une entreprise établie qui fonctionnait assez bien - j'ai décidé d'y aller. J'ai contacté le gars qui voulait l'entreprise de soudage et lui ai dit que j'étais prêt à faire le commerce. Puis je me suis soudainement retrouvé dans la restauration !

"J'avais aussi l'idée de démarrer une entreprise de taxis car je pouvais voir où je pouvais gagner de l'argent dans ce domaine, car il était impossible qu'une personne sans voiture puisse aller n'importe où sans dépendre de quelqu'un d'autre avec une voiture pour l'y emmener. J'ai immédiatement commencé à chercher une bonne voiture d'occasion, car peu ou pas de nouvelles voitures sont fabriquées même après la guerre. J'ai trouvé exactement ce que je voulais, une Plymouth '41 avec un moteur grillé. J'ai trouvé un moteur entièrement reconditionné et je l'ai loué, mis dans la voiture à 300 $ pour 500 $. La carrosserie était en parfait état, et avec le moteur reconditionné, elle devrait durer plusieurs années. J'étais en affaires ! Voilà où j'en suis maintenant, un an après que j'ai lancé cette entreprise. Je l'ai construit et les affaires ont été bonnes.

J'ai interrompu pour demander: "Où habitez-vous maintenant?"

« Je vis chez mes parents et ça marche plutôt bien. Je ne vois pas assez souvent mes enfants, mais je les vois. Bobbie a finalement décidé de me laisser tranquille, je suppose. Au moins, elle semble avoir accepté que le mariage soit terminé. Depuis que j'ai senti que je ne voudrais plus jamais me marier, je n'avais pas envisagé de divorcer car le divorce est inédit dans notre famille. Depuis lors, j'ai repensé cela et suis arrivé à la conclusion que si Bobbie et moi devons vivre séparément, les enfants seront dans la même position d'un seul parent à la maison, que nous soyons séparés et que nous vivions séparément ou divorcés et que nous vivions une part. Et pour une mère et un père qui ne s'aiment plus et qui s'agitent et se battent en présence de leurs enfants, nous leur faisons une mauvaise vie en ne vivant pas séparément. Plus récemment, j'en suis venu à la conclusion qu'un divorce légal est la meilleure solution. C'est là où je suis maintenant.

Après une longue pause, il poursuivit : « Je sais que c'est beaucoup à avaler pour toi, et je ne m'attends pas à ce que tu fasses tout d'un coup. Je veux te revoir, et si tu décides que tu veux me voir, tu peux me faire savoir mercredi quand je serai à l'église, espérant te voir. Si tu veux continuer à me voir, dis-le-moi alors. Désolé de ne pas vous avoir dit tout cela le soir de notre rencontre, mais comme vous l'avez remarqué, il a fallu beaucoup de temps pour que tout soit raconté, et je voulais que vous sachiez tout. Je viens juste de dire 'Je suis marié et j'ai des enfants et une femme enceinte' la première fois que je t'ai vu... M'aurais-tu jamais revu ?"

Je peux imaginer que le regard que j'avais sur mon visage lui a donné sa réponse. Là-dessus, il me serra la main et, en partant, il dit : « Je serai à église le mercredi. S'il vous plaît, réfléchissez beaucoup à ce que je vous ai dit. Quoi que vous décidiez, je m'en accommoderai. Vérifiez-moi comme vous le souhaitez. Je n'ai rien à cacher et je n'ai pas prétendu être ce que je ne suis pas. J'espère que vous sentez que vous pouvez me faire confiance, mais si vous ne le faites pas et ne voulez pas me revoir, je vous laisserai tranquille.

17

Une Décision Importante

Même si je croyais tout ce que Brad m'avait dit, ma décision devait être fait en examinant l'ensemble de la situation. Cela aurait dû prendre un peu de temps, mais mon cœur croyait que nous pouvions le faire fonctionner, et ma tête ne pouvait pas influencer cette affaire de cœur.

Lorsque mercredi après-midi arriva, je pouvais à peine attendre le moment où je verrais cet homme qui était si vite devenu très important pour moi. Mes parents ignoraient encore son existence, et sachant ce que je savais alors de lui, je savais qu'ils ne l'accepteraient pas et m'empêcheraient par conséquent de le voir.

Mes sœurs appréciaient beaucoup Brad et voulaient nous voir ensemble, et je n'avais aucune crainte qu'elles se moquent de moi. Mon jeune frère, cependant, était une autre histoire. Ce mercredi soir, j'ai dû l'emmener et j'ai appris qu'il accepterait des pots-de-vin. Comme tout chantage, le premier paiement n'est qu'un début, surtout si l'auteur a à peine six ans et a du mal à attendre de pouvoir le dire !

J'ai rencontré Brad avec impatience après l'église et je lui ai dit que je le croyais et que sa situation ne faisait aucune différence. Un fait qui n'a pas fait de différence à l'époque - et n'a jamais fait de différence pour moi - était notre différence d'âge; J'avais seize ans et il en avait vingt-cinq (il aurait vingt-six ans à l'automne 1946).

Le fait que j'étais mineur et qu'il était majeur allait devenir un gros souci pour lui à cause des aspects juridiques impliqués. Pendant tout cela, je n'avais aucune idée du genre de problèmes et d'inquiétudes que je créais pour mes parents, sans parler de Brad ! Brad l'a fait, et il a essayé de m'éclairer, voulant comprendre ce qu'ils ressentaient, mais je n'écoutais pas car je ne voulais pas entendre. J'étais toujours en colère contre mes parents. À l'époque et tout au long de ma vie, la maturité de Brad, son bon sens et sa pondération constante ont été des atouts majeurs dans nos vies.

18

Plus D'obstacles

Après, il était évident pour mes amis et les autres à l'église que nous allions vite devenant un objet, Jessie, la fille qui m'a informé du mariage / statut familial de Brad, a décidé qu'il était temps de la faire jouer.

Plusieurs fois, les soirs où l'église était prévue, lorsque Brad terminait une course de taxi (à ce moment-là, il avait son service de taxi opérationnel et restait occupé à le faire fonctionner alors qu'il avait un gérant pour son restaurant et sa salle de billard), il s'arrêtait à un petit café en bas de la rue de l'église. Ici, il s'asseyait sur leur parking et mettait à jour son journal quotidien en attendant de me voir. Jessie le savait quand elle l'avait vu là-bas, car elle m'avait dit plusieurs fois qu'il m'attendait. Quand elle me voyait quitter l'église, réalisant que Brad ne m'avait pas encore vu, elle sautait dans sa voiture et jetait ses bras autour de lui, sachant que je comprendrais mal quand j'arriverais sur les lieux. Parfois, pendant qu'il m'attendait, il pouvait entrer dans le café pour prendre un sandwich. Il ne serait là que peu de temps, mais Jessie, sachant qu'il m'attendait, sautait sur le siège passager, espérant que je penserais qu'elle était avec lui, et cela me fit douter de lui. Même si Brad ne m'avait pris aucun engagement, ça m'aurait fait mal de le voir avec une autre fille.

De plus, pendant la même période, Jessie a commencé à venir me voir à l'église, me racontant ses nombreux rendez-vous avec lui. Quand je l'ai approché au sujet de ses actions, il a été absolument stupéfait.

"Je lui ai dit très clairement dès le début que je sentais qu'elle était trop jeune pour être avec moi et que je ne faisais que la conduire à la patinoire. Je ne l'ai même pas emmenée là-bas depuis plusieurs semaines.

Je l'ai cru, et je n'ai pas laissé ses bouffonneries me déranger après ça. Ses efforts pour s'interposer entre nous ont été vains et elle a finalement cessé d'essayer, du moins le pensais-je.

Brad était un patineur à roulettes expert. Lui et l'un de ses frères ont remporté de nombreux prix de première place pour leurs performances dans des concours de skate-dance et d'autres activités de patinage à roulettes. Je n'ai jamais été que médiocre. Je pouvais comprendre pourquoi il voulait emmener Jessie faire du patin à roulettes car elle était une partenaire de patinage parfaite pour lui. Il avait mentionné à plusieurs reprises : « C'est une si bonne sportive », et je savais qu'il l'admirait. À cette époque, Denton n'avait pas de patinoire à roulettes et les patineurs de Denton se rendaient à Francfort, une ville à une courte distance de Denton. Parce que je n'étais pas censé sortir avec quelqu'un, je ne pouvais pas trouver la bonne excuse pour m'éloigner très souvent pendant le temps qu'il faudrait pour aller à Francfort. Brad avait cessé de la transporter à la patinoire, selon lui.

Jessie était très jalouse de moi, et je pense qu'à cause de cela, elle a peut-être été responsable de notre prochain gros obstacle. Jusqu'à présent, je n'avais jamais rencontré ni entendu parler de l'ex-épouse de Brad, Bobbie. Cependant, elle est apparue un jour sur le pas de la porte de ma mère, très enceinte, affirmant que je traînais avec son mari et rompais leur mariage. Elle est venue pendant que j'étais à l'école. Naturellement, mes parents étaient tellement choqués et tellement contrariés que je fasse partie de cette action horrible que j'étais totalement privé de tout sauf des cours à l'école, et je ne pouvais plus participer à des activités parascolaires. En d'autres termes, il n'y aurait aucune opportunité pour moi de voir Brad car mes parents ne m'autorisaient plus à aller à l'église !

Je croyais que Jessie avait en quelque sorte fait savoir à Bobbie que je voyais Brad. Une autre de mes connaissances, l'une des amies de Jessie, avait parlé à sa mère (la mère était une amie de ma mère) de la relation de Brad avec moi, et elle avait prévenu ma mère que j'allais avoir des ennuis « en faisant l'idiot avec un homme marié ». homme." Les deux incidents que j'avais liés venant de Jessie.

19

Daniel

En mai 1946, l'un des frères cadets de Brad a été renvoyé du armée.

Daniel avait quatre ans de moins que Brad et était un beau jeune homme, mais pas avec la beauté plus sombre de Brad, je m'empresse d'ajouter, et il n'était pas aussi élégant que son frère. Daniel était blond aux yeux bleus et un peu plus grand que Brad. Il avait un truc avec les filles aussi. La nuit Je l'ai rencontré début septembre, les demoiselles affluaient après lui! L'automne était souvent le moment où les carnavals venaient à Denton, et ce L'année a été typique car il y avait un carnaval très populaire en ville et des miracles se produisent – mes parents nous ont permis à mes sœurs et à moi d'y aller ! Je savais que Brad serait là parce que son restaurant accueillait un stand de concession au carnaval. Il espérait que moi aussi je serais là, et il était prêt à ce que quelqu'un prenne ses fonctions à la barre pour qu'il puisse être avec moi. Il était accompagné de son frère lorsqu'il nous a rencontrés, moi et mes sœurs.

Ce n'était que la deuxième fois que je voyais Daniel, la première datant du mois précédent. En peu de temps, ses cheveux avaient poussé, et il n'avait plus l'air aussi élégant qu'avant.

J'en ai parlé à Brad plus tard, et il m'a dit que Daniel travaillait avec leur père, qui était le chef pompier de la briqueterie (Denton Brick), et que la chaleur lui avait rendu la peau rugueuse. En fait, la chaleur l'avait boursouflée et elle guérissait maintenant. Il n'avait pas non plus eu le temps de se faire couper les cheveux. Être un tireur de briques signifie travailler dans la porte ouverte d'un four de cuisson où les briques sont finies et où la température est extrêmement élevée. La peau et le cou du père de Brad ressemblaient à cuir brun grossier en raison de nombreuses années de travail à ce poste.

Je suppose que cela explique la différence d'apparence de Daniel.

Cependant, Daniel semblait toujours aussi populaire auprès des filles. Ma sœur Dee a également été attirée et a passé le reste de la soirée à marcher main dans la main avec lui, un fait qui a semblé inquiéter Brad. J'ai pensé que c'était génial! Ma sœur avec le frère de ma bien-aimée, c'était pas cool ?

Brad m'a dit plus tard qu'il estimait que Daniel était trop vieux pour Dee et qu'il avait l'habitude de courir avec des filles beaucoup plus âgées, et cela l'inquiétait car Dee était visiblement très attiré par lui. J'ai découvert plus tard qu'il avait parlé à son frère et lui avait demandé de la laisser tranquille.

20

Le Secret De Dee

Après la conversation de Brad avec Daniel lui demandant de laisser Dee tranquille, Dee ne l'a pas fait. mentionner Daniel tout cet automne et cet hiver. Certes, ma sœur et moi ne communiquions pas comme nous le faisions autrefois- ma faute principalement, car j'avais tellement de secrets que je devais cacher à tout le monde.

Je me suis retrouvé à parler et partageant plus avec ma sœur Sharon, âgée de onze ans, que n'importe qui d'autre, sauf peut-être ma tante Bettie, et je ne la voyais pas beaucoup, car elle travaillait loin de chez elle.

Ma sœur Shar semblait me comprendre et me soutenir plus que les plus âgées, et apparemment elle n'a jamais dit à personne les secrets que nous partagions. Concernant la relation de Dee avec Daniel, j'appris beaucoup plus tard (en juin 1947) par une note de Dee (je n'étais plus à la maison) qu'elle avait un secret qu'elle voulait partager avec moi : elle rencontrait Daniel à une nouvelle patinoire qui avait ouvert au centre-ville de Denton. Il semblait que mes parents avaient desserré les rênes des filles et que Dee et Josie étaient autorisées à sortir occasionnellement. Dans cette note, elle m'a dit qu'elle était folle de Daniel.

Le 3 juillet 1947, j'ai vu Daniel pour la première fois depuis le carnaval de septembre 1946, et je lui ai posé des questions sur Dee.
Il a dit qu'il ne la voyait plus, qu'il s'était rendu compte qu'elle était trop jeune pour lui.

J'étais perplexe. Pourquoi leur différence d'âge, qui était de six ans, était-elle trop importante, et pourtant la différence d'âge entre Brad et moi était de plus de neuf ans, et ça semblait aller ? J'ai posé cette question à Brad, et il a répondu : « Ce ne sont pas autant les années de différence d'âge que la différence entre les personnes impliquées.

21

Moments Volés

Lorsque j'avais été exclu des activités parascolaires (avant cela, mes seules autres activités étaient les clubs d'honneur, tels que la Honor Society, le Beta Club, les clubs latins et espagnols, et le tutorat de trois élèves), il ne restait que les matchs de football du lycée et le temps de mes balades quotidiennes à l'école pour voir Brad. Comme j'étais membre de l'orchestre du lycée, j'ai été autorisé à assister aux matchs de football au début de la saison de football. Mes parents estimaient que faire partie du groupe faisait partie de mon cursus ; ainsi, ils ont permis les activités de la bande.

Brad est venu à chaque match à domicile. En ce qui concerne les trajets vers l'école, je ne pouvais pas m'éloigner de la maison plus tôt que l'heure habituelle pour partir et je devais être à la maison dans un délai raisonnable après la fin de la journée d'école, donc je n'ai pas pu être avec lui presque assez. Cependant, les choses se sont améliorées tout de suite.

Mes parents étaient très fiers de ma participation à ces activités parascolaires, à mes clubs d'honneur et au tutorat. Me retirer d'eux leur faisait autant de mal qu'à moi, réalisai-je. Après ma disparition d'une semaine, ils ont cédé, mais pas avant de m'avoir prévenu que je serais surveillé. Certes, j'abusais parfois du temps qu'il fallait pour participer à ces activités car je passais une partie de ce temps avec Brad. La plupart du temps, il me rattrapait en chemin et m'emmenait à l'école chaque matin peu de temps après mon départ de la maison, puis me ramenait chaque soir et me laissait partir à un pâté de maisons de chez moi. Il m'a également emmené à mes réunions de club et au tutorat et me ramenait à la maison par la suite. (Il n'est jamais allé chez moi mais est parti moi à un pâté de maisons environ.) Nous avions le temps de parler presque tous les jours, mais pas assez de temps.

Le tutorat était un événement intermittent; tout l'argent reçu pour cela est allé à mes parents pour les livres et les fournitures scolaires. Parce que c'était un honneur d'être choisi comme tuteur, je ne voulais manquer aucune heure prévue car seuls les tuteurs fiables seraient retenus. Cependant, certaines semaines, aucun tutorat n'était prévu, et j'allais quand même en ville comme si j'étais en train de faire du tutorat (mon tutorat se faisait au lycée) et je passais tout le temps avec Brad. Je suis très surpris que mes parents n'aient pas compris cela car je leur ai donné chaque centime de l'argent gagné dans mes travaux de tutorat.

L'une des façons que Brad et moi avions d'être ensemble était lors des matchs de football à domicile. Être dans le groupe m'a donné une liberté que je n'aurais pas eue autrement. Aux jeux, toutes les pom-pom girls et la plupart des membres du groupe voyaient quelqu'un et étaient toujours en couple. Brad est venu à chaque match à domicile, et avant le match, il a regardé le groupe marcher du lycée au centre-ville de Denton jusqu'au terrain de football (un peu plus d'un mile) comme nous l'avons fait à chaque match à domicile. J'étais si fière qu'il soit là pour me regarder; il n'y avait jamais aucun membre de la famille présent aux jeux, mais je l'avais. Veuillez comprendre que je ne blâme pas ma famille de ne pas être là; Je n'ai jamais remis en cause leur absence. Mais le fait est que j'avais besoin que quelqu'un soit là et soit fier de moi. Brad l'a compensé au centuple !

Brad est toujours resté au match et m'a ramené à la maison par la suite et n'a jamais manqué d'être là. Je pouvais passer les pauses du jeu à lui parler, et c'était un temps si précieux. Après la fin de la saison de football, nous n'avions plus autant d'occasions d'être ensemble, mais nous avons trouvé des moyens.

À ce moment-là, nous étions profondément amoureux. Bien sûr, j'en suis conscient maintenant; à l'époque, je ne savais pas comment tu étais censé savoir que tu étais amoureux. Je sentais seulement que je devais être avec lui. Je sais maintenant que j'étais follement amoureuse de lui. Je me souviens avoir demandé à Brad : "Comment peux-tu savoir quand tu es amoureux ?" Avec les divorces qui commencent à être si répandus, j'ai senti que vous deviez être absolument sûr.

22

Anticipation des choses à venir

L' hiver 1946-1947 fut brutalement froid ; alors et maintenant, je ne semble jamais pouvoir mettre suffisamment de vêtements pour se protéger du froid. Enfant, lorsque les katydids (insectes actifs principalement à la tombée de la nuit à la fin de l'été et que les habitants du Sud croyaient annoncer l'arrivée de l'hiver) ont commencé à chanter, maman croyait que leur chanson signifiait que l'hiver était dans six semaines. La seule dépression dont je me souvienne, c'est lorsque les katydids ont lancé leur appel. Cela a duré pendant la majeure partie de ma vie jusqu'à nos dernières années, lorsque le besoin de travailler pour gagner sa vie n'était plus là; nous quitterions l'Ohio froid, où nous avions choisi notre état d'origine et où nous prévoyions de vivre ensemble le reste de notre temps sauf l'hiver. Ensuite, nous ne redoutons plus le froid. La dépression ne se produit plus lorsque j'entends les katydids; au contraire, le son de leur chœur me fait attendre avec impatience une maison d'hiver dans un endroit plus chaud où nous avons pu partager de nombreuses années ensemble. Hawaï vous appelle !

En tant qu'enfants, l'anticipation excitante des vacances de Noël a servi à briser la monotonie du temps froid, humide et morne apporté par l'hiver. Lorsqu'un enfant est jeune et croit encore en l'elfe rond et joyeux qui fait sa ronde la veille de Noël, les soucis du temps froid s'atténuent. Le froid signifie la possibilité de neige, et les enfants attendent avec impatience les premières chutes de neige dont le Père Noël a besoin pour son traîneau.

Maman et papa ont toujours rendu Noël passionnant pour nous quand nous étions enfants. Même s'il y avait peu d'argent pour les cadeaux, ils ont réussi à avoir quelque chose pour chacun de nous sous un beau Noël arbre, celui qui était apparu comme par magie avec les cadeaux après que nous nous soyons couchés la veille de Noël. J'ai appris plus tard que l'arbre nous avait été apporté par les bonnes âmes de la petite église au bout de notre bloc.

Avec l'arbre se trouvaient de petits sacs contenant des fruits, des bonbons mélangés et des noix qui restaient de ceux distribués aux enfants lors de leurs services de la veille de Noël. Cet acte aimable s'est répété d'autres années et nous en avons toujours été extrêmement reconnaissants.

Un autre souvenir d'enfance affectueux de Noël a été l'ouverture de la grande boîte de petits objets (je la considère maintenant comme "le paquet de soins") qui était venue de nos oncles Owen et Walt, et je peux toujours ressentir la ruée exaltante d'une anticipation avide en attendant de savoir ce qui devait être sorti ensuite de la boîte. Nous n'avons jamais été déçus.

Après la grande déception qui s'est abattue sur moi tout au long de mon enfance à la fin de Noël, j'ai toujours hâte de retourner à l'école. L'arrivée de la saison de Pâques était presque aussi attendue que Noël. Cela signifiait que l'hiver était presque terminé.

Nous avions toujours une nouvelle robe pour Pâques. Maman était une excellente couturière et dessinait et confectionnait tous les vêtements de ses filles. Plusieurs fois, elle nous a habillés de la même façon, sauf pour la couleur du tissu. Parfois, elle nous laissait faire le choix de la couleur, et je ne choisissais pas toujours la meilleure couleur pour moi. Mes cheveux étaient blond vénitien, ma peau est claire et j'ai les yeux bleus.

Mon choix de couleur pour une belle robe qu'elle avait prévu pour moi était rouge, et la couleur était loin d'être complémentaire à ma peau claire et mes cheveux roux. Dee était une brune avec une peau plus foncée que la mienne, et le rouge lui allait à ravir. (Elle avait choisi le bleu.) J'ai essayé d'échanger des robes avec elle, et elle était d'accord, mais pas de chance ! Elle était tellement plus petite que moi que maman a dit qu'il lui était impossible de faire les retouches nécessaires pour changer les robes finies.

Pâques signifiait que le printemps arrivait ! Avec le printemps viendrait le temps plus chaud, et nous pourrions échanger les longs bas de coton noirs ou bruns que nous portions pour des bracelets de cheville (chaussettes courtes en coton). La plupart des années, Pâques signifiait également de nouvelles chaussures pour chacun de nous. Pendant de nombreuses années, Pâques n'était pas chaude, et lors de ces Pâques qui arrivaient tôt ou lorsque le printemps arrivait tard, je me souviens avoir eu si froid en marchant à l'église les jambes nues dans des chaussettes courtes, et parfois en sandales et sans manteau, pour qui voulait couvrir une belle nouvelle robe de Pâques ? Nous détestions tous les bas longs que nous portions en hiver, mais ces jours-là, nous aurions aimé les avoir encore.

23

Joyeuses Soirées D'Hiver

Brad rendaient plus difficile de s'évader le matin car l'hiver approché, et je le voyais moins. Il avait du mal à trouver de bons employés de confiance pour ouvrir et fermer son restaurant, et quelqu'un devait être là pour les clients du petit-déjeuner. Jusqu'à ce qu'il soit capable de trouver le bon personne pour assumer cette fonction, il devait être là pour ouvrir, alors il ne venait me voir que le soir. La longue marche froide jusqu'à l'école était plus difficile parce qu'il me manquait tellement. Cependant, cela m'a amené à chérir encore plus notre temps ensemble à la fin de la journée.

Dans la journée, surtout le week-end quand je pouvais m'évader quelques heures, nous allions juste rouler dans sa voiture. La plupart du temps, nous nous dirigions vers le sud, allant parfois jusqu'à Waltersburg, dans le Kentucky, une petite ville universitaire à trente milles de Denton. Il vivait au milieu de cette route dans un petit village appelé Sunfish, et tout en conduisant dans la région, il montrait les maisons de ses parents et les entreprises locales en cours de route. Nous nous arrêtions parfois dans un petit magasin et une station-service appartenant à l'un de ses voisins, George Stinson, et Brad m'achetait un RC Cola et un MoonPie, un régal ! Nous n'avions jamais de sodas à la maison ; mon premier produit à base de cola était avec lui. Si nous avions des produits de boulangerie, c'étaient des produits faits maison et non emballés, et nous avions très rarement des bonbons à moins que ce soit Noël, où nous pouvions avoir plusieurs morceaux autant de jours d'affilée que durait le cadeau du Père Noël, mais jamais de friandises !

Lorsque Brad m'a acheté ces friandises, quelque chose s'est produit alors qui m'a beaucoup dérangé - quelque chose dont nous avons tous les deux ri plus tard dans notre la vie ensemble. Parce que de telles friandises étaient rares pour moi, je les savourais en les mangeant très lentement afin de les faire durer plus longtemps. Brad a mangé le sien rapidement, et quand il a vu qu'il restait une grande partie de mon MoonPie ou de ma barre chocolatée, il tendait la main et en cassait un morceau et le mangeait. Cela m'a brisé le cœur car j'essayais de le faire durer le plus longtemps possible, mais il pensait que j'avais du mal à tout manger, et il ne faisait que m'aider. J'avais pensé qu'il était gourmand.

Après un certain temps passé ensemble, j'ai finalement dit : « Pourquoi n'en prends-tu pas un autre si tu as encore faim ? Je veux le mien ! »

Il a répliqué : « Oh, je pensais que tu avais du mal à tout manger, et je t'ai juste aidé à le finir ! Pourquoi tu ne me l'as pas dit ? »

Plus tard dans notre vie ensemble, nous riions toujours de ce scénario quand nous nous en souvenions.

Alors que nous roulions plus au sud, il me montrait ses affaires à Rolling Rock, et parfois nous nous arrêtions là, selon le temps dont nous disposions. Quand nous le faisions, il me faisait un sandwich à la côtelette de porc sur du pain blanc. Un autre régal ! Le pain acheté en magasin était un luxe que ma famille ne pouvait pas se permettre. Puis, si le temps le permettait, nous allions plus au sud dans une région appelée Gladstone, où il montrait des fermes et des maisons plus petites de parents, que je rencontrerais tous un jour.

En de rares occasions, nous nous aventurions dans Greencliffe, une petite ville à la frontière de l'État où il avait plus de parents, en particulier son frère James et sa famille. Au cours de ces trajets, je n'ai rencontré aucun d'entre eux à part ses parents, un frère et une sœur, et j'ai appris plus tard qu'il estimait qu'il n'avait pas le droit de me présenter jusqu'à ce qu'il puisse légalement revendiquer le droit de les laisser (et moi) connaître son intentions. Il était fier de son héritage et était fier de moi, mais comme il l'a souligné, le moment n'était pas encore venu.

J'ai rencontré sa mère, et quelle femme travailleuse, franchement, très compétente et intéressante ! Brad avait tellement de respect pour elle. C'est pendant l'un de ces moments volés que nous avions trouvés pour faire ces longs trajets en voiture que j'ai réalisé qu'il n'y avait pas grand-chose qu'il ne partageait pas avec elle; elle était sa meilleure amie. Elle connaissait la situation avec nous et était apparemment consciente que j'étais très important pour son fils. Elle craignait pour lui, bien sûr, mais était définitivement de notre côté. Dans un aparté pour moi, elle m'a dit que cela faisait très longtemps qu'elle n'avait pas vu son fils si heureux et m'a remercié pour ma part.

Brad avait un juke-box dans son restaurant avec tous les succès actuels de la saison 1946. Il avait aussi une radio dans sa voiture, et nous écoutions de la musique dans ces moments volés pendant que nous prenions nos trajets en voiture. La musique était importante pour moi à l'époque comme aujourd'hui, et Brad aussi avait développé un goût pour mon genre de musique et pour la musique en général. La musique était juste quelque chose dont il avait besoin pour son restaurant car il ne l'aimait ni ne l'aimait pas. Je pense qu'il n'avait tout simplement jamais eu le temps de s'arrêter et d'écouter. En écoutant son autoradio, nous avons rapidement trouvé quelques enregistrements qui sont devenus nos favoris. Les rares fois où je pouvais aller avec lui dans son restaurant, nous écoutions le juke-box et chantions avec nos favoris, mais nous chantions surtout en écoutant son autoradio car nous préférions ne pas avoir de public car ni lui ni moi ne le ferions gagner des prix pour notre chant.

Ce que j'aimais le plus, c'était qu'il chantait pour moi - comme il le faisait assez souvent - et

J'ai chéri ces moments où il a chanté. Une chanson amusante que Brad m'a chantée était "C'est

Combien je t'aime" d'Eddy Arnold, et ça ressemblait à ça :

Maintenant, si j'avais un sou,

Je sais ce que je ferais.

La chanson raconte ensuite comment l'auteur dépenserait son centime pour des bonbons et le donnerait à sa fille spéciale pour lui montrer son grand amour. C'était une chanson populaire à cette époque.

Une autre de nos chansons préférées du juke-box était une instrumentale intitulée "In the Mood". Sur son autoradio, de nombreuses chansons de la saison sont devenues nos préférées cet hiver-là, parmi lesquelles «The Old Lamplighter», l'interprétation de «White Christmas» par Bing Crosby et une autre chanson des artistes Margaret Whiting et Johnny Mercer intitulée «Baby, It's Cold Dehors." Que de moments mémorables et la joie que nous avons partagée ces soirées d'hiver !

24

Problèmes De Maturité

Alors que j'approchais de mon dix-septième anniversaire, la maturité physique avait été se faufiler sur moi. Je ne me suis jamais sentie aussi attirante que les filles plus âgées de ma classe car la plupart d'entre elles ne semblaient jamais manquer de tout ce qu'il fallait pour attirer les garçons. Je pensais que c'était en partie parce que je ne portais pas de maquillage et qu'ils le faisaient, et que je ne pouvais pas porter de pantalon. (Les jeans roulés juste en dessous des genoux étaient à la mode ou à la mode du jour.) Papa interdisait absolument de porter tout type de maquillage, et dans son esprit, seuls les garçons portaient des pantalons. Parce qu'il était facile à cacher, j'ai finalement commencé à utiliser du rouge à lèvres en le faufilant à l'école et en l'appliquant là-bas et en me frottant soigneusement la bouche avant de rentrer à la maison. Une de nos voisines, l'une des filles Wilmot, qui étaient voisines juste en face de nous, m'avait donné un demi-tube de rouge à lèvres, et comme je l'utilisais quotidiennement - même si je n'étais pas à la maison - depuis une semaine ou deux, j'allais bientôt en avoir plus.

Même sans maquillage, ma nouvelle maturité physique semblait attirer le mauvais type d'attention. De temps en temps, un jeune homme dans la rue me faisait des avances, ou en passant devant un groupe de garçons, je recevais des sifflets de loup totalement non sollicités. Je n'aimais pas ça et je ne savais pas comment m'y prendre. J'ai commencé à observer les filles plus âgées de mes cours pour voir comment elles réagissaient, et à ma grande surprise, elles semblaient flattées par ce genre d'attention et se contentaient de flirter en retour. J'ai décidé de ne pas utiliser leur méthode et j'ai essayé d'éviter de me placer dans une situation où cela pourrait arriver. Cela arrivait encore, bien que moins fréquemment.

Comme je voyais moins Brad, je rentrais souvent seul à pied après mes réunions de club car aucun de mes camarades de club ne vivait à South Denton et personne ne me suivait. Je ne savais pas quand Brad viendrait en ville (peu de gens avaient des téléphones en ces jours d'après-guerre, et il n'avait aucun moyen de me contacter). Je me suis toujours senti mal à l'aise seul dans certaines des régions dans lesquelles j'ai voyagé en rentrant chez moi. Brad m'avait mis en garde et m'avait donné des indications sur la façon de me protéger d'une éventuelle agression, même si je n'avais jamais eu besoin de ses instructions. J'ai toujours senti que je pouvais prendre soin de moi, mais il n'a pas tardé à me montrer que je ne pouvais pas. D'une seule main, il m'a montré à quel point mes suppositions étaient ridicules ; il a pu me pousser au sol et m'y maintenir, en utilisant uniquement sa main gauche (il était droitier). Je pensais aussi que je pouvais dépasser un agresseur potentiel car j'avais dépassé toutes les filles de ma classe d'éducation physique lors d'une récente course à pied, et encore une fois, Brad m'a prouvé le contraire, même si ses jambes étaient légèrement plus courtes que les miennes !

Cette nuit en particulier, dans l'une des zones isolées de la rue bordée par des commerces fermés avec de hautes clôtures et des portes bloquant l'entrée depuis les trottoirs, j'ai entendu une voiture approcher par l'arrière. Soudain, une voix masculine rauque grogna : « Tu veux faire un tour, pois de senteur ?

Surpris, j'ai jeté un coup d'œil en arrière pour voir la porte du passager d'une berline à quatre portes ouverte sur le trottoir, et le gars qui avait parlé traînait hors de la voiture avec un sourire narquois sur le visage. Des sifflets de loup provenaient d'autres personnes dans la voiture. Au rapide coup d'œil que j'avais jeté, j'ai vu quatre personnes dans la voiture qui semblaient être toutes des hommes.

J'avais très peur. J'ai commencé à courir, mais avec la haute clôture d'un côté et la voiture de l'autre, je n'avais d'autre choix que de continuer sur le trottoir. La voiture restait parallèle à moi, et deux gars du côté passager m'attrapaient tous les deux. Juste au moment où je réalisais que je n'allais pas les distancer, j'avais commencé à paniquer, et à cette minute même, une voiture s'est précipitée derrière eux avec un klaxon retentissant, et les assaillants potentiels ont tiré dans la rue avec des sifflets de loup traînant le voiture alors qu'elle s'éloignait.

Mon bien-aimé Brad était dans la voiture qui s'approchait de l'arrière et était, par hasard, venu à mon secours ! Dieu seul sait ce qui aurait pu arriver s'il n'avait pas choisi de venir en ville cette nuit-là.

Il s'est avéré que c'était la dernière fois que j'avais une obligation de club; Je devais obtenir mon diplôme la semaine suivante, le 29 mai. Je ne pense pas que j'aurais eu le culot d'essayer à nouveau cette promenade nocturne. La seule autre obligation que j'avais le soir était ma remise de diplôme, et comme Brad savait que mes parents ne seraient pas là, il m'avait dit qu'il serait là, pas seulement pour me ramener à la maison, mais pour assister à ma remise de diplôme et me voir recevoir les honneurs. J'étais récompensé.

25

Plaidoyer Pour Le Changement

Obtention un diplôme d'études secondaires est une occasion très spécialedans la vie d'une personne, et Je voulais être à mon meilleur. Maman, qui confectionnait habituellement tous mes vêtements, avait décidé de m'acheter une robe toute faite, et j'ai adoré ! Les vêtements achetés en magasin semblaient représenter un certain statut que je désirais atteindre, et cette robe le ferait. C'était un œillet en coton blanc avec des manches courtes, un haut ajusté et une jupe froncée. Plus tôt dans l'année, j'avais acheté une paire de sandales blanches à talons de deux pouces, et les chaussures complétaient mon ensemble. Je me sentais très à la mode et en accord avec ce que les autres filles portaient. Pour mettre en valeur mon ensemble de fin d'études et compléter l'apparence d'être grandi, j'avais besoin de maquillage.

Tout au long de ma vie jusqu'à présent, j'avais toujours été l'une des préférées de papa, et même si les circonstances récentes avaient peut-être changé cela, je savais que pour obtenir la permission de porter un peu de maquillage, je devrais le charmer pour qu'il accepte. J'avais préparé à l'avance ce que j'allais lui demander, et à ce moment-là, ce n'était que la permission d'acheter et de porter du rouge à lèvres. j'avais l'argent; un obstacle franchi ! J'ai attendu qu'il soit installé et à l'aise dans sa sorte de caverne d'hommes - un coin de notre salon contenant son fauteuil à bascule et sa radio, où il passait une grande partie de son temps à fumer ses cigarettes omniprésentes, à écouter la radio et à lire le journal ou pratiquer sa belle calligraphie. J'ai commencé par lui dire que je voulais commencer à porter du rouge à lèvres car j'aurais bientôt dix-sept ans, et je pensais que j'étais assez vieux. Je lui ai aussi dit que il n'aurait pas besoin de me donner de l'argent pour cela car j'avais fait la vaisselle pour un voisin, gagnant soixante-cinq cents.

Papa a commencé à me dire toutes les raisons pour lesquelles il estimait que je ne devais pas porter de maquillage, et j'ai rapidement réalisé que mes plans ne fonctionnaient pas.

J'ai jeté mon dernier argument. "Mais toutes les filles en portent."

Papa répliqua : « Et c'est justement la raison pour laquelle tu ne le feras pas. Je ne veux pas que tu sois comme toutes les autres filles !

Les négociations se sont terminées sur cette déclaration ferme.

Au cours de la semaine suivante, papa m'a demandé s'il pouvait m'emprunter de l'argent. Tu l'as deviné; il avait besoin de soixante-cinq cents. Il n'a fait aucune mention de me rembourser. Cela ne m'a pas empêché de porter du rouge à lèvres, cependant. Tante Bettie, la sœur cadette de maman qui travaillait à Cincinnati, était à la maison pour une visite et m'a apporté un tube plein de rouge à lèvres, et j'étais prête à partir. J'avais espéré qu'elle prévoyait d'être de retour en ville pour mon diplôme. Comme elle n'avait que quelques années de plus que moi, je voulais quelqu'un avec qui partager des confidences, surtout avec tout ce qui m'arrivait avec Brad dans ma vie. Ma tante Bettie était une bonne auditrice, et on pouvait lui faire confiance pour garder mes confidences. Nous n'avions plus de temps ensemble depuis qu'elle avait son travail et que j'avais l'école et Brad. Elle savait que je le voyais toujours, et elle ne m'avait pas dénoncé. De plus, elle savait qu'il était un homme bon car elle avait appris à connaître Brad avant que je ne le rencontre par l'intermédiaire d'un ancien petit ami à elle qui le respectait vraiment et les avait présentés quand Brad était au début de la vingtaine. En ce qui concerne ma remise des diplômes, Bettie n'a pas pu y assister. Elle devait reprendre son travail à Cincinnati après le Memorial Day, et elle avait prévu un trajet avec un collègue pour retourner à son travail, et ils partaient le jour de ma remise des diplômes, le 29 mai.

26

Un Aperçu Du Futur

Même si Brad et moi donnions l'impression d'être insouciants nos pairs, la peur d'être attrapé par mes parents a toujours plané sur nous. La grande peur était que nous soyons obligés de nous séparer, et je ne pouvais pas supporter cela. Je croyais que Brad ressentait la même chose. Une peur qui Brad n'a partagé avec moi que plus tard qu'il savait que le fait que je sois mineur créerait de gros problèmes juridiques si mes parents voulaient poursuivre. J'ignorais allègrement cela. Brad n'était toujours pas libre de s'engager envers moi car légalement, il était toujours marié.

Brad est devenu plus conscient que jusqu'à ce qu'il soit libéré de son mariage, ce n'était qu'une question de temps avant qu'il ne nous soit impossible d'être ensemble. Il ne m'en a pas parlé, mais il est devenu plus prudent, passant moins de temps avec moi et passant plus de temps dans les lieux publics en compagnie d'autres personnes. (Plus tard, j'ai appris qu'il essayait de donner l'impression extérieure qu'il ne me voyait plus.) J'étais de plus en plus conscient que nous passions plus de temps séparés et j'avais même eu peur qu'il se soit lassé de moi et qu'il passe à autre chose. , même si quand il était avec moi, il était toujours aussi attentionné et aimant. Pendant ces rares moments où nous étions ensemble, j'avais l'impression que son amour s'était approfondi, me donnant des signaux mitigés.

C'était quelque chose dont je ne pouvais même pas lui parler. Je suppose que j'avais peur d'entendre la vérité. Tous ces doutes que j'éprouvais, et je n'avais personne avec qui en parler !

Le nouveau petit fils de Brad est né cet automne, et après sa naissance, l'ex-épouse de Brad a fait une nouvelle tentative pour nous séparer afin d'obtenir il est rentré. Elle a fait appel à des connaissances pour lui servir d'espions. Bobbie avait refusé de lui accorder le divorce et son avocat lui avait conseillé d'attendre la naissance de l'enfant. Bien sûr, son avocat lui avait également conseillé de rompre tout lien avec moi. Essayait-il de faire ça ?

Le divorce est quelque chose qui ne s'était jamais produit dans notre famille, donc c'était un concept inconnu pour moi et portait un degré de disgrâce. Ma formation religieuse m'a fait prendre conscience que bibliquement, le divorce n'est pas approuvé, donc c'était certainement une préoccupation pour moi. Après beaucoup de prières et de délibérations, cela n'avait toujours pas assez d'importance pour moi de me retirer de notre relation. Avoir mon Brad bien-aimé dans ma vie était si important pour moi que si cela signifiait laisser ma vie être entachée en épousant un homme divorcé, alors tant pis. J'ai appris plus tard que la Bible autorise le divorce lorsque la raison est l'infidélité d'un partenaire. Mon but, sans y penser vraiment, était de me marier, et mon mari serait incontestablement Brad. Mais y arriverions-nous un jour ? Il y avait tellement d'obstacles !

J'ai réalisé à quel point Brad avait été malheureux dans son mariage, et je savais que Bobbie n'était pas heureuse, donc je ne pouvais pas comprendre pourquoi elle voulait s'accrocher à lui. Je crois que c'était la sécurité qu'il offrait car il était très clair pour moi qu'il était un travailleur acharné et un bon fournisseur ; c'était évident dans la façon dont il continuait à subvenir aux besoins de ses enfants et dans son désir de rester dans leur vie et de leur faire un foyer.

Brad était préoccupé par le genre de vie auquel ses enfants étaient exposés. Il ne m'a laissé aucun doute quant à l'atteinte de son objectif d'obtenir la garde de ses enfants. Il n'a pas déposé de demande de garde avec sa demande de divorce; il était inouï à cette époque que les pères soient même considérés pour la garde d'enfants mineurs. Mais il m'a assuré qu'il les obtiendrait, et comme il me l'avait dit il y a bien longtemps lorsqu'il a admis son état civil, celui qu'il épousait devait accepter un "forfait". Récemment, il avait poussé cette déclaration un peu plus loin et m'avait dit : « Celui que j'épouse doit aimer mes enfants ! Je n'avais même pas rencontré ses enfants à cette époque.

Par une chaude journée peu après notre conversation sur le désir ardent de Brad d'obtenir la garde de ses enfants, nous avons eu l'occasion de faire l'une de nos promenades à la campagne et, au début, il a mentionné qu'il voulait faire une halte. Nous sommes arrivés à une résidence à une courte distance de Denton, et il a arrêté la voiture et s'est dirigé vers une porte de l'une des maisons. Il attendit un moment sur le porche puis retourna à la voiture portant un petit garçon. le petit garçon était blond avec de grosses petites joues et des yeux très bleus. Il me regarda sans sourire et semblait assez timide. Brad m'a présenté son fils, également nommé Bradley.

Brad a placé le petit garçon sur le siège avant entre nous deux, et j'ai remarqué que, de temps en temps, l'enfant me regardait timidement. Même si je lui parlais, il ne parlait pas et détournait timidement les yeux. Cependant, quand il pensait que je ne regardais pas, il me regardait comme s'il se demandait qui j'étais.

Nous ne voyagions que depuis quelques minutes lorsque le petit commençait à s'assoupir et tombait de temps en temps contre moi. Pour le soutenir, je l'ai tiré contre mon corps et l'ai maintenu là. Il s'éveilla légèrement et se blottit encore plus près et continua à dormir. Pendant tout ce temps, Brad n'avait pas dit un mot, mais j'ai remarqué qu'il nous observait de près, son fils et moi. Brad s'était arrêté à un feu rouge et j'ai vu que nous étions arrivés en ville. Parce que j'étais tellement absorbé par son fils, je ne savais même pas dans quelle ville. Bradley Jr. s'est réveillé et a regardé autour de lui, un peu surpris. Il a vu son père, puis moi. Il a rapidement grimpé sur mes genoux et s'est de nouveau assoupi. Il était à moi depuis lors. Il avait volé mon cœur ! Il avait quatre ans.

C'était plusieurs semaines avant que je rencontre la fille de sept ans de Brad, Kaylene. Elle était une jolie petite chose et était en train de faire des tartes à la boue sous le porche de la maison de sa grand-mère Alene. (Alene Kennedy Carrington était la mère de Brad.) La robe de Kaylene était en désordre et elle avait une traînée de boue sur le visage. Elle était blonde foncée avec des yeux qui n'étaient pas aussi bleus que ceux de son père. Kaylene était un peu plus réservée avec son affection envers moi. Elle se demandait probablement ce que son papa faisait avec cette nouvelle personne. (Lorsque Kaylene avait plusieurs années de plus, j'étais au courant de ce qu'elle pensait à ce moment-là et de ses contacts ultérieurs avec moi. Au moment de notre rencontre, elle était plus âgée et moins confiante que son petit frère, j'ai donc dû la gagner confiance.) Ce n'est qu'après notre mariage que j'ai eu le privilège de rencontrer le plus jeune, Barry. A cette époque, il n'avait que quelques semaines de plus d'un an.

27

Attacher Les Bouts Lâches

Le printemps 1947 a apporté des changements qui ont affecté Brad et moi. temps ensemble. Mon emploi du temps scolaire était devenu beaucoup plus chargé juste avant l'obtention de mon diplôme, et les nombreuses activités parascolaires, en particulier ceux à caractère social dans lesquels un lycéen est impliqué – exclus ceux qui n'étaient plus à l'école. Un excellent exemple était mon bal de fin d'études secondaires. Les règles concernant le bal des finissants interdisaient la présence de personnes extérieures, donc Brad ne pouvait pas y assister. J'ai été invité à être le rendez-vous d'un autre senior, mais je n'avais aucune envie d'être avec quelqu'un d'autre que Brad. J'ai décliné l'invitation du jeune homme à l'accompagner au bal et renoncé à y aller moi-même. Il devait y avoir des filles sans rendez-vous, et elles m'ont encouragé à les rejoindre, mais pour moi, le bal de promo semblait en fait sans importance.

À ce moment-là, j'avais refusé la bourse offerte et elle a été attribuée à un autre étudiant d'un autre lycée, un lycéen de Lynnville, un district scolaire non loin de Denton. (Je fais une hypothèse ici, mais à cause d'une annonce dans un journal concernant la même bourse d'études tout compris pour cet élève du lycée de Linville - qui avait été annoncée moins d'une semaine après que je l'ai refusée - mes parents ont estimé que c'était la même chose un, et j'avais adopté leur hypothèse.) Mes conseillers principaux de classe étaient consternés par moi car ils ont dit que refuser une telle offre ne s'était tout simplement jamais produit. J'avais peur qu'ils recrutent mes parents pour soutien supplémentaire, mais heureusement pour moi, ils ne l'ont pas fait. Lorsque mes parents ont appris plus tard de moi que j'avais refusé la bourse, ils étaient perplexes et extrêmement déçus. À l'exception de la déception initiale que cela a apportée à mes parents, je n'ai jamais regretté ma décision.

28

Pompe Et Circonstance

29 mai 1947, le jour où j'ai obtenu mon diplôme d'études secondaires, était enfin arrivé. L'excitation était grande et les seniors se précipitaient pour essayer de mettre leurs casquettes et leurs robes en place et de faire la queue pour "Pomp and Circonstance » pour commencer par les sous-classes qui composent les restes du groupe bien-aimé de Denton High School, car beaucoup étaient des diplômés seniors et ne jouaient pas ce soir-là. Nous avons entendu notre alma mater chantée par la foule rassemblée pour voir les seniors ravis recevoir leurs diplômes durement gagnés. Comme nous l'avions pratiqué, lorsque nous avons entendu la fin de la chanson de l'école, nous devions sortir en file, en restant dans notre ordre actuel pour prendre place juste au moment où l'orchestre commençait à jouer.

Nous étions à nos places et on appelait les noms des diplômés. Beaucoup d'étudiants avaient des honneurs qui étaient lus avec leurs noms, et j'étais parmi eux. Il y a eu quelques discours, la plupart courts.

Le public avait été prié de retenir ses applaudissements jusqu'à ce que tous les noms et honneurs aient été lus. Il y avait un peu moins de cent diplômés dans la promotion de 1947, et sans interruption par des applaudissements, il faudrait moins de temps pour remettre les diplômes à tous les diplômés.

Comme c'est parfois le cas, il y a eu quelques applaudissements ou appels verbaux qui ont retardé la cérémonie, mais dans l'ensemble, ça s'est bien passé. Les discours de certains des diplômés honorés ont été courts, et tout à coup, nous avions réussi ! Nous avons eu nos diplômes et une belle opportunité pour un nouveau départ !

Tout au long de la cérémonie, j'ai regardé le visage de mon bien-aimé, et il souriait si fièrement. Il était toute la famille dont j'avais besoin ce soir-là.

Après que nous ayons rendu nos casquettes et nos robes et que nous ayons été autorisés à partir, Brad et moi nous sommes dirigés vers sa voiture pour nous rendre chez moi. Comme c'est souvent le cas après beaucoup d'excitation, je me sentais juste un peu déçu. Brad l'a senti et a suggéré que nous sortions dîner. Il a regardé sa montre et m'a dit que nous avions le temps car il n'était que huit heures et demie. Il savait que je devais toujours être à la maison avant que papa parte travailler à dix heures. Il est sorti et m'a dit qu'il m'emmenait au Truck Stop de Bennington, où il s'arrêtait souvent pour manger quand il était sur la route. La nourriture y était bonne. Ce n'était pas trop loin du lycée, mais c'était à l'opposé de chez moi.

La nourriture était si bonne et un tel régal pour moi, à part les quelques voyages de groupe que j'avais faits où le groupe avait passé la nuit, je n'avais jamais mangé dans un restaurant - et certainement pas à un rendez-vous ! Les serveuses du restaurant connaissaient toutes Brad, et quand il leur a dit que je venais d'obtenir mon diplôme, elles sont toutes venues me souhaiter bonne chance et nous ont apporté un dessert offert par la maison. Avec toute cette excitation, le temps nous a échappé.

J'ai vu Brad regarder sa montre, puis il m'a attrapé la main et m'a dit : « Chérie, tu es censée être déjà à la maison à l'instant même !

Peu de bien cela nous a fait de nous dépêcher, même si nous l'avons fait; il était 22h17, dix-sept minutes de retard, quand nous sommes arrivés là où il me laissait toujours sortir sur Main Street, et le temps que je fasse le reste de la courte distance jusqu'à chez moi, j'aurais vingt minutes de retard.

Il m'a quitté en disant qu'il espérait qu'ils ne seraient pas fâchés contre moi, qu'il n'était pas inhabituel d'aller prendre un en-cas avec un ami après que quelqu'un ait vécu un grand moment dans sa vie comme la remise des diplômes. Il m'a laissé à notre place habituelle et a repris la route vers la maison. Je suppose qu'il ne connaissait vraiment pas mes parents – et il s'est avéré que moi non plus ! Ce qui s'est passé ensuite était au-delà de tout ce que j'aurais pu imaginer moi-même.

29

Un Soupçon De Caractère

Brad me parlait souvent de son passage dans l'armée. j'étais toujours désireux d'entendre ses histoires car c'était une partie de sa vie qui m'avait manqué. Il y a une partie dont je me souviendrai toujours car elle m'a montré l'une des nombreuses opinions que j'avais sur la force de caractère de cet homme que j'aimais. Il m'a parlé de différents incidents où le comportement de certains membres de sa marine copains au port était, disons, moins qu'exemplaire.

L'une des occasions était lorsque Brad et un copain se trouvaient dans l'un des principaux ports de déploiement de Californie où de nombreux marins attendaient d'être expédiés vers des régions inconnues, et l'objectif principal de son copain semblait être de trouver et d'être avec des filles...

toutes les filles—pour la soirée. Selon Brad, c'était un comportement courant dans les ports en temps de guerre, à tel point que tous les marins devaient malheureusement inventer une expression commune, "indésirable". Et cela leur a été rendu plus clair par le fait que de nombreux bars et restaurants avaient des panneaux en caractères gras affichés dans leurs fenêtres avertissant, "Tous les chiens et les marins, restez dehors!" À cette occasion, son copain a trouvé une fille (Brad était toujours avec lui mais s'était installé à une table séparée avec des camarades d'un autre camp), et en raison des nombreux verres que son copain avait bu, il parlait fort. Brad pouvait entendre sa partie de la conversation. La voix de la fille était plus douce donc il n'entendit pas sa part, mais il pouvait dire par son langage corporel qu'elle approuvait tout ce que son compagnon suggérait. Apparemment, son copain devenait de plus en plus amoureux de la jeune femme et faisait de nombreuses promesses concernant des projets d'avenir, comme un mariage plans, qui devaient apparemment avoir lieu avant que son navire ne parte. Le marin et la fille ont quitté le bar, le marin adressant à Brad et aux autres marins un coup de pouce audacieux et un clin d'œil en partant.

Plus tard, lorsque Brad et son copain sont retournés au camp, Brad l'a averti qu'il devrait vraiment réfléchir à ce qu'il prévoyait, disant qu'il devait leur donner à tous les deux, lui et sa nouvelle petite amie, plus de temps pour qu'ils puissent se rendre à se connaitre les un les autres.

Le marin a répondu (pensant probablement que Brad était complètement naïf) : « Vous ne pensez pas que je voulais dire quoi que ce soit, n'est-ce pas ? C'était juste ce qu'il fallait pour obtenir ce que je voulais, et j'ai marqué gros ! Tu devrais l'essayer!" Il semble que ce type de comportement trompeur était répandu parmi les militaires loin de chez eux, et Brad le détestait. Entendre cela m'a fait encore plus fier de lui.

30

Une Nuit Inoubliable

Dès que je suis arrivé à la maison le soir de la remise des diplômes, j'ai remarqué qu'aucune lumière n'était allumée dans le loger. J'ai eu un pressentiment en m'approchant de la porte d'entrée. La porte était verrouillée! Je n'ai jamais connu ma mère pour verrouiller les portes; personne dans notre quartier n'a jamais verrouillé sa porte. J'ai frappé à la porte, et il n'y avait pas de réponse, et je commençais à avoir peur. j'ai frappé encore, plus fort cette fois. Toujours pas de réponse!

J'ai crié : "Maman, c'est moi !"

Aucun résultat. J'avais de plus en plus peur. Je suis sorti sur le trottoir devant la maison où je pouvais voir la fenêtre de la chambre de mes sœurs, et Dee et Josie étaient là à la fenêtre.

Je leur ai demandé de descendre et d'ouvrir la porte, et ils secouaient silencieusement la tête et me disaient quelque chose. J'ai finalement réalisé ce qu'ils essayaient de me dire. « Nous ne pouvons pas ! Maman nous a dit qu'on ne pouvait pas ouvrir la porte. Les ordres de papa !

J'ai attendu un moment sur le porche, mais personne n'est venu ouvrir la porte. C'était en mai et je commençais à avoir très froid ; ma nouvelle robe était fine, blanche et à manches très courtes, et j'avais l'impression de ne porter rien d'autre que mes sous-vêtements. Le seul meuble sur le porche était la balançoire du porche. C'était le type de bois à lattes habituel, et au début, j'ai essayé de m'y blottir pour rester au chaud. Les lattes offraient très peu de protection contre le vent léger qui soufflait, j'ai donc décidé que le porche en bois serait mieux car les planches étaient plus rapprochées.

Je me recroquevillai sur le sol du porche et il faisait un peu plus chaud. Cependant, en très peu de temps, je me suis fait piquer par une sorte d'insecte. Je me suis assis pour voir ce qui se passait, et à la lueur des lampadaires, j'ai pu voir que j'étais couvert de fourmis ! J'ai réussi à m'en débarrasser et j'ai décidé que la balançoire était mon meilleur choix après tout.

Je n'avais jamais eu aussi froid ! Mes dents claquaient. Vers le matin, j'ai réussi à m'assoupir et je me suis réveillé avec l'odeur de la fumée de bois. Ma mère utilisait de minces morceaux de pin comme bois d'allumage pour allumer le feu dans le poêle pour préparer le petit déjeuner, et elle se levait à cinq heures et demie pour allumer le feu dans notre cuisinière à charbon. J'ai su à l'odeur du petit bois qui brûlait qu'il était environ six heures moins le quart, un peu plus d'une heure avant que papa ne rentre du travail. J'avais tellement peur car je ne savais pas à quoi m'attendre. Je me suis précipité vers la porte pour entrer, mais elle était toujours verrouillée. J'ai fait le tour de la porte de la cuisine et maman était sur le porche arrière en train de tirer un seau d'eau. Quand elle m'a vu, elle a dit : « Il est temps que tu rentres. Attends juste que papa rentre à la maison ! »

Nous menacer de punition de la part de papa était une méthode utilisée par maman qui attirait toujours notre attention, et ma réponse viscérale était :

« Je n'attends pas qu'il rentre à la maison. Je pars !" Je me suis précipité dans la maison et j'ai couru à l'étage dans ma chambre (celle où Dee et Josie dormaient encore) et j'ai attrapé mes chaussures d'école. Mes nouvelles sandales blanches me pinçaient les pieds et je savais que je pouvais courir plus facilement avec les richelieus plats que je portais à l'école. J'avais aussi besoin d'emprunter de l'argent.

En redescendant, j'ai vu Shar, ma sœur de onze ans, sur une couette par terre dans la chambre de mes parents. Elle était réveillée et avait l'air si effrayée que je me suis arrêtée pour la consoler. Après s'être accrochée à moi pendant quelques secondes, elle semblait plus calme. (Elle dormait dans la chambre de maman car elle venait de subir une amygdalectomie la veille et ma mère l'avait là où elle pouvait la surveiller en cas de saignement inattendu.) Je lui ai demandé si elle avait de l'argent à emprunter pour moi. savait que, de temps en temps, elle faisait des courses pour les voisins. Elle ne pouvait pas parler mais a indiqué en secouant la tête qu'elle ne le faisait pas, bien qu'en pointant et en prononçant les mots, elle m'a indiqué que le porte-monnaie de papa était au-dessus du piano dans la même pièce. C'était là qu'il le gardait habituellement quand il était à la maison, alors il avait dû oublier de l'emporter avec lui quand il partait travailler.

Comme notre famille s'était tellement agrandie, nous n'avions plus de salon. La pièce autrefois utilisée pour le salon était maintenant la chambre de maman et papa. Je suis allé au piano, j'ai pris le porte-monnaie et j'ai compté soixante-cinq cents, juste ce qu'il me devait. Je l'ai pris et l'ai montré à Shar, lui demandant de lui dire, quand elle pourrait parler, que je n'avais pris que ce qu'il me devait. Puis j'ai déverrouillé et je suis sorti par la même porte qui m'avait enfermé hors d'un endroit chaud pour dormir la nuit précédente.

Comprenez qu'avec le lit de maman étant dans cette même pièce, il n'y avait aucun moyen qu'elle n'ait pas entendu ma supplication pour qu'elle ouvre la porte, et je me suis toujours demandé comment elle, une mère, se sentait en entendant son premier-né implorer d'être laissé entrer dans l'air froid de la nuit et ne répondant pas - même pas pour me dire qu'elle ne pouvait pas - parce que son mari, mon père, lui avait dit de ne pas me laisser entrer. J'ai réalisé que la parole de papa était la loi dans cette maison, mais si elle ne pouvait vraiment pas, était-elle d'accord que c'était la bonne chose à faire ? Bien que j'aie pardonné à ma mère il y a longtemps pour cette nuit, je ne l'ai jamais oubliée. Elle et moi n'en avons jamais, jamais parlé.

31

Le Taxi

Jusqu'où pourrais-je aller avec soixante-cinq cents ? Je n'avais vraiment aucun projet. moi seulement savais que je ne pouvais plus rester à la maison. Je n'avais aucune idée de ce que mes parents allaient me faire. Je savais aussi que j'avais hâte de voir.

Je suis parti avec seulement le sentiment d'un besoin désespéré de m'évader. J'ai commencé pour le centre-ville en inversant mon voyage loin de la ville et sur la colline dont la rue communiquait avec une rue sur laquelle je pouvais revenir en arrière, c'était le chemin inverse par lequel Papa reviendrait du travail. Je formulais mes plans pendant que je courais. J'empruntais les ruelles pour me rendre au centre-ville sans vraiment savoir ce que je devais faire ni où j'irais. Parfois, dans ma course effrénée pour m'enfuir, j'ai réalisé que je n'avais nulle part où aller, mais à Brad. Pas une seconde, je n'ai compris que je le mettrais dans une position aussi embarrassante et dangereuse.

Alors que je sortais sur Main Street à Sinclair, un taxi tournait au coin de Main, en direction du sud. J'ai arrêté le taxi et demandé au chauffeur combien il en coûterait pour aller à Rolling Rock ; L'entreprise de Brad y était située. Il m'a regardé pendant ce qui m'a semblé être un long moment et a finalement demandé: "Combien avez-vous?" La question m'a intrigué; en fait, c'est une meilleure description pour dire que ça m'a fait peur.

Il m'a traversé l'esprit qu'il vérifiait peut-être pour me voler… mais il n'obtiendrait toujours que soixante-cinq cents!

Il a semblé y réfléchir et a finalement dit: "Entrez."

Je suis monté et il n'a rien dit jusqu'à ce que nous soyons presque dans la rue où j'habitais. Puis il a dit : « Tu es la fille de Becky, n'est-ce pas ? J'ai honnêtement répondu: "Oui, je le suis."

Je ne le connaissais pas, mais je savais que ma mère avait un cousin qui possédait un service de taxi, et j'ai demandé s'il s'appelait Engle. Il a fait un signe de tête affirmatif et je lui ai demandé de ne pas dire à ma mère où il m'avait emmené. Après une longue pause, il accepta de ne rien lui dire.

M. Engle a continué à conduire et a semblé réfléchir à ma réponse. Puis il a dit : « Je sais où tu vas. Sortez-vous de chez vous ?

Pourquoi il a supposé cela, je ne sais pas. Je n'avais rien avec moi à part mes soixante-cinq cents fermement serrés dans ma main, pas de sac à main, pas même une veste. J'avais encore ma robe blanche de la nuit précédente, quelque peu ébouriffée et peut-être un peu souillée d'avoir été allongée sur le porche. Peut-être qu'il était juste très astucieux.

"Oui," ai-je finalement répondu.

Il a ralenti la voiture et l'a tirée du côté de la route. Il se retourna sur son siège et déclara doucement : « Parlons un peu de ça, hein ? Je pense savoir vers qui tu cours, et je n'ai rien contre ça. Carrington est un brave type, mais sait-il que vous venez ?

"Non."

"Qu'en est-il de votre mère? Qu'en pense-t-elle ?"

"Je ne sais pas, mais elle m'a enfermé hors de la maison la nuit dernière."

Après un long silence, il a finalement dit : « D'accord, je vais t'emmener à Rolling Rock, mais je veux que tu réfléchisses longuement et sérieusement à cela, et si les choses ne se passent pas comme tu t'y attends, iras-tu retour à la maison?"

Rentrer à la maison n'était pas quelque chose que j'aurais jamais pensé vouloir faire, mais j'ai vu qu'il avait besoin d'un oui, alors c'est ce que j'ai dit.

Il n'a rien dit de plus sur le voyage à Rolling Rock. Juste avant que je sorte de la voiture, il m'a souhaité bonne chance. Je suis sorti et j'ai essayé de lui remettre mon argent, ce qu'il a refusé en disant : « Gardez-le. Vous pourriez en avoir besoin. Il a attendu pour s'assurer que quelqu'un vienne à la porte du restaurant car elle n'était pas encore ouverte ; il devait être environ sept heures du matin. Il est parti quand il m'a vu entrer.

32

Une Surprise Problématique

Cuisinier de Brad, Fredrick, qui vivait à l'arrière du bâtiment du restaurant, m'avait déjà vu une fois, et il m'a reconnu. Il a ouvert la porte et m'a laissé entrer.

Je n'avais pas réalisé que j'avais froid, mais je tremblais de tout mon corps.

C'était probablement les nerfs. Il est allé dans sa chambre et a ramené des couvertures et les a mises autour de mes épaules et m'a suggéré de m'allonger sur un canapé dans la salle de billard, qui était à côté du restaurant. Il a dit qu'il était temps d'ouvrir le restaurant, et Brad serait là vers dix heures, mais la salle de billard n'ouvrait qu'à onze heures, et je ne serais pas dérangé avant et je devrais essayer de dormir. Après la nuit que j'avais passée, j'en avais vraiment besoin ; Je ne savais pas que ça se voyait.

Apparemment, j'avais dormi profondément pendant un certain temps quand j'ai été réveillé par quelqu'un qui me serrait la main.

J'étais confus et j'essayais de comprendre où j'étais quand une voix calme et douce que j'ai reconnue a demandé: "Chérie, que s'est-il passé?"

J'ai immédiatement commencé à pleurer.

Brad m'attira à lui et trouva son mouchoir pour moi. Sa douceur et le confort de son épaule ont servi à briser complètement le barrage. Je ne suis pas du genre à pleurer en général, mais cette fois, c'était différent. Je me suis finalement ressaisi et j'ai essuyé mon visage sur son mouchoir blanc propre et j'ai commencé à lui raconter mon histoire. Il ne m'a pas interrompu.

Quand j'ai eu fini, il est resté silencieux pendant un moment, puis a dit : « Tu as fait ce qu'il fallait, la seule chose que tu pouvais faire, je suppose. Mais qu'est-ce que je vais faire de toi ?

Puis, avec son plan formulé pendant qu'il parlait, il a commencé à me parler de son horaire de travail pour ce jour-là, le Memorial Day. Chez nous, c'était une journée de retrouvailles familiales où les gens se rassemblaient pour honorer leurs morts. Cela impliquait des services religieux et la décoration de tombes, et cela était observé par la plupart des gens, en particulier les ruraux. À cause de cela, son service de taxi avait été contracté pour la journée, qui devait commencer dans moins de quarante-cinq minutes. Il était évident qu'il réfléchissait tout le temps qu'il me parlait.

Puis il a dit: «Donnez-moi juste une minute pour courir jusqu'à chez Wyley [un entrepreneur en électricité qui avait son entreprise en face du restaurant de Brad]. Il a un téléphone et je dois appeler les personnes qui m'ont engagé pour la journée.

Comme il partait, je l'ai entendu donner une sorte d'ordre à son cuisinier, et je suis allé vers un miroir que j'ai vu dans le coin au-dessus d'un lavabo pour voir si je pouvais réparer mon apparence.

Brad était de retour quelques minutes plus tard et, alors qu'il franchissait la porte, Fredrick m'a apporté une assiette de jambon, des biscuits et des œufs brouillés. J'ai alors réalisé à quel point j'avais faim. Brad a alors commencé à me dire nos plans pour la journée.

33

Un Jour à La Fois

Le contrat de la journée impliquant le service de taxi de Brad était pour une famille de quatre, et ils lui avaient assuré que cela me laisserait de la place. Brad m'a dit que la famille avait dit qu'ils seraient heureux de m'avoir dans le cadre de leurs activités (Brad avait déjà été inclus car il serait avec eux toute la journée, conformément à son contrat). Il m'avait apporté un pull (il appartenait à sa sœur Treena, qui l'avait laissé dans sa voiture). J'étais contente de l'avoir car j'avais encore froid, et cela aiderait à couvrir une longue tache noire que j'avais remarquée sur l'épaule gauche au dos de ma robe. Lui aussi m'avait trouvé une brosse à dents dans un petit espace de vente divers qu'il avait dans son restaurant. j'étais bon pour aller. Il semblait qu'il avait pris soin de cette journée. Quoi alors ?

Nous avons roulé jusqu'à une petite ville de Grant's Lick près de Waltersburg pour rencontrer la famille avec qui nous allions passer la journée. Nous sommes allés avec eux à un service commémoratif dans leur église et au cimetière sur le terrain de l'église pour décorer les tombes, puis nous sommes retournés chez eux pour un dîner en famille. Le repas qu'ils avaient préparé était excellent et copieux - ai-je dit combien j'aime manger ? C'étaient des gens tellement agréables et ils m'ont très bien accueilli. Même dans les circonstances, j'ai énormément apprécié la journée. J'étais content d'être occupé; comme ça, je n'avais pas à réfléchir.

Un jour en bas. Que ce passe t-il après?

34

Une Autre Pièce Du Puzzle

À la fin de la journée, Brad m'a emmené chez sa mère, où ils rapidement résolu le problème pour ma demeure de nuit. Je suis resté chez leur voisin le plus proche et j'ai dormi dans (ou peut-être devrais-je dire sous) mon premier lit en duvet d'oie (j'ai combattu cette oie toute la nuit ; je pensais qu'il essayait d'étouffer moi!). Ce n'était pas vraiment si mal ; Je n'étais tout simplement pas habitué à un lit de plumes. La mère de Brad, Alene (elle m'a suggéré de l'appeler Ma, comme tout le monde semblait, voisins ainsi que sa famille), est venu après moi pour le petit déjeuner à sept heures le lendemain matin. Et quel petit déjeuner ! Elle avait du lapin frit, des œufs, de la sauce et des biscuits avec du beurre de baratte maison et un assortiment de confitures et de gelées maison en conserve sur la table qui l'attendait. Elle avait posé trois assiettes, et voyant que la voiture de Brad n'était pas là, je me demandai qui devait nous rejoindre tous les deux.

J'ai vite appris que c'était juste pour nous deux, que le frère et la sœur cadets qui vivaient là avaient déjà mangé et étaient allés « sur la route », selon Ma. Elle m'a dit que le père de Brad et Daniel travaillaient près de Waltersburg et qu'ils habitaient dans cette région et que Brad était allé voir un de ses amis et qu'il reviendrait bientôt, puis qu'il mangerait.

Nous venions juste de commencer à manger lorsque Brad est revenu et m'a dit : « Je pense que nous avons peut-être résolu notre petit problème de te trouver un logement. Et il a commencé à me dire ce qu'il pensait que nous pouvions faire. Il a dit qu'il avait joué avec l'idée plus tôt mais qu'il ne voulait pas en parler avant d'avoir d'abord parlé à son ami pour être certain que c'était toujours une option.

35

Un Havre De Paix: La Misère Réprimée

Il s'est avéré que les beaux-parents de l'ami de Brad étaient à la fois handicapés et élevaient deux de leurs petits-enfants. Ils avaient besoin d'aide. Ce dont ils avaient besoin, avant tout, c'était d'un compagnon pour les deux petits-enfants, âgés de six et huit ans. Le poste comprenait également une aide dans la cuisine, etc., mais la plupart du temps, il s'agissait simplement de jouer avec les enfants. Pour ce service, ils étaient prêts à me donner chambre et pension, et ils ont dit que je serais traité comme un membre de la famille. Ils m'ont suggéré d'essayer pendant une semaine, et si ça marchait, je pourrais rester tout l'été. Je pourrais commencer tout de suite. je le pensais était une idée merveilleuse et le leur a dit.

Les Holt étaient un couple plus âgé; J'hésite même à deviner leur âge, mais ils étaient manifestement handicapés. Mme Holt pouvait à peine marcher et son mari souffrait d'une grave maladie cardiaque. Ils semblaient très heureux de m'avoir là et m'ont gentiment accueilli chez eux. Le couple m'a présenté les enfants, et ils semblaient bien élevés et amicaux. En passant cette soirée avec les Holt, l'émotion que j'ai ressentie à la fois du couple plus âgé et des enfants était un soulagement ! Je ne sais pas ce qu'ils avaient avant, ou peut-être était-ce ce qu'ils voyaient en moi qui était meilleur que ce à quoi ils s'attendaient.

Les Holt ont expliqué ce qu'ils attendaient de mon rôle, et cela comprenait très peu de tâches réelles; la plupart de ce que j'avais à faire était d'être avec les enfants. En dehors de cela, laver la vaisselle et nettoyer la cuisine étaient les tâches qu'elle voulait que je fasse pour elle et peut-être aider un peu à la préparation des repas, comme laver et éplucher les légumes. M. Holt a demandé que je faire un travail pour lui, et c'était garder le seau d'eau rempli. Il n'a pas tardé à dire que ce n'était pas aussi facile qu'il y paraissait car le puits avait quatre-vingt-cinq pieds de profondeur. Le puits de ma grand-mère avait soixante-cinq pieds de profondeur et cela ne me posait aucun problème. Puiser l'eau s'est avéré être le travail qui m'a causé le plus de problèmes, mais je ne les ai jamais informés. Accompagner les enfants était un jeu—littéralement !

Le temps passé avec les Holt était agréable et les problèmes que j'avais ne venaient pas d'eux. J'ai fait tout ce qui était en mon pouvoir pour les empêcher de savoir ce qui se passait. Dès le premier jour où j'étais là-bas, j'ai réalisé à quel point je me sentais très fatiguée et j'étais préoccupée par le rythme rapide de mon cœur après le moindre effort. Je devais constamment m'asseoir. Puiser l'eau du puits était presque impossible, mais je l'ai fait en tirant quelques pieds, en ancrant la chaîne sur son crochet et en me reposant, puis en répétant ce processus jusqu'à ce que l'eau monte et dans le seau d'eau. La chaîne a été ancrée plusieurs fois avant qu'un seau ne soit tiré. Je n'ai jamais laissé les Holt le savoir.

Un autre problème qui m'a fait du chagrin était que Brad venait si rarement pendant le temps que j'étais là-bas. J'avais toutes sortes de doutes à ce sujet. Au cours de la première semaine, il est venu deux fois. Il est venu une fois la deuxième semaine, et les troisième et quatrième il n'est pas venu du tout. Je lui ai même donné des excuses lorsque les Holt se demandaient et demandaient. (Ils ont été particulièrement gentils pendant son absence prolongée.) Ils vivaient à une certaine distance de la route et on pouvait voir une voiture sur une distance d'environ deux cents pieds sur la route avant d'atteindre l'allée des Holt.

L'allée mesurait environ trois cents pieds de long avec une partie de cet espace caché sous une colline, de sorte qu'une voiture pouvait être observée avant qu'elle n'atteigne l'allée et la majeure partie du chemin jusqu'à la maison. Chaque nuit, je m'asseyais sur le porche et je le surveillais. Très peu de voitures sont passées sur cette route, et aucune d'entre elles ne s'est éteinte pendant ces deux semaines.

N'ayant aucun moyen de communiquer avec lui, c'était si mauvais. Il était mon âme sœur.

Le temps a passé si lentement cet été-là. Mon problème physique ne s'est pas amélioré; en fait, je crois que c'était pire dans les dernières semaines où j'étais là-bas.

Je suis arrivé là-bas le 31 mai et le 1er juillet, je ne savais pas combien de temps encore je pouvais supporter de ne pas savoir pourquoi Brad ne venait pas. M'avait-il abandonné ? La dernière fois qu'il m'avait vu, il semblait que je lui manquais autant qu'il me manquait, et il était si gentil. Comment a-t-il pu agir comme ça et ensuite me faire ça ? Oh, j'ai pensé un soir alors que j'étais assis sur le porche, voici une voiture. Je pense que ça ralentit. Ah, ça l'est ! Serait-ce lui? Oh non! ça ne tourne pas ! J'avais tellement espéré, mais ce n'est pas lui. Brad, où es-tu ? Je ne te manque sûrement pas comme tu me manques, sinon tu serais là ! Cher Dieu, donne-moi une sorte de signe… Que dois-je faire ?

36

Nouvelles bénies

Lendemain ou les deux jours suivants, le temps passa un peu plus vite car le Holt la maison était remplie d'excitation et j'étais plus occupée que d'habitude. Le fils des Holt venait pour le 4 juillet et resterait quelques jours. Mme Holt préparait un festin pour son fils et sa petite amie, et tout devait être parfait. Elle m'a laissé l'aider à la préparation et elle a aimé mes idées. Elle m'a fait me sentir plus utile. J'aimerais ne pas ressentir Tellement fatigué!

Le 3 juillet, en début d'après-midi, j'étais assis sur le perron à écosser des pois, et j'ai vu une voiture ralentir pour s'engager dans l'allée. Même si c'était plus tôt que sa lettre ne prévoyait qu'ils arriveraient, j'ai pensé que ce pourrait être Charles, le fils que les Holt attendaient. Je me suis levé pour aller leur dire.

Soudain, j'ai réalisé que je connaissais cette voiture. C'était celui de Brad !

Je posai précipitamment la casserole de petits pois sur la table et me précipitai à sa rencontre. La voiture s'arrêta et une tête familière passa par la portière du conducteur, mais ce n'était pas Brad ; c'était Daniel. D'abord, j'ai ressenti de la déception, puis j'ai été alarmé. *Qu'est-il arrivé à Brad ?* Daniel a vu l'alarme et m'a immédiatement rassuré que tout allait bien.

«Brad est à Cincinnati et y est depuis le 25 juin. Au cours des deux dernières semaines avant son départ, il a vendu son entreprise et vidé tout ce qui le retiendrait ici et est allé à Cincinnati pour trouver du travail. Il a fait savoir qu'il avait un travail et qu'il avait trouvé un appartement efficace pour lui et un pour toi si tu voulais venir à Cincinnati.

Il espère que vous le ferez, et il pense que vous en aurez envie, assez pour qu'il vous ait acheté un billet pour le train qui part demain matin pour Cincinnati. Il faudrait que ce soit demain car, étant férié, il pourra te rencontrer car il n'aura pas à travailler.

À ce moment-là, je sautais de haut en bas en disant: «Oui! Oui! Oui!"

J'ai entendu un cri de joie venant de derrière moi et je me suis retourné pour voir que les Holt étaient sur le porche, tout sourire.

Mme Holt, qui avait l'air si heureuse pour moi, est venue vers moi et m'a fait un gros câlin en disant : « Maintenant, tu vas aller mieux. Je pense que tu viens d'avoir le mal d'amour ! Nous sommes si heureux pour vous !

Je craignais de les quitter avec si peu de préavis, mais elle m'a assuré que tout irait bien; ils croyaient que leur fils et sa petite amie allaient se marier et que les enfants iraient vivre avec eux.

Mme Holt s'est exclamée: "Je pense que c'est la raison pour laquelle notre fils rentre à la maison ce week-end de vacances, et juste au cas où, ce que nous avons prévu est un mariage!"

Le lendemain, fidèle à sa promesse, Daniel était là à l'heure qu'il avait indiquée pour m'emmener au dépôt de chemin de fer et me mettre dans le train pour Cincinnati. Plus tôt dans la journée, Charlie Holt était arrivé et avait donné à ses parents et à ses enfants la nouvelle que Mme Holt attendait : il devait se marier et emmènerait ses enfants à Cincinnati pour vivre avec lui et sa nouvelle épouse, Beth. Ils semblaient tous très heureux de la nouvelle de Charles. Cela semblait bien fonctionner pour les Holt ainsi que pour moi.

Avant de monter dans le train, Daniel m'a pris dans ses bras et m'a dit :

« Bonne chance, petite sœur. Mon grand frère est vraiment fou de toi !

C'était tellement encourageant.

37

Un voyage aux jours perdus

Je n'étais pas nouveau à Cincinnati ; J'y étais allé trois fois auparavant, mais jamais seul, et étant seul, le terminal semblait si étrange et si grand ! Il était rempli de vacanciers qui se précipitaient follement.

J'avais si peur. J'ai pensé, je ne peux pas trouver Brad ici. J'étais pris de panique, mais je n'avais vraiment pas besoin de m'inquiéter car il m'a trouvé. Je ne me souviens même pas comment nous sommes arrivés à nos appartements car il n'avait pas de voiture ; c'était chez moi dans le Kentucky. Je ne peux pas imaginer comment j'ai marché car j'étais si faible.

J'ai aimé le petit appartement soigné; il avait même rempli le réfrigérateur pour moi. Après avoir passé un peu de temps précieux avec mon chéri à rattraper son retard, il nous a proposé d'aller nous promener. J'avais l'impression qu'il faudrait trop d'efforts pour traverser le sol. Je voulais juste aller me coucher. Il pensait que j'étais juste fatigué du voyage, alors il est parti pour que je puisse aller me coucher.

La nuit fut remplie d'étranges cauchemars. Je ne pouvais pas me réchauffer et je me sentais tellement fatiguée le lendemain. Je suis resté au lit et je ne me suis levé que pour aller aux toilettes et manger quelques raisins secs et des craquelins. À un moment de la journée, la propriétaire (elle m'avait dit que je pouvais l'appeler Liz) est venue à la porte et a frappé. Elle a dit à Brad qu'elle l'avait fait mais que personne n'avait répondu à la porte. Je ne savais pas qu'elle était là. La journée n'a été qu'un étourdissement pour moi.

Quelque temps après être rentré du travail, Brad a amené Liz me voir. Elle semblait inquiète et m'a dit que je devrais voir un médecin. Voir un médecin était presque inconnu dans mes années de jeunesse, alors je lui ai dit que j'avais juste besoin de repos et que j'avais travaillé dur. Ce n'était pas vrai, bien sûr, mais ça l'a éloignée du sujet. Je l'ai entendue dire à Brad qu'elle viendrait me voir le lendemain.

Je ne sais pas combien de jours j'ai été malade; ce n'était qu'un brouillard, mais la propriétaire a dit que c'était quatre. Ce furent des jours dont je ne me rappelle ni le début ni la fin, ni la nuit ni le jour. Brad était parfois là, parfois pas, et Liz entrait et sortait.

Je me suis réveillé un jour et j'ai su que j'étais éveillé et que je ne rêvais pas, puis j'ai réalisé que je ne reconnaissais pas la pièce et j'ai pensé que j'avais dû oublier à quoi elle ressemblait.

La prochaine fois que Brad est entré, je lui ai dit que la pièce avait l'air si différente, et il a demandé : « Différente de quoi ? »

J'ai dit: "Depuis que je suis revenu de la gare hier."

Puis il m'a dit que le jour où j'étais venu à Cincinnati était presque une semaine auparavant et que lui et Liz m'avaient installé dans cette chambre et que c'était son appartement. Il m'a dit qu'ils m'avaient déplacé parce que j'étais trop malade pour rester seul. Il m'a également dit que lorsque j'irais mieux, je n'aurais qu'à dire un mot et qu'il me ferait reculer.

Le lendemain matin, même si j'allais beaucoup mieux, ma bouche avait éclaté en une horrible éruption cutanée et il était difficile de manger. La propriétaire m'avait, avec la permission de Brad, obtenu un rendez-vous avec son médecin, et Brad m'a emmené le voir. Encore une fois, je ne me souviens pas comment j'y suis arrivé; Je ne crois pas que j'aurais pu marcher. Le médecin nous a informés qu'il croyait que l'éruption était probablement causée par une forte fièvre, et il m'a donné une bouteille de liquide qui avait un goût suspect de peroxyde et qui coûtait cinq dollars. À l'époque, c'était une bouteille de peroxyde chère, mais ça marchait !

Juste pour que vous sachiez, je n'ai jamais dit le mot! Je suis resté dans l'appartement de Brad car je ne voulais tout simplement pas être seul, et être avec celui que j'aimais était très réconfortant.

Les médecins que j'ai eus tout au long de ma vie d'adulte pensent que j'ai eu un rhumatisme articulaire aigu à un moment de mon enfance à cause de signes dans tout mon corps, en particulier mon cœur. Je n'ai cependant jamais décrit cette maladie à ces médecins, mais c'est la seule affection suspecte que j'ai jamais eue et la plus longue. Dans l'ensemble, j'ai été en excellente santé, à l'exception de la MPOC (principalement de l'asthme bronchique), qui a été diagnostiquée au début de mes années soixante-dix.

38

Besoin De Plus D'espace

Je me suis lentement amélioré et j'ai finalement commencé à reprendre le poids que j'avais perdu mon appétit s'est amélioré. Ma bouche était guérie et je mangeais bien, alors je me sentais prêt à chercher un emploi. Partout, il y avait des panneaux Help Wanted. J'avais envie de sentir que je portais mon propre poids, et pour ce faire,

J'avais besoin de trouver un travail.

C'était vers la fin du mois d'août lorsque Brad a finalement convenu que j'étais suffisamment rétabli pour en chercher un. Mais d'abord, avant de chercher un emploi, Brad a suggéré que nous trouvions un logement plus grand. Notre appartement était un studio (à l'époque, on appelait ces unités des kitchenettes ou des efficacités), et il était entièrement meublé mais très petit. J'avais mentionné à Brad que j'aimerais acheter une machine à coudre avec mon premier salaire. Comme notre unité était déjà surpeuplée, il pensait que si nous avions une unité plus grande, nous aurions assez de place pour une machine à coudre. J'ai accepté de chercher un autre appartement car je voulais faire mes propres vêtements et j'aurais besoin de la machine à coudre pour le faire. J'étais encore très maigre et je ne trouvais pas de vêtements qui me convenaient, et j'avais besoin de vêtements pour la recherche d'emploi. Notre propriétaire avait de plus grands appartements d'une chambre dans notre immeuble, mais aucun n'était disponible à ce moment-là, alors nous avons commencé le travail fastidieux de chercher un nouvel endroit où vivre.

Nous avons marché jusqu'à ce que je ne pense plus pouvoir faire un pas de plus ! Nous avons visité tant d'appartements, dont beaucoup étaient dans un état de réparation et dans des conditions dégoûtantes. Cela nous a beaucoup fait apprécier Liz, notre logeuse, dans notre premier appartement.

Après une longue journée de recherche infructueuse, Brad a parlé à un voisin (il a également travaillé avec Brad sur le chemin de fer), qui nous a parlé d'une maison au-delà du viaduc de Western Hills sur River Road, ce qui signifiait qu'il fallait parcourir une certaine distance pour se rendre aux emplois situés en ville. Mais c'était sur la ligne de bus et pas trop loin du travail de Brad sur le chemin de fer. La maison appartenait à une veuve qui louait une partie de son espace pour l'aider à payer ses factures. Il semblait qu'elle avait son propre appartement au rez-de-chaussée et un appartement ouvert d'une chambre partiellement meublé au deuxième étage; le troisième appartement était une kitchenette louée entièrement meublée au dernier étage. Les deux locations supérieures avaient des entrées séparées par le même escalier extérieur. (L'entrée du propriétaire se trouvait du même côté de la maison, située un peu avant l'entrée de l'escalier menant aux appartements du deuxième et du troisième étage. Je le mentionne parce que toute personne entrant ou sortant d'un de ces appartements avait pour passer la porte du propriétaire.)

Notre voisin nous a donné une bonne description de la région et de l'appartement. Il la connaissait bien car, comme il nous l'a dit, sa sœur et son mari y avaient vécu avant d'acheter une maison. Lorsque notre voisin a parlé de l'appartement à Brad, il a mentionné que la propriétaire était assez curieuse, "comme la plupart des vieilles dames qui vivent seules". Je ne peux pas dire que nous n'étions pas prévenus !

Nous avons obtenu les informations dont nous avions besoin de lui et avons pris des dispositions pour voir l'unité ouverte; ça nous a tout de suite plu. L'emplacement offrait une vue magnifique sur la rivière Ohio depuis les fenêtres de la chambre / salon à l'avant. Le coin cuisine à l'arrière de la maison était petit et plutôt sombre à cause des très grands arbres et de la colline qui s'élevait abruptement derrière la maison.

Au sommet de la colline se trouvait un très grand parc urbain fortement boisé (on nous a dit que c'était Eden Park).

C'était un spectacle bienvenu pour nous, étant de la région orientale du Kentucky où les forêts étaient abondantes. (Le cadre rural vivant en ville nous avait manqué.) Le week-end, nous pouvions entendre de la musique et des rires du parc, et cela semblait invitant.

Même si Brad avait commencé à faire des heures supplémentaires et travaillait certains samedis, nous pensions que nous serions encore capables de faire des activités de loisirs et, espérons-le, de pouvoir aller au parc certains soirs ou le dimanche.

Cela ne s'est pas produit.

Le Déménagement

Nous avons emménagé le samedi 2 août. Nous avions très peu à déménager car nous venaient d'un studio meublé. Même si je me remettais rapidement de ma maladie, j'étais encore très faible, donc je n'ai pas beaucoup aidé Brad à transporter nos effets personnels à la maison. le

L'homme qui nous avait parlé du nouvel appartement avait une camionnette et il a proposé de nous la prêter, mais Brad n'a pas aimé emprunter quoi que ce soit et a refusé l'offre. Le collègue a alors dit à Brad qu'il nous déplacerait, et Brad, après l'avoir fait accepter de prendre dix dollars, l'a accepté.

Il nous a fallu environ une heure au total pour nous déplacer; la majeure partie de ce temps a été prise par les deux voyages qu'il a fallu pour marcher à partir de l'endroit où nous devions nous garer dans notre nouvel appartement sur River Road jusqu'à soixante-quinze marches jusqu'au premier niveau de la maison et autour de l'entrée arrière jusqu'à quinze marches supplémentaires à notre appartement ! (Je ne l'ai fait qu'une seule fois, et Brad et son ami ont fait le reste. J'étais content que nous ne déplacions pas de meubles là-bas !)

La propriétaire nous avait arrêtés lorsque nous arrivions avec le premier chargement pour nous dire d'attendre d'avoir fini d'emménager pour payer le premier mois de loyer. Brad n'avait fait qu'un dépôt de dix dollars lorsqu'il a passé un contrat avec elle pour l'appartement. Nous descendîmes tous les deux à son appartement (je ne l'avais pas encore rencontrée).

Elle avait l'air très gentille car elle nous a accueillis dans sa propriété et nous a suggéré de manger un morceau et de nous reposer un moment. Puis elle a dit : « Alors, si ça ne te dérange pas, j'ai besoin d'un peu d'aide pour une corvée que je dois faire. J'apprécierais vraiment l'aide. Nous ne le savions pas, mais au moment où nous nous sommes mis d'accord, notre avenir avec elle était scellé !

40

Faire Monter Les Enchères

Nous avons rapidement mangé un sandwich et sommes redescendus pour aider notre propriétaire dans son besoin. De l'autre côté de la passerelle entre l'endroit où nos pas se terminaient et l'entrée arrière de ses quartiers d'habitation se trouvait un assortiment d'outils de jardinage, et parmi eux se trouvaient une pelle, une sorte de pelleteuse, une faux à gazon et des taille-haies, ainsi que plusieurs outils de coupe plus petits. . Elle est apparue devant la maison avec une brouette et s'est arrêtée près des outils. Quand elle s'est arrêtée, alors qu'elle essuyait la sueur de son visage, Brad lui a demandé si elle voulait qu'il lui charge les outils.

brouette.

Elle fit un signe de tête affirmatif et déclara : "Alors, amenez-le au bas de la colline, s'il vous plaît", indiquant un chemin juste au coin de la maison qui descendait à travers l'herbe jusqu'au bas des marches, se terminant même au centre de la devant la maison. J'ai remarqué la hauteur de l'herbe et je me suis demandé comment on pouvait la tondre sur cette pente escarpée. J'allais bientôt le découvrir !

Notre logeuse (j'avais appris qu'elle s'appelait Mme Samuels) a descendu la moitié des marches et m'a demandé de descendre à son niveau pour qu'elle puisse me montrer quoi faire. Je suis descendu là où elle se trouvait, et elle m'a tendu une paire de cisailles de jardin et m'a dit de commencer à couper la "plante grimpante" de la marche, indiquant que ce que je sais maintenant est un couvre-sol appelé myrte de crêpe. Il avait poussé depuis les côtés des marches en béton, laissant un espace d'environ dix-huit pouces au milieu de chaque marche. Elle a indiqué comment une grande partie de la croissance qu'elle voulait enlever en disant: "Coupez tout jusqu'à ce que vous arriviez à la fin de chaque étape, les deux extrémités."

J'ai commencé à couper, et au bout d'une dizaine de minutes, je commençais à croire que l'étape n'avait pas de fin ! Il l'a fait, et c'est là que j'ai réalisé que chaque pas mesurait six pieds de long sur environ dix pouces de profondeur, multiplié par soixante-quinze pas ! Je devais travailler vers le bas et jeter la ferraille à la brouette que Brad avait emmenée au bas des marches.

J'ai remarqué qu'il y avait une trentaine de marches en dessous de moi. Il m'avait fallu environ quinze minutes pour couper une extrémité, et je pensais que j'irais peut-être plus vite en m'y prenant. Je l'ai fait après environ la troisième marche, mais un peu plus bas, j'ai commencé à ralentir car la flexion et la descente avaient commencé à me faire mal au dos et aux épaules. J'ai remarqué qu'elle avait donné à Brad une pelle et un outil qu'il appelait une pioche et lui avait fait creuser des haies au bas des marches. Il avait fait beaucoup de ce genre de travail, donc il progressait beaucoup mieux que moi. Il avait vidé plusieurs fois sa brouette dans un dépotoir que la dame avait indiqué comme endroit pour les restes.

Quand j'ai terminé la dixième étape, j'ai dit à Brad que je devais abandonner car mon dos ne subirait plus de punition ce jour-là.

Il a dit : « Nous allons tous les deux abandonner ! Rien n'a été dit sur le fait que cela faisait partie de notre loyer, et nous payons assez. Cela ne me dérange pas d'aider un peu une personne âgée quand c'est nécessaire, mais j'ai peur qu'on s'attende à ce qu'on fournisse de la main-d'œuvre gratuite chaque fois qu'elle veut que des choses soient faites. Et regardez cet endroit. Il y a beaucoup à faire ! Elle m'a dit que quand j'aurais fini de creuser toute la haie, elle voulait que je coupe l'herbe. Je lui ai dit que c'était assez raide pour une tondeuse à gazon, et elle a dit qu'elle le savait, et que j'utiliserais ce fouet et cette faux. Il indiqua deux des outils qu'il avait pris dans la brouette. "Je vais finir les deux haies restantes, et c'est tout !"

41

Signes De Trouble

J'ai cherché Mme Samuels autour de moi et j'ai vu qu'elle était assise sur son porche avec un ventilateur et ce qui ressemblait à de la limonade dans un verre givré. J'ai regardé ma robe, l'une des deux seules que j'avais, et j'ai vu que j'avais des taches d'herbe sur l'ourlet et sur la hanche et le ventre où mes bras, qui étaient couverts de taches d'herbe, avaient frotté le vêtement.

"C'est ça!" ai-je proclamé à haute voix. Et puis j'ai dit à Brad : « Je vais prendre une douche et voir si ma robe sera propre. Ne restez pas longtemps s'il vous plait. Quand tu rentreras, je nous préparerai quelque chose de frais à boire.

En montant les marches, j'ai remarqué que la balançoire du porche était vide. J'étais heureux; J'étais trop en colère pour une confrontation avec elle. Je sentais que nous étions utilisés.

J'étais content que le lendemain soit dimanche pour que nous puissions nous reposer. Quand je me suis réveillé le dimanche matin, j'avais tellement mal que bouger légèrement était angoissant. Brad ne s'est pas plaint. Je devais apprendre que Brad était assez habitué aux travaux forcés et qu'il ne s'en plaignait jamais. En fait, mon Brad ne s'est jamais plaint.

Nous avions besoin d'œufs avant que je puisse préparer le petit déjeuner, et Brad a dit qu'il avait vu une petite épicerie à un peu plus d'un pâté de maisons lorsque nous étions arrivés dans la région la veille ; il irait chercher des œufs et tout ce dont j'avais besoin. Comme nous allions faire quelques achats importants à la fin de la semaine prochaine, je pensais que ce que nous avions durerait jusque-là.

Quand j'ai vu Brad venir vers la longue volée de marches à l'avant, j'ai rapidement mis quelques tranches de bologne à faire frire (il adorait le bologne frit, il l'appelait le steak du Kentucky). Je pensais que j'avais à peu près le bon moment pour que je serait prêt à déposer les œufs dans la poêle chaude juste après les avoir apportés. Cinq minutes se sont écoulées, et il n'est pas venu. Puis dix minutes s'étaient écoulées, puis vingt. J'ai regardé par les fenêtres à l'avant et sur le côté de la maison où la promenade faisait le tour, mais je ne pouvais pas le voir. Je suis descendu, et à la porte des appartements de notre logeuse, j'ai vu son sac d'épicerie avec les œufs dedans, mais pas Brad.

Je suis allé à la porte de Mme Samuels, et elle est venue à la porte pour me dire qu'elle avait des problèmes de réfrigérateur et qu'elle avait arrêté Brad et lui avait demandé de le regarder. Je pouvais le voir, la porte du réfrigérateur ouverte, faire quelque chose dans le petit compartiment de congélation en haut. Elle a dit qu'elle devait rentrer parce qu'elle tenait la lumière pour lui mais qu'elle le renverrait chez lui dès qu'elle le pourrait. Elle m'a dit que je ne devais pas m'inquiéter car il était « entre de bonnes mains ».

Après environ une heure, il est rentré à la maison et m'a dit qu'il avait découvert que le thermostat du congélateur avait été réglé à un réglage si élevé que la température ne pouvait pas descendre suffisamment pour geler la glace. Il a dit que la seule façon d'y arriver était que quelqu'un la tourne là-bas, et comme elle avait de la glace plus tôt et qu'elle était la seule personne dans la résidence, elle devait être celle qui l'avait réajustée… et il ne pouvait pas comprendre ce que elle aurait à gagner à faire ça ! De plus, il m'a dit que Mme Samuels l'avait informé qu'elle voulait que nous terminions le travail que nous avions commencé la veille d'ici la fin de la journée—dimanche ! Il lui avait dit que c'était impossible, que je n'étais pas encore complètement rétablie sur le plan de la santé et que j'avais besoin d'une journée pour me reposer et que le dimanche était ça – une journée pour me reposer ! Il avait également prévu de prendre un jour de congé.

42

Un Début D'Incertitude

L'une des raisons pour lesquelles nous avions déménagé dans la plus grande unité sur River Road était que nous pouvions ajouter au besoin des meubles clairsemés et que nous aurions de la place pour une machine à coudre verticale afin que je puisse me confectionner des robes. J'avais prévu de commencer à travailler bientôt et je n'avais que deux robes. L'un d'eux avait des taches d'herbe dessus, et je n'avais pas réussi à enlever la tache. J'en ai parlé à Brad alors que nous nous détendions ce dimanche après-midi. Il a dit que ce serait juste quelque chose de plus que nous devions déplacer si nous décidions de ne pas rester, et il pensait que nous devrions attendre pour voir comment les choses se sont passées.

« Je sais que ça ne fait qu'un jour et demi dans notre nouvel appartement, mais je ne suis pas sûr de vouloir rester là où nous sommes. Qu'est-ce que tu en penses?" Il a demandé.

Je n'étais pas satisfait de la propriétaire et de ses appels constants à Brad pour examiner un problème ou un autre, en particulier dans son appartement, et je n'aimais pas le travail acharné qu'elle avait commencé à nous demander de faire. Elle agissait comme si nous devions le faire, comme s'il s'agissait d'une sorte de paiement supplémentaire requis en plus de notre loyer. Comme aucune exigence supplémentaire de ce type n'avait été mentionnée et que cela ne faisait pas partie de notre contrat signé, nous n'aurions pas dû nous attendre à continuer de cette manière.

Je lui ai dit : « Je comprends et je suis d'accord, mais je pourrais continuer sans machine et coudre une robe à la main si nous pouvions acheter les matériaux.

Nous avions essayé d'obtenir des robes à ma taille, mais nous ne pouvions tout simplement pas obtenir la bonne taille car j'étais devenue si mince. Il a dit que si je lui disais ce J'avais besoin de faire la robe, il les chercherait à Cincinnati après le travail le lendemain. Je l'ai envoyé dans une mercerie que nous avions vue lors d'une de nos promenades au centre-ville de Cincinnati. Je lui ai dit combien de mètres d'un tissu de coton de bonne qualité dans une couleur claire dont j'aurais besoin; Je ne voulais pas de blanc cependant, car j'avais encore des souvenirs désagréables de ma robe de graduation. Je pourrais me débrouiller avec du fil blanc si le coton était de couleur très claire. Se souvenant qu'il était légèrement daltonien, en particulier dans les tons vert et bleu, je ne voulais pas qu'il ait le problème d'essayer d'assortir le fil au tissu, et je l'ai encouragé à se faire aider par la vendeuse s'il avait le moindre problème. Je lui ai conseillé de se renseigner également sur le poids du fil et la taille des aiguilles à coudre qu'il devrait acheter. J'aurais besoin d'un dé à coudre, et nous avons déterminé que pour le choisir, son petit doigt avait à peu près la taille de mon doigt dé à coudre. De plus, j'aurais besoin d'une bonne paire de ciseaux de couture.

Brad semblait réticent à déranger la vendeuse à propos de telles choses, mais je l'ai encouragé en disant : "Ils n'aimeraient rien de mieux que d'aider un bel homme à décider quoi acheter." Je lui ai également demandé de prendre un journal pour moi aussi. Il voulait savoir quel journal je voulais, le Post ou l' Enquirer , et je lui ai dit celui qui était le plus grand car je n'en voulais qu'un seul à utiliser comme matériau à partir duquel découper des motifs.

Il a dit : « Dans ce cas, je vais juste en prendre un dans le bus. Il y en a toujours beaucoup qui traînent dans les sièges.

Presque chaque jour, Mme Samuels a trouvé une raison d'arrêter Brad. Chaque jour, j'avais chronométré le dîner pour que je puisse le prendre du poêle à la table, et il le prendrait pendant qu'il faisait chaud, comme nous aimions tous les deux notre dîner. Son "Yoo-hoo !" a empêché que cela se produise la plupart des jours.

Le jour où il devait apporter mon matériel de couture était un de ces jours. J'avais tout préparé tôt, le souper était prêt à être mis sur la table, et je m'attendais à ce qu'il soit au moins une demi-heure plus tard à cause de son arrêt à la mercerie, et j'avais bien chronométré. Mais je retenais mon souffle en écoutant ses pas dans les escaliers quand le redoutable "Yoo-hoo!" a sonné. Il n'est pas resté longtemps cet arrêt. Elle voulait juste parler de choses en général, et il lui a dit que j'attendais ce qu'il avait arrêté de ramasser pour moi, et que c'était quelque chose dont j'avais besoin tout de suite.

Il a dit: "Je l'ai amenée à croire que c'était quelque chose de personnel que j'avais ramassé pour vous, et je crois qu'elle pense que ce sont des serviettes hygiéniques!"
Nous avons bien ri de cela.

Je n'ai pas commencé ma robe ce soir-là; J'avais juste envie d'être avec mon bien-aimé et de parler de notre avenir, quelque chose pour lequel nous avions eu peu de temps au cours des deux dernières semaines. Et c'est ce que nous avons fait pendant toute une soirée, et nous n'avons plus entendu de « Yoo-hoos » !

43

Problèmes Imminents

J'ai remarqué que lorsque nous travaillions dans la cour ce premier samedi, les mauvaises herbes étaient mouillées tout le temps. J'ai pensé qu'il devait y avoir eu une forte pluie la veille de notre emménagement, mais j'ai vite réalisé que la région était toujours humide. Après en avoir discuté avec Brad, il a dit qu'il pensait que cela pouvait être causé par les épais brouillards provenant de la rivière presque tous les Matin. Il était très rare d'avoir une matinée sans brouillard.

J'avais aussi remarqué que j'avais du mal à respirer quand j'étais à l'intérieur ou à l'extérieur, mais je pensais que c'était parce que je descendais et montais presque toujours beaucoup de marches, ce qui avait tendance à me poser des problèmes, surtout depuis ma maladie plus tôt dans la été.

Un autre fait qui mérite d'être mentionné est que Brad avait une paire de chaussures habillées en cuir noir qui lui avait été remise lorsqu'il était dans la marine. Il les portait rarement, et un jour, alors que je nettoyais le sol du placard (nous n'y avions vécu que deux semaines), j'ai tendu la main pour déplacer ses chaussures, et elles me semblaient étranges.

Je les ai mis à la lumière et je pouvais à peine les reconnaître ; ils étaient recouverts d'une moisissure floue gris foncé !

Il avait également un cahier en cuir contenant ses certificats de travail, des plans et des schémas de soudage de son ancien travail dans les chantiers navals. Ceux-ci ont été apportés au cas où il postulerait pour un travail de soudage dans la région de Cincinnati. Le cahier était recouvert du même moule que les chaussures, et les pages étaient humides et collées ensemble.

44

Problèmes Gênants

Brad et moi avions tous les deux commencé à avoir des douleurs dans nos articulations, et nous avons écrit à la craie jusqu'à ce que nous soyons physiquement hors de forme après avoir vécu en ville ces derniers mois et, pour moi, à cause de ma récente maladie.

De plus, Brad pensait qu'une partie de mes problèmes était que mon corps devait reconstruire des muscles et du poids, ce qui prendrait du temps car cela ne faisait que peu de temps que j'avais commencé à récupérer.

Il a dit: "Sachant à quel point tu dois être faible, je ne pense pas que tu devrais y aller trop vite car tu n'es toujours pas revenu à la normale."

J'avais voulu chercher un emploi auparavant, mais Brad a pensé que je devrais me donner un peu plus de temps pour avoir l'endurance dont j'aurais besoin pour occuper un emploi une fois embauché.

45

Trouble Brews

Demandes subtiles (parfois pas si subtiles) de la propriétaire a continué.

Quand j'étais seul à la maison, elle ne me dérangeait pas ; Je ne sais même pas si elle savait que j'étais à la maison. J'étais très calme pendant la journée, espérant qu'elle me laisserait tranquille, et elle l'a fait. Elle n'a plus mentionné les travaux de jardinage et a engagé un homme pour en faire une partie. Cependant, ses demandes de temps de Brad ont continué. Il n'y avait aucun moyen qu'il puisse arriver sur nos pas sans passer sa porte de derrière où elle l'arrêterait avec « juste un petit quelque chose » pour lequel elle avait besoin de son aide. Il a fait le tour du côté opposé de la maison un soir pour tenter de l'éviter en s'approchant des marches sans passer sa porte. Pas de chance ! Elle l'a vu par la fenêtre de sa cuisine à l'arrière de la maison et l'a quand même arrêté. Ce jour-là était un vendredi, et Brad ne voulait pas que notre week-end soit bloqué et avait peur que si elle l'arrêtait ce jour-là, cela arriverait probablement car ce n'était pas facile de dire non.

Cette fois, lorsque notre propriétaire a arrêté Brad, elle était toute douce et gracieuse, disant qu'elle faisait venir sa voiture pour que nous l'utilisions pour apporter des courses volumineuses dont elle savait que nous devions avoir besoin maintenant.

Mme Samuels a dit: "Vous êtes déjà ici depuis trois semaines et vous avez apporté très peu. Bien sûr, je vais vous accompagner et obtenir moi-même les articles nécessaires pour que vous ne vous sentiez pas mal de prendre ma voiture."

Mme Samuels a suggéré d'aller à Findley Markets pour acheter des fruits et légumes frais et peut-être de la viande. "Ils ont du poulet merveilleux et du porc frais et fumé", nous a-t-elle dit.

Elle a également recommandé une grande épicerie dans le même quartier. J'avais entendu de bonnes choses sur les marchés Findley au centre-ville de Cincinnati et je voulais faire du shopping là-bas, donc cela ne semblait pas être une mauvaise idée. Mme Samuels avait apparemment besoin que quelqu'un conduise pour elle, et nous pouvions également faire nos propres courses. Cela ressemblait à un échange équitable.

Brad a conduit sa voiture dans la zone des marchés de Findley, mais aucun stationnement n'était autorisé à proximité des marchés, donc après que nous l'ayons laissée à un marché de viande à l'intérieur de Findley et après avoir trouvé un parking, il restait encore une distance à parcourir pour revenir à la zone de marché. Ce n'était pas grave car il n'y avait qu'environ trois pâtés de maisons et demi. Marcher sur cette distance tout en transportant beaucoup d'épicerie, de fruits et de légumes, cependant, allait être un peu difficile.

Lorsque nous sommes retournés voir Mme Samuels au marché de la viande, elle avait déjà acheté plusieurs paquets de viande ainsi qu'un poulet entier (y compris les pieds) et une tête de porc (qui faisaient tous deux des paquets volumineux et difficiles à transporter). L'un des articles dont j'avais besoin était des pommes de terre, et Findley avait des prix énormes sur des sacs de vingt livres. Je n'en voulais pas tant que ça, mais j'avais besoin de pommes de terre, et Brad m'a encouragé à aller de l'avant et à acheter un sac car elles devraient se conserver assez longtemps pour que nous puissions les utiliser. Je les ai mis dans le chariot en regardant tous les autres articles déjà là et en gardant à l'esprit que le chariot ne pouvait pas être retiré du marché et que nous devions ramener ce que nous avions acheté à la voiture.

Notre décision d'acheter les pommes de terre a incité Mme Samuels à acheter également un sac. J'ai été choqué par ce qui se passait dans le chariot et j'ai commencé à l'avertir que nous devions pouvoir transporter ce que nous avions acheté. Brad savait ce que j'allais dire et secoua la tête en articulant : "C'est bon." Il a cependant dit que nous avions à peu près tout ce que nous pouvions transporter et que nous ferions mieux de commencer à le ramener à la voiture, en espérant qu'elle comprendrait l'allusion.

Le stand suivant était un stand de fruits, et ils venaient d'apporter des paniers de boisseaux de pêches du sud. On pouvait les acheter au boisseau ou au demi-boisseau, mais si on n'en voulait pas autant, on les vendait à la livre. Le prix à la livre était cependant considérablement plus élevé, comme l'indiquait l'enseigne du kiosque. Nous en voulions juste pour manger frais, alors j'ai acheté dix livres, pensant que je pourrais transporter les dix livres avec les petits paquets de viande de Mme Samuels, et comme je lui ai dit, nous les partagerions avec elle.

Comme nous étions de retour là où nous avions acheté les pommes de terre, j'ai également demandé à l'homme de ce kiosque de mettre mon sac de vingt livres dans deux sacs de pommes de terre en filet plus petits que j'avais vus là-bas. Ensuite, avec un peu de chance, Mme Samuels pourrait porter un sac de dix livres de pommes de terre, et je pourrais porter l'autre avec ses paquets de viande. Cela laisserait la tête de porc et le sac de pommes de terre de vingt livres de Mme Samuels à Brad.

Lorsque Brad a vu que je devais porter deux sacs d'épicerie et le deuxième sac en filet de pommes de terre, ce qui représenterait environ trente livres ou plus, il a saisi les dix livres de pommes de terre et les a jetées sur son épaule et a dit : « Maintenant, sommes-nous prêts ? aller?"

Mme Samuels l'a arrêté en disant: "Non, je veux un demi-boisseau de pêches."

Je l'avais eu avec elle ! Je ne lui avais jamais rien dit auparavant sur la façon dont elle nous avait traités comme des esclaves, surtout Brad, et avait interrompu nos vies tout le temps que nous avions vécu là-bas. Les sentiments longtemps refoulés que j'avais à cause de son ingérence agaçante dans nos vies au cours des trois dernières semaines et demie - et puis cela - avaient amené mon tempérament au point d'ébullition.

J'ai craché : « Qu'est-ce que tu penses qu'il est, une mule ? Il a déjà tout ce qu'il peut porter. J'ai tout ce que je peux porter ! Avez-vous l'intention de porter les pêches ?

Elle s'est envolée en disant: «Non! Et je ne porte pas non plus les pommes de terre. Ils sont à vous! Amenez-les à la voiture comme vous le pouvez !" En colère, elle descendit la rue en direction de l'endroit où la voiture était garée, à un peu plus de trois pâtés de maisons.

J'ai ramassé les pommes de terre qu'elle avait laissées tomber et Brad me les a prises en me tendant la tête de porc en disant : « Ça pèse moins que les pommes de terre. Je peux les gérer.

Nous avons commencé à suivre Mme Samuels et avons réussi à rester légèrement derrière elle avec nos chargements.

Dès que Brad a déverrouillé la voiture, elle s'est assise sur le siège du passager avant, son froncement de sourcils aussi sombre qu'un nuage d'orage, et quand Brad a demandé si elle voulait que nous trouvions un autre moyen de rentrer chez nous, elle a rétorqué : « Tu m'as conduit ici... maintenant, ramenez-moi à la maison !

Brad a dit: "Je ne suis pas sûr de le vouloir, et la façon dont tu agis, je ne suis même pas sûr que tu le veuilles!"

Elle s'est un peu calmée et a dit: «Oh, allez. Nous réglerons tout cela demain.

Nous sommes montés dans la voiture et sommes retournés à River Road.

Le lendemain était samedi. Plus tôt dans la semaine, Mme Samuels avait demandé à Brad de réparer un endroit sur son toit où il y avait une fuite autour d'une cheminée. L'homme qui vivait au dernier étage s'était plaint d'une fuite dans le placard de son logement et lui avait demandé de la faire réparer. Elle avait demandé à son réparateur habituel de l'examiner, et il lui avait dit qu'il ne supportait pas les hauteurs et qu'il ne ferait aucun travail sur le toit.

Cela semblait être un besoin légitime, et Brad allait le réparer pour elle, car comme il me l'a dit, "je ne crois pas que je devrai m'inquiéter qu'elle monte là-haut pour 'm'aider'!"

J'avais toujours eu la certitude que Mme Samuels faisait tellement appel à Brad pour des choses qui semblaient inutiles et qui étaient parfois même de fausses raisons parce qu'elle voulait juste son attention. Il avait commencé à se sentir mal à l'aise car elle voulait toujours se tenir trop près de lui quand il essayait de déterminer la cause et de trouver la solution au problème pour lequel elle l'avait arrêté. Trop de fois, elle s'était «accidentellement» heurtée à lui alors qu'elle lui tenait une lumière ou stabilisait une planche ou l'aidait d'autres manières, souvent inutiles. Et il ne se passait pas beaucoup de jours sans qu'elle l'arrête sur le chemin du retour du travail pour qu'il vérifie quelque chose pour elle ou simplement pour avoir son avis sur quelque chose.

Samedi, Brad a rassemblé ses outils et le matériel que Mme Samuels lui avait procuré pour faire le travail sur le toit. Il a installé des échelles que Mme Samuels avait empruntées pour le travail et a grimpé sur le toit. Il lui a fallu environ quarante-cinq minutes avant qu'il ne se sente satisfait que le travail soit terminé. Il a enlevé tous les débris du travail, est descendu du toit et a rangé les échelles. Il s'est ensuite arrêté à sa porte arrière pour lui faire savoir que le travail était terminé. Elle lui a demandé de venir une minute car elle avait besoin de lui parler. Il entra et prit la chaise offerte, et elle commença immédiatement ce qu'elle avait à dire.

Elle a commencé: «C'est malheureux que la scène d'hier soir ait dû se produire et vous venez de vous faire prendre entre deux feux. Je ne peux pas ignorer le fait que Rachel a parlé d'une manière aussi injustifiée, égoïste et haineuse, et je ne l' ignorerai pas . Elle n'est plus la bienvenue ici, et je veux qu'elle sorte d'ici à la fin du mois. Tu peux rester si tu veux, mais elle doit partir. Ça me fait mal que vous ne m'ayez pas défendu car je vous ai traité les gars comme la famille. Merci d'avoir réparé le toit. Si vous insistez aussi pour partir, je vous rendrai votre caution après avoir inspecté et vérifié que tout est propre et en bon état.

Brad lui a dit que nous serions sortis d'ici la fin du mois.

46

Recherche, Décision, Action

Le lendemain, dimanche 24 août, nous décidâmes qu'il valait mieux sortir et commencer à chercher un endroit. Le journal que Brad avait ramassé vendredi (avant que nous sachions que nous devions déménager) était toujours dans notre appartement, et nous l'avons étalé, à la recherche de quelque chose de prometteur.

Nous avons vu une liste de l'adresse où nous avions vécu lorsque Brad était arrivé pour la première fois à Cincinnati. Brad a dit immédiatement : « Pourquoi n'irions-nous pas voir notre ancienne propriétaire et vérifier cela? C'est peut-être l'une des plus grandes unités qu'elle a. Nous ne le saurons pas si nous ne le vérifions pas ! "

J'ai entendu l'excitation dans la voix de Brad dans son exclamation et j'ai pensé que Liz, notre ancienne propriétaire, était une si grande propriétaire. Nous étions si heureux là-bas, mais l'appartement était tout simplement trop petit. Ne serait-ce pas merveilleux si elle avait une unité ouverte d'une chambre ?

Brad et moi avons attrapé le premier bus qui est passé, et il nous a emmenés au dépôt de bus du centre-ville où nous devions faire le transfert, en en prenant un pour monter dans la zone de notre ancien appartement. Quand nous sommes descendus du bus, Brad a dit : « C'est une si belle journée. Pourquoi ne marchons-nous pas ?

Nous avions marché plusieurs fois près du dépôt lorsque nous vivions là-bas, alors nous avons commencé. Nous avions fait moins de la moitié du chemin quand j'ai commencé à avoir des problèmes respiratoires et mes jambes étaient extrêmement faibles. Je n'ai rien dit au début, et Brad a remarqué que je trébuchais et voulait savoir si j'avais des problèmes.

J'ai ri et j'ai dit: "Je n'avais pas réalisé à quel point j'étais hors de forme." Nous avons commencé à marcher plus lentement, et j'étais si heureux quand nous nous sommes approchés de notre destination. Lorsque nous l'avons fait, j'ai noté mentalement de ne même pas essayer de retourner au dépôt.

Nous avons sonné la cloche de l'appartement d'Elizabeth King. Je ne l'avais connue que sous le nom de Liz pendant les mois où nous avions vécu là-bas. Elle était contente de nous voir et m'a immédiatement demandé si j'avais encore été malade. Je lui ai dit que j'avais eu du mal à respirer là où nous vivions et que c'était peut-être parce que c'était toujours très humide.

Nous lui avons dit où il se trouvait, et elle a remarqué : « C'est loin de la ville ! Penses-tu jamais que tu pourrais vouloir revenir ici ? Brad lui a dit

:« Nous avons vu votre annonce, et c'est pourquoi nous sommes ici. Nous sommes en espérant que ce soit l'une des plus grandes unités.

Elle a immédiatement dit : « Ça l'est ! Aimerais-tu le voir?"

Nous l'avons examiné et après avoir obtenu les détails, nous lui avons dit que nous le prendrions. C'était moins cher que là où nous logions, et ce qui était le plus excitant, c'est qu'elle nous a dit que nous pouvions emménager immédiatement car le locataire avait déjà quitté. Il était alors environ midi et demi le dimanche. Nous avons signé les papiers et lui avons dit que nous emménagerions dès que nous pourrions trouver quelqu'un pour nous déplacer.

Elle a demandé si nous avions acheté des meubles, et Brad a répondu :

« Heureusement que non. Dès le début, quelque chose n'allait pas dans cet endroit, et j'ai repoussé l'achat à cause de ce sentiment.

Liz a dit : « J'ai une idée. Pourquoi ne pas emménager aujourd'hui ?

"Avec nos vêtements et nos effets personnels, ce serait trop à emporter en bus, et je dois attendre et parler à un de mes copains avec un camion ou juste une voiture serait assez grande", a répondu Brad.

Dès que Brad a terminé sa phrase, Liz s'est levée et a dit : « J'ai une autre idée ! J'ai amené ma voiture de la campagne et je l'ai de l'autre côté de la rue dans l'une des places de stationnement de cet immeuble. On pourrait sortir maintenant et prendre tes affaires et t'installer ici dans la soirée. Pourquoi ne faisons-nous pas cela ?

Brad m'a regardé et m'a demandé : « Pouvons-nous être prêts aussi vite ? Je l'avais revu dans ma tête et cela semblait faisable. J'ai dit : « Pourquoi pas ? Je viens de nettoyer tout l'appartement hier, et le peu de nettoyage que j'aurais à faire après avoir emballé nos effets personnels et nos vêtements reviendrait à nettoyer les tiroirs, la douche et les lavabos et à courir le balayeur. Au total, emballer, charger et tout ne devrait pas prendre plus d'une heure, c'est-à-dire si quelqu'un d'autre peut monter et descendre la colline de l'appartement à la voiture et vice-versa. Nous pourrions probablement tout faire en deux ou trois voyages.

Liz se leva d'un bond et dit : « Laisse-moi appeler mon amie en bas pour voir si elle peut monter et s'asseoir ici jusqu'à ce que je revienne. J'ai encore une annonce dans le journal, mais elle connaît mon affaire et peut me remplacer. Je suis fort et je vais t'aider à charger la voiture. Elle s'est occupée de l'appel, son amie est arrivée presque immédiatement avec son tricot en remorque, et nous étions prêts à partir.

Quand nous avons tout chargé, Brad s'est arrêté à la porte de Mme Samuels pour lui dire que nous étions déplacés et lui demander son acompte de dix dollars. A la mention de notre dépôt, elle se mit à secouer la tête.

Brad a demandé s'il y avait un problème, et elle a immédiatement dit :

« Notre accord était que vous déménagiez à la fin du mois !

Brad a répondu: «Notre loyer est payé jusqu'au premier du mois prochain, et je ne demande pas ce remboursement. Je suis d'accord que je dois cela, et pour les jours couverts, vous avez l'appartement de retour pour en faire ce que vous voulez. Je suis ici pour que la caution de dix dollars me soit rendue.

Finalement, il lui a fait accepter que c'était juste et a ensuite suggéré qu'elle veuille peut-être aller voir l'appartement afin qu'il n'y ait pas de malentendus sur son état pour nous qualifier pour le retour de la caution. Il la suivit à l'étage et se tint debout pendant qu'elle inspectait l'unité de près. Elle semblait satisfaite jusqu'à ce qu'elle ouvre la porte du placard où nous avions trouvé le moule. Il la vit renifler l'air et elle dit immédiatement : « Ce placard ne *sent même pas le* propre. Cela me coûtera plus de dix dollars pour faire venir quelqu'un et le nettoyer, donc je ne peux pas rendre la caution.

Brad a commencé à lui dire que c'était dans ce placard que nous trouvions de la moisissure et que ça sentait le moisi car il semblait toujours humide. S'arrêtant de faire cette déclaration, il pensa, à *quoi ça sert de se disputer avec elle?* Il a simplement dit : « Je suis désolé que vous ressentiez cela. Passe une bonne journée." Puis il s'est retourné et est parti.

À partir du moment où nous avons quitté son appartement, il a fallu exactement une heure et demie jusqu'à ce que nous soyons transférés dans l'appartement 202 sur Republic Street, encore une fois dans le premier immeuble dans lequel j'aie jamais vécu à Cincinnati !

47

La Robe

La robe que j'avais faite à la main, une fois terminée, était encore plus belle que je m'y attendais.

Quand Brad était rentré avec mon matériel de couture, je ne savais pas à quoi m'attendre. Il avait pourtant bien choisi. Le tissu était d'un rose pâle, imprimé de très petits brins de pieds d'alouette en groupes de trois tiges rassemblées et nouées dans de minuscules rubans blancs, avec ce motif répété uniformément sur tout le tissu. Brad avait acheté un biais blanc pour la robe (à la suggestion de la vendeuse), et cela m'a donné l'idée du produit fini.

La robe, qui était sans manches, était façonnée avec une fausse patte bordée dans le blanc lisse et net de la reliure en biais, la patte commençant à l'encolure ronde puis descendant sur le devant jusqu'à la taille. Il avait également un faux col en tissu à brins d'alouette, commençant de chaque côté de l'ouverture de la patte de boutonnage de trois pouces à l'arrière du corsage (l'ouverture serait fermée par un bouton et une boucle).

Le faux col suivait la courbe de l'encolure et était cousu à plat autour de l'encolure, rejoignant l'ouverture de la patte arrière et la fausse patte devant. Le col cousu était également garni du ruban de biais en coton blanc. La robe avait une ceinture en tissu rose bordée de ruban de biais blanc avec une forme de ceinture renforcée enfermée dans le tissu.

La ceinture devait être portée avec la partie raidie dans le dos et revenir vers l'avant, en laissant quatre pouces entre les extrémités du raidisseur au milieu devant de la robe. Le matériau recouvrant la forme de la ceinture a été conçu pour s'étendre à dix-huit pouces au-delà des extrémités du raidisseur (également bordé de blanc) et, à ce moment-là, sont devenus des ceintures. Les ceintures devaient être nouées au centre du devant de la robe.

La jupe de la robe était principalement droite avec une légère pliure à la taille, lui permettant de s'adapter en douceur au corsage et à la plénitude croissante de ma taille à mes hanches. Dans la couture centrale du dos, un pli coup-de-pied a été conçu pour être de sept pouces du haut du pli à l'ourlet, donnant à la jupe la plénitude nécessaire pour une foulée confortable.

J'étais fière de cette robe, en partie parce que j'avais fait du bon travail dessus et en partie parce que Brad avait choisi le tissu et acheté toutes les garnitures nécessaires. La seule chose qu'il n'a pas eue, c'est le bouton de la fermeture de l'encolure arrière, mais il a eu la fermeture éclair latérale. Je n'avais pas pensé à lui dire que j'aurais besoin d'une fermeture éclair, mais il avait suivi mon conseil de trouver une vendeuse pour l'aider. En ce qui concerne le bouton, j'ai retiré un bouton du bas d'une des chemises de Brad, et cela a fait l'affaire. Il n'a même pas raté le bouton !

48

Avoir Hâte De

Nous étions retournés à Cincinnati le 24 août. J'avais voulu commencer à la recherche d'un emploi au début du mois, mais j'étais vraiment content que Brad m'ait retenu car je n'aurais probablement pas eu l'endurance nécessaire pour conserver un emploi. C'était alors le 30 août et je me sentais beaucoup mieux. J'avais décidé d'attendre la fin de la semaine de la fête du travail pour entrer sur le marché du travail. Des gens avec qui j'avais fait connaissance dans mon immeuble m'avaient dit qu'il n'y avait pas beaucoup de chance d'être embauché pendant la semaine de la fête du Travail comme l'histoire passée semblait l'indiquer. J'avais décidé d'attendre la semaine suivante. Brad m'a acheté une machine à coudre dès qu'il a été payé. Avec cette machine, je pouvais me mettre au travail sur une nouvelle robe, ce qui rendait le travail beaucoup plus facile la deuxième fois. Tout d'abord, j'ai dû trouver un design. Mais même avant cela, je devais faire couler mon jus créatif. J'ai eu un peu de temps avant de commencer à chercher un emploi pour faire une autre robe. Ce serait certainement plus facile sur une machine à coudre. Je n'avais vraiment qu'une seule robe qui convenait à porter et une, eh bien, pas si convenable. La moins appropriée que j'avais était la robe blanche à œillets que j'avais pour la remise des diplômes, et elle était devenue plutôt molle.

J'ai essayé de l'amidonner, mais ça n'a pas fait grand-chose. Ensuite, la robe que je portais tous les jours quand je ne sortais pas était celle avec toutes les taches d'herbe dessus. Puis il y avait le nouveau rose que je venais de faire.

Une machine à coudre serait si utile à bien des égards quand nous avions *notre* maison. Je ne pouvais tout simplement pas attendre pour faire des rideaux, des housses et des peluches des oreillers aux couleurs vives et gaies pour une maison bien à nous.

49

Obstacles De Confusion

J'avais connu plusieurs des filles de mes voisins du Kentucky qui avaient allé à Cincinnati après avoir obtenu son diplôme et avait obtenu des emplois. Ils rentraient chez eux environ un mois plus tard, arborant de nouvelles garde-robes et coiffures, et ils parlaient (ils parlaient même différemment) de la façon dont ils aimaient leur nouveau travail, se vantant constamment de leurs appartements et de ce qu'ils prévoyaient de faire avec le prochain chèque de paie. Je voulais y être moi-même. La plupart de ces filles avaient obtenu des emplois d'usine, alors j'ai juste supposé que ce serait le type de travail que je devrais rechercher.

Vous vous souviendrez que plus tôt, j'ai mentionné que notre petite ville de Denton et ses environs offraient peu ou pas d'emplois pour les militaires de retour et aucun pour les diplômés du secondaire sans collège (surtout les femmes) qui ont été jetés sur le marché du travail, à l'exception de des emplois de carhops ou de serveuses ou de personnel de nettoyage pour les très rares hôtels / motels de la ville, ces derniers étant principalement réservés aux travailleurs âgés, et le chemin de fer, qui a maintenu son statu quo et avait rarement besoin d'embaucher. Brad était content que je veuille travailler, mais il ajoutait toujours :
"Pendant un moment". Je n'ai jamais pensé à lui mentionner quel type d'emploi j'envisageais de rechercher.

Début septembre, je me sentais tellement mieux et je voulais vraiment commencer à être productif. Brad a convenu que je semblais à peu près revenu à la normale.

Le lundi de la semaine suivant la fête du Travail, j'ai quitté l'appartement armé d'une liste d'annonces qui m'intéressaient, des horaires de bus et d'une grande confiance que cela allait être un jeu d'enfant. Parce que j'étais vraiment ne connaissant pas Cincinnati, j'ai décidé de passer par le bureau de l'emploi de l'État de l'Ohio pour avoir une meilleure idée de ce qui était disponible. En franchissant la porte, j'ai décidé que si les lignes étaient une indication, il y avait beaucoup de chômeurs à Cincinnati !

C'était là mon premier obstacle, en concurrence avec le grand nombre de chômeurs. *Tant pis. Je peux le faire* , pensai-je. Un certain nombre de longues files d'attente s'étendaient de l'avant de la pièce à une longue rangée de bureaux jusqu'à la porte que j'avais franchie. Certaines des lignes étaient plus courtes que d'autres, alors j'ai choisi la plus courte et j'ai attendu.

Quinze minutes plus tard environ, une femme alignée à côté de moi m'a souri et m'a demandé : « Comment t'appelles-tu ?
Pensant qu'elle était amicale, j'ai répondu:

"Rachel". Avec un froncement de sourcils, elle a dit: "Votre nom de famille!"

Je lui ai dit, et elle a dit : « Tu devrais être dans cette ligne », en indiquant une plusieurs lignes plus loin, une qui semblait être la plus longue de toutes.

Pourquoi a-t-elle pensé que je devrais aller au fond de cette file ? Puis j'ai remarqué quelque chose que je n'avais pas vu auparavant au début de cette ligne sur le bureau du préposé - un panneau indiquant les noms de famille commençant par *G–J* devrait être dans cette ligne. Toutes les autres lignes avaient des directives similaires. *G pour Gaylor*d – ce serait moi. J'avais perdu au moins quinze minutes et probablement autant d'espaces ou plus en ligne - mon deuxième obstacle. *Je peux faire ça* , je me suis rassuré.

C'était encore le matin quand j'ai atteint le bureau étiqueté "Noms commençant par *G, H, I* et *J* ". *J* pour Jones, peut-être Johnson. Oh mon ! Pas étonnant que cela ait pris si longtemps. Mon nom est tombé dans la catégorie où il y avait beaucoup de gens sous ces noms communs ! J'ai donné mon nom, Rachel Gaylord, et la préposée a vérifié sa liste et, n'y trouvant pas mon nom, a demandé à voir ma carte de sécurité sociale. Mon troisième obstacle ! Je n'en avais pas. Elle m'a expliqué que pour travailler dans n'importe quel emploi, je devais avoir une carte et que je devais en obtenir une et revenir. Elle m'a expliqué que je pouvais en faire la demande dans un autre bureau de l'immeuble et revenir au fond de la file lorsque j'avais la carte en main. Super! Le quatrième, et les obstacles devenaient de plus en plus grands.

Si je ne vous pressez pas, je ne vais pas travailler aujourd'hui !
franchi mon quatrième obstacle plus difficile que je ne le pensais et j'ai finalement obtenu ma carte après avoir atteint une condition d'âge, car je devais avoir dix-huit ans avant de pouvoir obtenir une carte de sécurité sociale. je voulais travail si mal, alors j'ai simplement ajusté ma date de naissance car aucun certificat de naissance n'était requis, ce qui m'a causé quelques ennuis environ un an plus tard lorsque j'ai demandé un changement de nom de sécurité sociale. Il semblait que les lois sur la sécurité sociale étaient différentes à l'époque. Les gens qui s'occupaient de ces bureaux ce jour-là n'auraient probablement jamais cru qu'un jour, les nouveau-nés seraient autorisés à avoir des cartes comme celles pour lesquelles nous postulions.

Ma carte a été émise et je suis retourné aux lignes. Je croyais que ce jour-là, les files d'attente étaient peut-être un peu plus courtes, mais il devait y avoir encore beaucoup de Johnsons et Joneses qui avaient besoin d'emplois ! Il était presque trois heures quand je suis revenu au même bureau, à une autre dame cependant. Elle ne m'a pas demandé mon nom mais a pris les devants en demandant ma carte de sécurité sociale. Je lui ai fièrement montré ma toute nouvelle carte et elle s'est mise au travail.

Quand je lui ai dit que je cherchais un emploi à l'usine, elle m'a regardé avec un certain degré de doute évident sur son visage et m'a demandé :

« Pourrais-je éventuellement vous intéresser à un autre type de travail, jeune fille ? La plupart des emplois disponibles dans les usines recherchent des travailleurs avec… euh, un peu plus de maturité, je crois.

Quand j'ai insisté pour travailler en usine, elle m'a donné des cartes avec des noms d'endroits à la recherche de travailleurs dans certaines classifications d'emplois répertoriées. Ils étaient trois. Tous étaient des emplois faisant fonctionner un certain type de machine ou de «travail à la chaîne» (peu importe ce que c'était), et elle avait écrit des dates et des heures pour que je me présente pour des entretiens. J'ai remarqué que l'un était pour une machine d'adressographie. J'avais vu des photos de la machine et j'avais lu quelque chose à leur sujet dans un article que j'avais vu dans la bibliothèque de mon lycée. C'est quelque chose que je pouvais faire, ai-je décidé. Mais toutes les interviews étaient pour le lendemain.

"Puis-je avoir un entretien pour aujourd'hui ?" ai-je demandé avec espoir.

Elle a jeté un coup d'œil à l'horloge avec un air exaspéré et a dit : « L'équipe de jour est terminée dans les usines, et ils n'interviewent que pendant l'équipe de jour. Tu as de la chance qu'ils soient pour demain et pas la semaine prochaine.

J'allais devoir travailler sur ce truc de patience.

50

Étapes Décourageantes

Je suis rentré chez moi tout enthousiasmé par le travail que j'aurais probablement le le prochain jour. Je n'ai peut-être pas été là en patience, mais ma confiance est montée en flèche! Brad était ravi de voir que j'avais encore de l'espoir après que je lui ai parlé de mes obstacles, mais je les avais surmontés, n'est-ce pas ? Quand il a vu les choix de classification d'emploi que je devais essayer, je pense qu'il était un peu sceptique, mais il n'a rien dit pour me décourager. Il m'a donné quelques conseils pour passer par le processus d'entretien; rien dans cette ligne n'avait été couvert dans mes cours de préparation au lycée. Il m'a dit que ça ne ferait pas de mal de bluffer juste un peu si je sentais vraiment que je pouvais faire le travail ; il m'a alors averti de rester honnête. (Comment pourrais-je faire les deux?) Il m'a encouragé en disant que les entreprises n'auraient pas annoncé le poste comme ne nécessitant aucune expérience si elles n'avaient pas prévu de former les nouveaux employés, donc je n'avais vraiment rien à craindre. Bien sûr que non, mais je pourrais probablement trouver quelque chose. Qu'est-il arrivé à ma confiance? Peut-être qu'il a grimpé aussi haut et s'est envolé!

Le lendemain, je suis arrivé tôt sur le premier chantier et j'ai attendu dans un petit bureau sale pendant plus d'une heure. J'ai commencé à avoir peur qu'ils m'aient oublié quand l'une des portes à l'arrière du bureau s'est ouverte à la volée et qu'un petit homme s'est précipité à l'intérieur, apportant avec lui une odeur de brûlé et beaucoup de cris horribles. Il s'excusa pour son retard et expliqua qu'il essayait de réparer une machine dont les roulements étaient cramés. Il n'a pas fait le travail à cause du bruit et de l'odeur de brûlé.

Son entreprise embauchait un opérateur d'adressographie, m'a-t-il dit, et le travail commencerait la semaine suivante. Il m'a demandé si je pensais pouvoir apprendre la machine. Je lui ai dit que je connaissais un peu la machine et que je devrais être capable de faire le travail. Il y va de la partie bluff. Il m'a brusquement demandé quelle était ma taille, et je lui ai dit : « Cinq pieds trois pouces.

La question suivante était: "Combien pesez-vous?"

Maintenant, il devenait personnel ! « Cent trois », ai-je répondu. "Chérie, tu devrais porter des poids de quarante livres pour même tirer le débrouillez-vous avec ce connard !" il s'est excalmé.

J'ai insisté sur le fait que j'étais plus fort que j'en avais l'air, et l'air très dubitatif, il m'a demandé de l'accompagner. Nous sommes sortis par la même porte par laquelle il était entré, passé la machine hurlante et une porte latérale qui, heureusement, se fermait pour empêcher une partie du bruit de l'usine. Dans cette pièce se trouvait une machine que j'ai reconnue comme étant un adressographe d'après l'image que j'avais vue ; nulle part cette image n'était étiquetée "taille d'un dixième". La machine dans cette pièce était énorme ! La poignée dont il parlait se trouvait sur le côté de la machine. La poignée était à peine plus haute que la tête pour moi, je pouvais donc l'atteindre sans m'étirer. Puis il m'a demandé de le baisser. Au début, je pensais qu'il était verrouillé en place. J'y ai mis mon poids, et c'est tombé. Ouais, je peux le faire ! Je pensais.

Il a dit : « C'est vide. Maintenant, chargeons-le. Il a atteint une étagère haute au-dessus de la machine et a tiré vers le bas une boîte de plaques de métal un peu plus petite que la taille d'une carte de portefeuille et a commencé à remplir les fentes de la machine.

J'ai cherché un tabouret car je savais que je ne pouvais pas atteindre la réserve d'assiettes sans un. Je n'en ai vu aucun.

Il tapa un peu sur un clavier, ferma la machine et dit : « Allez-y. C'est chargé. »

J'étais prêt à mettre mon poids dessus si je devais le faire et j'ai attrapé la poignée. Mes pieds se sont détachés du sol et la poignée n'a pas bougé !

"Je ne le pensais pas," dit-il.

J'étais gêné parce que je ne pouvais pas faire le travail, et réalisant cela, il a dit : « Cette machine fonctionne généralement à l'électricité, mais la personne qui l'utilise doit être capable de la faire fonctionner manuellement afin d'éliminer les blocages, qui se produisent plusieurs fois. un jour. Vous ne pouviez pas le faire. J'aimerais avoir un poste où je pourrais vous embaucher, mais je ne l'ai pas fait. Vous avez du courage et je suis convaincu que vous trouverez quelque chose. Cependant, merci pour l'entretien.

J'avais raté ma deuxième entrevue; le premier avait pris trop de temps. Ma troisième entrevue répertoriée a eu lieu dans une usine de fabrication de savon. J'ai été impressionné par la plante et amusé par leur panneau de type film montrant une barre de savon sautant d'un plongeoir. Le panneau disait quelque chose à propos du savon flottant, ne coulant jamais. Intelligent!

L'intervieweur m'a dit que j'étais interviewé pour travailler sur la "ligne". Cela m'a peu parlé. Il a expliqué qu'il s'agissait d'une chaîne de production et que chaque travailleur devait remplir une application spécifique sur le produit alors qu'il se déplaçait de gauche à droite devant les travailleurs. La ligne était réglée à une vitesse désignée et chaque travailleur devait faire sa part de préparation du produit pour le marché. Je m'inquiétais de suivre le rythme, mais il m'a assuré que les lignes étaient réglées à une vitesse confortable pour presque tout le monde après que le travailleur ait acquis un peu de pratique. (Cet intervieweur utilisait l'approche directement opposée à celle de l'autre entretien. Il me disait constamment "Tu peux", tandis que le premier intervieweur d'emploi me disait "Tu ne peux pas!") Puis sur une petite échelle simulateur de ligne qu'il a dit réglé à la même vitesse que ceux au sol, il m'a donné des instructions et m'a laissé m'entraîner sur une partie de celui-ci pendant quelques minutes, puis il a commencé le tout (une longueur d'environ dix pieds de ligne) et laissez-moi m'entraîner. Je suis devenu un peu nerveux et j'ai laissé tomber quelques pièces et j'ai pris du retard, mais il a dit que j'avais bien fait.

Après que j'ai eu fini, il m'a envoyé pour mon physique. J'ai été soumis à une série de tests, et j'ai semblé réussir. Une fois terminé, deux médecins discutaient et je pouvais voir qu'ils discutaient de mes pieds tout en secouant la tête. Ensuite, ils m'ont dit qu'en raison de la façon dont mes chaussures étaient portées sur les semelles et que les tiges débordaient au niveau des talons, ce qui pouvait indiquer des problèmes de pieds, ils avaient peur que je ne puisse pas rester debout le temps nécessaire sur la ligne. . Je ne pensais pas qu'ils me croiraient, mais je leur ai dit sincèrement qu'une voisine m'avait donné ces chaussures pour terminer mon année au lycée, que les chaussures étaient portées comme ça quand elle me les a données, et que ils n'étaient pas à l'aise. Ils se sont entretenus à nouveau et m'ont fait marcher pieds nus et m'ont observé pendant un certain temps. Après m'avoir fait retirer mes chaussures et avoir fait des allers-retours sans elles, ils ont convenu que mes pieds semblaient aller bien. J'étais tellement soulagé.

Je n'avais plus qu'un test à faire et ils m'ont dit que j'avais bien réussi jusqu'à présent. Mon dernier était un examen de la vue. L'un des médecins a vérifié mes yeux, m'a conféré avec l'autre, est revenu et a fait d'autres tests, s'est entretenu à nouveau, puis a de nouveau examiné mes yeux. Puis tous les deux quittèrent la pièce. Mon intervieweur initial est revenu et m'a appelé dans son bureau. Il m'a dit qu'il avait de mauvaises nouvelles pour moi - que je n'avais pas réussi l'entretien à cause du test de la vue et a expliqué que puisque les lignes de l'entreprise allaient de gauche à droite et que la capacité de voir avec mon œil gauche semblait au mieux marginale. Ils avaient peur que ce soit dangereux pour moi de travailler sur les lignes.

"J'ai une suggestion, cependant", a déclaré l'intervieweur. D'une manière ou d'une autre, la suggestion d'avoir une chance à un autre emploi qui pourrait venir plus tard n'a pas atténué le coup de ne pas obtenir l'emploi que j'avais espéré.

Il a poursuivi en me disant qu'il avait examiné mon relevé de notes du secondaire et pensait que je serais un bon candidat pour leurs bureaux. Il m'a dit qu'ils n'embauchaient pas pour ces postes à l'heure actuelle et que ce serait au début de l'automne lorsque l'embauche reprendrait et que je devrais surveiller leurs annonces. Ils conserveraient mon entretien et mes résultats physiques dans un dossier pendant un an, et tout ce que j'aurais à faire était de passer un test pour le bureau. Je n'étais pas intéressé. Je voulais un emploi immédiatement.

Sachant ce que je sais maintenant, le poste qu'ils m'avaient suggéré de postuler lorsqu'il est devenu disponible était situé dans une zone alors appelée Ivorydale. Un emploi dans cette entreprise, un fabricant de savon, aurait été une merveilleuse opportunité de carrière pour moi, du moins si j'étais resté dans la région de Cincinnati.

51

Une Stratégie Différente

Je suis etourné à notre appartement avec la nouvelle décevante que je n'avais pas obtenir un emploi. Brad a écouté tranquillement pendant que je lui racontais ma journée. Plusieurs fois, il a ri de la situation pendant que je parlais. Enfin, j'ai tamponné mon pied et s'est exclamé: "Qu'est-ce qui est si drôle?"

Il m'a pris dans ses bras et m'a dit: "Tu l'es, ma chérie, avec ton récit!"

Je dois admettre que les expériences que j'ai vécues étaient comiques, une comédie virtuelle d'erreurs, et nous avons ri ensemble.

Alors Brad a demandé très sérieusement : « Pourquoi diable veux-tu travailler dans une usine ? Un beau travail de bureau propre ne vous irait-il pas mieux ? »

Je suppose que j'ai juste supposé que travailler dans une usine serait plus conforme à ce qu'il voudrait que je fasse. Apparemment, il n'était pas impatient de voir sa future femme devenir une Rosie the Riveter. (Il s'agissait d'une étiquette plutôt péjorative appliquée aux femmes qui travaillaient en usine car ce type de travail avait, dans le passé, été principalement occupé par des hommes. En temps de guerre, les femmes devaient intervenir pour occuper des postes précédemment occupés par des hommes qui avait été enrôlé ou s'était porté volontaire dans l'armée.) Le lendemain, je suis retourné à l'agence pour l'emploi. J'ai traversé les lignes en un rien de temps. Je pensais que je devais devenir un pro dans ce processus de recherche d'emploi, ou peut-être était-ce parce que le lundi pouvait être généralement plus occupé que les autres jours de la semaine. Tu penses? Bientôt, j'ai eu une liste de trois entretiens d'embauche de bureau possibles prévus pour le lendemain. je suis allé maison très excité. Ensuite, j'ai commencé à m'inquiéter pour le lendemain, car les tests pourraient faire partie des entretiens et un test de dactylographie pourrait être une exigence.

La dactylographie n'était pas mon fort à l'école. J'avais peur de mon instructeur de classe. Il se faufilait par derrière lors d'un test chronométré et criait le nom de famille d'un élève suivi de "Arrêtez de regarder le clavier!" ou d'autres admonestations, et je n'avais pas été exclu.

Je ne pouvais jamais me détendre lors d'un test dans sa classe. Par conséquent, ma vitesse était plutôt médiocre. J'ai appris par l'un des employés du bureau de l'école quelques années après avoir obtenu mon diplôme qu'en raison de la mauvaise note que j'avais obtenue dans cette classe, cela avait considérablement réduit ma moyenne pondérée cumulative. Et alors? Je ne voulais pas être major de promotion. C'est un discours que je n'ai pas eu à faire. Parler en public n'était pas mon fort, ni à l'époque ni maintenant. Raisins aigres? Peut-être.

En raison de la capacité de notre chère propriétaire Liz à ressentir les humeurs de ses locataires et en réponse à son salut habituel de "Que puis-je faire pour que tout aille mieux, ma chère?" Je lui ai confié mes soucis. Elle m'a dit que de temps en temps, elle faisait du bénévolat à la bibliothèque publique et savait qu'il y avait là des machines à écrire à l'usage du public. Elle m'a suggéré d'y passer du temps ce soir-là pour perfectionner mes compétences en dactylographie.

Après que Brad soit rentré à la maison et que nous ayons dîné, je lui ai demandé de marcher jusqu'à la bibliothèque avec moi pour s'entraîner à taper. Cela pourrait simplement faire partie de notre promenade habituelle en début de soirée. Nous avions de nouveau pris quelques heures chaque soir pour nous promener ; il faisait plus frais à l'époque et nous aimions marcher main dans la main et simplement parler. Parler simplement devenait un tel plaisir pour nous, et cela n'a jamais cessé d'être l'un de nos passe-temps privilégiés tout au long de notre vie ensemble. Nous parlions toujours de tout. Je me souviens encore de nos discussions comme étant la partie de notre vie commune qui était le passe-temps le plus agréable.

52

Un Plaidoyer Répété

Sujet qui revenait souvent dans Brad et mes longs entretiens fréquents était mes parents et comment ma fugue pourrait les affecter. C'était un sujet que je n'avais vraiment pas envie d'approfondir, mais ma bien-aimée était plutôt persistante. J'étais toujours en colère contre eux. Je les ai même en quelque sorte blâmés pour ma maladie car je la reliais à l'exposition au froid que j'avais subie la nuit où j'étais en lock-out. Que ce soit un facteur ou non, nous ne le saurons jamais . Oh, je ne les blâme pas maintenant, et ce sujet ne les a jamais abordés pendant toutes les années qu'ils ont vécues par la suite. Pour eux, c'était comme si cela ne s'était jamais produit, même si je ne l'avais pas oublié. Il semblait être indélébile gravé dans mon esprit.

Le but de Brad en abordant le sujet de mes parents était d'essayer de me faire voir, comme il dirait, "d'où ils viennent". Je crois qu'il est plus mature que moi et qu'un parent lui-même lui a donné plus de perspicacité dans la situation que moi avec ma minuscule expérience de vie. Il m'a suggéré de leur écrire pour leur dire que j'allais bien. Je suppose que mon attitude était de les laisser s'inquiéter. Avec le recul, la raison était que je voulais vraiment les punir.

À ce moment-là, Brad, interrompant ma tirade, a dit: «Chérie, tes parents sont à peu près certains que tu es avec moi. Ce n'est pas seulement parce que vous vous êtes enfui et qu'ils ne savent pas où vous êtes qu'ils s'inquiètent. C'est probablement parce qu'ils croient que tu es avec moi .

Je ne voulais pas qu'ils aient le confort de savoir que j'allais bien et que j'étais heureux. Je ne suis pas une personne cruelle, mais j'étais vraiment en colère. Que mon sage ami avait dit alors m'a beaucoup intrigué jusqu'à ce qu'un autre moment où je lui ai permis d'aborder le sujet.

Il a ensuite dit: "Oh, mais votre être avec moi est le vrai problème!" Brad a continué à aborder le sujet de mes parents. Dans l'un de ces conversations, il a commencé à souligner plus en profondeur la situation de mon absence et les inquiétudes de mes parents, et il m'a encouragé à essayer de voir cela de leur point de vue.

Il a poursuivi en disant : « Vos parents ne me connaissent pas. Ce qu'ils savent, c'est que je suis un homme marié et que je suis beaucoup plus âgé que leur fille adolescente. Et pour eux, peut-être, le fait que je t'aime n'est pas quelque chose qu'ils croiraient facilement. Je suis sûr qu'ils croient que je t'ai persuadé de partir, ou ils peuvent même croire que je t'ai forcé à partir avec moi.

« Tes parents estiment que je n'ai aucun droit sur toi. Ils ne savent pas que j'aime et je veux le meilleur pour toi. Ils auront l'influence de ma femme et des siens qui donneront l'impression que j'ai une aventure pendant qu'elle est à la maison et qu'elle doit élever seule notre famille. Elle pense probablement que je m'amuse juste, que je cours sans aucune responsabilité. Ma propre famille vit à une certaine distance de Denton, et ses gens vivent à Denton ou très près. Les membres de sa famille sont ceux qui répandent les demi-vérités que vos parents entendront, et je crois que c'est ce qu'ils entendent. La plupart des gens ne savent rien du divorce imminent et de ce qui y a conduit. Ils ne sauront que ce qu'ils entendent de la famille de Bobbie, et à moins qu'ils ne me connaissent bien, ils croiront ce qu'ils entendent. Ceux qui me connaissent vraiment ne seront pas entendus par les gens de Denton car je ne suis pas de Denton. Je connais la famille Dawson, et je sais qu'ils ont mal pour leur fille et leur sœur, et ils seront vicieux. Votre famille entendra et croira tout cela. Elle est là, et je ne suis pas. Elle soulignera ce qui est évident, et je ne peux pas me débrouiller seul, et à ce stade, je n'ai pas d'assise juridique sur laquelle me tenir. Le fait que je ne divorce pas et que je vive comme si nous étions mariés n'est pas légal. En fait, c'est contre la loi pour moi car tu es mineur, et pour être avec toi, je suis obligé de me protéger en me cachant.

« Ces dernières semaines, nous étions à Denton – souviens-toi, tu étais chez les Holt –, j'avais l'impression d'être suivi et j'avais peur que quelqu'un ait peut-être été embauché par tes parents pour te retrouver. Je ne pouvais pas me risquer à vous les conduire, et j'ai évité de venir vous voir moi-même. J'ai alors décidé de tout vendre, de quitter la région et d'aller quelque part où je sentais que nous serions en sécurité jusqu'à ce que je pourrait légalement te revendiquer comme ma femme. Pensez-y et ne blâmez pas vos parents !

« En attendant, écrivez-leur et dites-leur que vous allez bien et que vous ne les blâmez pas, si c'est quelque chose que vous pensez pouvoir faire. Ne divulguez pas où vous êtes. J'ai un ami qui enverra votre lettre d'un autre État, de sorte que le cachet de la poste ne les conduira pas à nous. »

J'ai envoyé une lettre par l'intermédiaire de l'ami de Brad juste pour faire savoir à mes parents que j'allais bien. Je devais apprendre qu'il avait jeté quelques doutes sur l'endroit où je logeais. Ma mère m'a dit qu'ils avaient cru que je pouvais être à Cincinnati, qui était la ville habituelle vers laquelle se dirigeaient ceux qui partaient de notre région. Ma lettre venant de la région de Louisville les a fait douter de leur théorie de l'Ohio.

Plus tard, j'ai dit à mes parents qu'ils ne savaient pas quel ami et soutien ils avaient en mon bien-aimé Brad. Une partie de l'orientation parentale et de la formation que j'ai acquises alors que j'étais encore adolescente ne venait pas de mes parents mais de mon futur mari, plus tard mon mari bien-aimé. Le syndrome de Stockholm, comme l'un de mes soi-disant amis divorcés et détestant les hommes a osé le suggérer une fois. Certainement pas! Ma relation avec cet homme merveilleux n'a jamais été que saine.

53

L'entretien D'embauche

J'ai senti que ma pratique de dactylographie s'était bien déroulée car j'avais terminé ma session de pratique à la bibliothèque avec un temps de soixante mots par minute, bien meilleur que je n'avais jamais fait en classe. Brad avait gardé le temps pour moi pendant que je faisais le test, et il ne m'a donné aucune pression. Sa voix gentille et douce appelant l'heure a été la seule interruption que j'ai eue pendant les tests, et je n'ai ressenti aucun stress avec lui. Ce n'était pas la même chose lors du test requis lors de mon entretien d'embauche le lendemain, sans que ce soit la faute de ceux qui m'ont interviewé, car ils ne m'ont vraiment mis aucune pression. Le stress fait partie de mon maquillage. Par conséquent, mon propre stress a coupé dix mots par minute de ma partition, mais le compagnie semblait assez contente de mes cinquante mots par minute.

Le premier entretien a eu lieu avec une compagnie d'assurance sur les rues Fourth et Main au centre-ville de Cincinnati. J'ai aimé la région. J'ai remarqué un certain nombre de stands vendant des sandwichs, de petits restaurants troués dans le mur et même un restaurant haut de gamme ou deux où je pouvais aller déjeuner les rares occasions où je mangerais au restaurant si je réussissais à trouver un emploi avec la compagnie d'assurance.

En prenant le bus jusqu'à l'adresse, j'ai également vu qu'un quartier qui m'était familier, Fountain Square, était à proximité, un endroit que Brad et moi avions visité lors de nos longues promenades du soir.

L'entretien à la compagnie d'assurance et les tests (dactylographie chronométrée, une combinaison de mathématiques et d'écriture, et un test à choix multiples, qui, je crois, a été compilé pour déterminer quelle serait la réaction d'un candidat à certaines situations) se sont plutôt bien déroulés. Je pensais que le test était extrêmement simple et j'ai décidé que je devais manquer le concept de ce qu'ils vraiment voulu, ce qui m'a fait peur un moment. Puis je me suis souvenu que j'avais deux autres possibilités d'emploi si je ne réussissais pas du premier coup. Cette pensée me calma. Je me souviens clairement des instructions pour la partie rédaction du test, me demandant d'écrire un court essai en quatre-vingts mots ou moins sur les raisons pour lesquelles je voulais le travail. Même si je n'ai aucun souvenir de l'essentiel de ce que j'ai écrit, je me souviens clairement de la partie « quatre-vingts mots ou moins » des instructions. Je m'étais demandé si je n'avais pas eu quatre-vingts mots dans ma raison. Combien de moins de quatre-vingts considéreraient-ils comme suffisants ? (Avez-vous remarqué que je suis peut-être un anxieux ?) Brad m'avait dit à plusieurs reprises : « Chérie, tu t'inquiètes trop.

J'ai écrit et réécrit le court essai trois fois avant d'en être satisfait. Il me restait encore beaucoup de temps. Lorsque j'ai été convaincu qu'il contenait suffisamment de mots, mais pas trop, j'ai décidé de l'utiliser. Mais en comptant à nouveau les mots, j'en serais plus sûr. (Il y a un nom pour ce genre de comportement.) J'avais exactement quatre-vingts mots ! Je l'ai recopié sur le formulaire de test et j'ai remis mon papier à l'intervieweur, qui venait de rentrer dans la salle. Nous étions deux dans la salle à passer le test ce jour-là, et on m'avait dit qu'il n'y avait qu'un seul poste à pourvoir. L'autre personne était toujours en train d'écrire. Cela m'a donné quelques soucis. Avais-je raté le concept après tout ?

Peu de temps après, j'ai été appelé dans le bureau de l'enquêteur. Il s'est assis sur une chaise à côté du bureau avec un étranger à son ancien siège derrière le bureau. Les deux messieurs se levèrent tandis que je prenais la chaise qu'on m'offrait. Le monsieur derrière le bureau s'est penché et a tendu la main en disant: «Mme. Gaylord », puis s'est présenté comme président de l'entreprise. Il a poursuivi : « J'aimerais vous proposer le poste de commis aux réclamations de la Southwest Indemnity Insurance Company, si vous le souhaitez. Pouvons-nous vous mettre sur la liste de paie?

J'étais aux anges ! Mon premier travail! Je ne pouvais pas attendre de rentrer à la maison pour le dire à ma bien-aimée. Je savais qu'il serait si heureux pour moi. Je n'ai plus vu l'autre interviewé. Peut-être qu'elle était encore là-bas en train d'écrire.

Le président de l'entreprise m'a ensuite emmenée dans un bureau attenant où plusieurs filles étaient assises à des postes de travail, et il m'a fait visiter. J'ai découvert plus tard que j'étais plus jeune que tous les autres. J'espérais que cela ne ferait pas de différence dans la façon dont ils me traiteraient. Il semblait qu'il y avait deux autres filles qui avaient la même classification professionnelle que la mienne. Une troisième femme était plus âgée, celle dont la plaque signalétique la mentionnait « superviseure des réclamations ». Elle a été présenté comme notre superviseur. Enfin, j'en ai rencontré une autre, dont le poste était standardiste/réceptionniste, et elle a été présentée comme quelqu'un qui « prendrait le relais » quand elle aurait du temps libre et que les filles auraient des surcharges. On m'a dit que cela devait arriver de temps en temps. "Parce que nous ne pouvons pas programmer la mort," expliqua-t-il.

Quoi? Je pensais.

Il a poursuivi en disant que j'aurais très probablement besoin de son aide jusqu'à ce que je sois au courant, qu'elle était toujours prête à aider et que je devais simplement lui demander quand j'avais besoin d'aide. J'ai vu une expression traverser son visage qui m'a dit qu'elle ne serait pas si consentante et espérait que je n'aurais jamais à demander. On m'a alors dit que je devais me présenter au travail le lundi suivant à huit heures du matin, mais il avait encore une question à poser. Perplexe, j'ai hoché la tête.

Il a demandé: "Aimez-vous le café?"

Je n'avais même jamais essayé le café, alors j'ai répondu : « Non ».

Il a répondu: "Vous devez apprendre au cours des prochains jours!" Il se retourna et entra dans son bureau.

Les filles avaient ri de sa déclaration, et j'ai dit: "Il plaisantait, n'est-ce pas? "

Ils ont expliqué que les lundis et vendredis, les agents venaient au bureau pour passer la journée et qu'ils apportaient toujours du café et des beignets avec eux, et ils ont dit aux nouvelles filles qu'elles ne tenteraient jamais le coup à Southwest tant qu'elles n'auraient pas appris à boire du café et ne jamais refuser un beignet ! Inutile de dire que j'y ai appris à boire du café, et à ce jour, pour moi, un beignet n'est rien avec une autre boisson mais merveilleux avec du café.

54

Une Chance De Grimper

Apprendre un nouvel emploi peut être assez accablant. Parfois, vous venez à croyez que vous ne pourrez jamais vous souvenir de toutes ces instructions, puis les choses commencent soudainement à se mettre en place. Maîtriser la terminologie est une grande partie de l'apprentissage d'un nouveau travail; parfois, vous sentez que les employés qui étaient là avant vous parlent une langue étrangère, mais progressivement, cela commence à cliquer aussi.

Comme je m'en doutais, j'ai eu très peu d'aide de la part de la réceptionniste, mais petit à petit, je l'ai juste eu et puis je l'ai fait. Je sentais que je faisais un travail décent et j'aimais énormément ce travail. Les agents avaient cessé de me taquiner et d'essayer de me convaincre que le noir était blanc, et dans l'ensemble, les choses semblaient bien se passer.

Pas au début, mais après avoir été à Southwest quelques mois, j'ai remarqué que notre grand patron (le président de l'entreprise) est sorti dans le bureau extérieur et, prenant place à un bureau inoccupé à l'arrière de notre l'espace, semblait m'observer. Cela m'a rendu nerveux. Cela s'est produit plusieurs fois dans les jours qui ont suivi, puis un jour, il m'a convoqué dans son bureau, ce qui a confirmé mes soupçons.

Admettant qu'il m'avait observé, il m'a demandé si je pensais que j'étais prêt à gravir les échelons de l'emploi. Cela m'effrayait car je commençais à peine à atteindre un certain niveau de confort, celui que j'avais presque désespéré d'atteindre un jour, et je n'étais pas sûr de vouloir entamer une autre lutte pour apprendre. Je lui ai demandé ce qu'il offrait, et il m'a dit superviseur des réclamations - moyennant une augmentation de salaire substantielle.

Nous avions actuellement une personne à ce poste, et quand j'ai demandé ce qui lui arrivait, il a dit qu'elle ne travaillerait plus pour l'entreprise. Ce n'était pas le choix de l'entreprise car elle était une excellente employée; qu'elle quittait pour rester à la maison pour s'occuper d'un parent vieillissant, mais qu'elle resterait assez longtemps pour me former. J'étais flatté, mais pour moi, prendre cette décision demanderait une certaine réflexion, et je le lui ai dit. J'avais besoin de parler à Brad car lui et moi étions également en train de faire nos propres projets qui étaient encore en suspens, à savoir, et je n'en ai pas parlé à mon patron, que nous prévoyions de nous marier dès que possible. comme il était libre, et jusqu'ici, cela ne s'était pas produit. Et puis nous avons eu envie de fonder notre famille.

Brad et moi avions beaucoup parlé de nos plans pour l'avenir, et même si Brad avait déjà trois enfants, nous voulions des enfants ensemble. Nous savions que dans ces années d'après-guerre, les femmes enceintes n'étaient autorisées à travailler que peu de temps après être tombées enceintes, et mon futur mari m'avait clairement fait savoir qu'il préférait que je ne travaille pas après que nous ayons eu des enfants, qu'ils soient originaires de notre union ou étaient ses enfants, dont il avait l'intention de demander la garde peu après notre mariage.

Sachant cela, est-ce que je voulais laisser mon patron, qui m'offrait cette belle opportunité si tôt dans ma carrière professionnelle, passer par tout le temps et les dépenses pour me former et me mettre en place et très probablement devoir tout traverser encore dans un futur proche quand j'y renoncerais pour devenir épouse et mère ?

Sans me demander de préciser les raisons de ma demande de délai pour prendre la décision, mon patron m'a demandé si une semaine suffirait. Il a dit qu'il était un peu pressé parce que l'employée qui partait devait partir dès que possible et il voulait qu'elle me forme. Je lui ai dit que je lui donnerais une réponse dans une semaine.

J'étais tellement fière d'avoir été choisie pour cette promotion, et j'avais hâte de rentrer à la maison pour la partager avec ma bien-aimée, même si je savais qu'il était très probable que je ne l'accepterais pas. Ce jour-là était le jour de paie, et à l'heure du déjeuner, alors que j'encaissais
Nous avions actuellement une personne à ce poste, et quand j'ai demandé ce qui lui arrivait, il a dit qu'elle ne travaillerait plus pour l'entreprise. Ce n'était pas le choix de l'entreprise car elle était une excellente employée; qu'elle quittait pour rester à la maison pour s'occuper d'un parent vieillissant, mais qu'elle resterait assez longtemps pour me former. J'étais flatté, mais pour moi, prendre cette décision demanderait une certaine réflexion, et je le lui ai dit. J'avais besoin de parler à Brad car lui et moi étions également en train de faire nos propres projets qui étaient encore en suspens, à savoir, et je n'en ai pas parlé à mon patron, que nous prévoyions de nous marier dès que possible. comme il était libre, et jusqu'ici, cela ne s'était pas produit. Et puis nous avons eu envie de fonder notre famille.

Brad et moi avions beaucoup parlé de nos plans pour l'avenir, et même si Brad avait déjà trois enfants, nous voulions des enfants ensemble. Nous savions que dans ces années d'après-guerre, les femmes enceintes n'étaient autorisées à travailler que peu de temps après être tombées enceintes, et mon futur mari m'avait clairement fait savoir qu'il préférait que je ne travaille pas après que nous ayons eu des enfants, qu'ils soient originaires de notre union ou étaient ses enfants, dont il avait l'intention de demander la garde peu après notre mariage.

Sachant cela, est-ce que je voulais laisser mon patron, qui m'offrait cette belle opportunité si tôt dans ma carrière professionnelle, passer par tout le temps et les dépenses pour me former et me mettre en place et très probablement devoir tout traverser encore dans un futur proche quand j'y renoncerais pour devenir épouse et mère ?

Sans me demander de préciser les raisons de ma demande de délai pour prendre la décision, mon patron m'a demandé si une semaine suffirait. Il a dit qu'il était un peu pressé parce que l'employée qui partait devait partir dès que possible et il voulait qu'elle me forme. Je lui ai dit que je lui donnerais une réponse dans une semaine.

J'étais tellement fière d'avoir été choisie pour cette promotion, et j'avais hâte de rentrer à la maison pour la partager avec ma bien-aimée, même si je savais qu'il était très probable que je ne l'accepterais pas. Ce jour-là était le jour de paie, et à l'heure du déjeuner, alors que j'encaissais mon chèque de paie, je me souvenais avoir pensé à quel point Brad et moi serions en mesure d'avancer plus rapidement avec le salaire beaucoup plus élevé que je gagnerais si j'acceptais la promotion offerte. Mais était-ce ce que je voulais ? Était-ce ce que Brad aurait voulu ?

55

Dépenser De L'argent

J'ai réalisé que j'étais une fois de plus à un carrefour de la vie, un peu comme quand au lycée, on m'a proposé et finalement refusé une bourse d'études valable et poursuivre mes études en échange de ce que je savais au fond de mon cœur était le seul choix que je pouvais faire. Je l'avais fait sans regarder en arrière. Certes, c'était une question de cœur, et la décision actuelle le serait également. C'était la chance offerte d'être la femme d'un homme merveilleux (je n'ai jamais eu aucune raison de penser qu'il était autre chose) et la mère de ses enfants. Cela vaudrait-il la peine de renoncer à ce bon travail? Bien sûr que ce serait le cas. Pourquoi le remettrais-je même en question ? je dois faire confiance à ce que je savoir actuellement être vrai et avoir confiance en Dieu pour l'avenir.

Alors que l'après-midi avançait, je pouvais à peine attendre la fin de ma journée de travail pour pouvoir rentrer chez moi donner de mes nouvelles et parler avec mon meilleur ami et futur mari de la décision que je pensais devoir prendre et obtenir son approbation. . Il s'est avéré qu'il m'a rencontré au travail et semblait être de bonne humeur comme s'il était également plein de nouvelles. Brad m'a suggéré de prendre l'argent que j'avais gagné cette semaine-là et d'aller faire du shopping.

"Pourquoi ne vous achetez-vous pas une belle robe, et puisque l'hiver sera bientôt là [c'était Halloween, le 31 octobre 1947], vous devriez vous acheter un manteau d'hiver." Il m'a également dit : « En descendant pour te rencontrer, j'ai vu un beau manteau dans la vitrine d'un grand magasin, et il t'irait bien. Il est vert et irait bien avec vos cheveux. En fait, allons-y, et je l'achèterai. Cela vous laissera plus d'argent pour d'autres choses dont vous avez besoin.

56

Les Questions D'argent

Brad ne semblait pas avoir beaucoup d'argent. Je le savais grâce à son chèque de paie, de l'argent a été envoyé à sa mère, qu'elle a remis à ses enfants. Il a payé le loyer de notre appartement et avait gardé et payé le loyer de l'appartement que j'avais pour moi pendant un mois après que j'ai emménagé dans le sien quand il l'avait rendu à notre propriétaire. Il s'était occupé de moi quand j'étais malade et jusqu'à ce que j'obtienne un emploi. Ensuite, j'ai commencé à acheter les produits d'épicerie et mes vêtements nécessaires pour le travail. Notre appartement était meublé, donc très peu d'achats y étaient nécessaires. Il m'avait acheté une petite radio et une machine à coudre à crédit (il m'a dit que c'était pour aider à renforcer sa cote de crédit car il pourrait en avoir besoin lorsque nous commencerions à construire notre maison et à la meubler plus tard). A part ça, nous avons très peu acheté. Il ne m'a jamais donné de raison de douter de ce qu'il faisait, mais je me demandais parfois, puisqu'il avait vendu ses entreprises, où était cet argent ? Il avait un petit fonds « sucrier » dans lequel il plaçait quelques factures chaque semaine, comme il dirait, « pour un jour de pluie ». Il n'était pas secret à ce sujet et s'est assuré que je savais où c'était, juste au cas où – mais juste au cas où ? Ne vous méprenez pas. Vivant avec lui, j'ai vu et manipulé plus d'argent que je n'en avais jamais vu dans ma vie, mais je n'avais pas non plus géré de ménage. Je ne connaissais rien à la gestion, et il m'a appris patiemment.

Le travail m'a exposé à des gens avec des modes de vie et des objectifs de vie différents. Beaucoup ont dépensé de l'argent un jour et espéraient que le lendemain prendrait soin de lui-même. Planifier d'avoir de l'argent pour le chemin de la vie était un concept étranger à beaucoup; par conséquent, leur philosophie semblait être "Nous irons au le cinéma aujourd'hui, la patinoire demain, et si on n'a pas l'argent pour s'acheter un manteau d'hiver quand il fait froid, on s'en souciera quand on aura froid ! Ces philosophies m'étaient toutes étrangères, mais moi, comme un enfant, je suis susceptible de vouloir ou de faire des choses que les autres veulent ou font et je m'en veux un peu de ne pas pouvoir dépenser librement quand j'ai de l'argent dans la main.

Un jour, alors que nous partions pour notre promenade habituelle, j'ai dit :

« Allons plutôt au cinéma. Il m'a demandé ce que je voulais voir. « Juste n'importe quoi », dis-je.

Il est resté silencieux pendant quelques instants et a demandé : « Chérie, n'es-tu pas contente de ce que nous faisons ? J'essaie d'économiser un peu pour qu'un jour, on ait quelque chose et qu'on puisse faire tout ce qu'on veut, mais en ce moment, on n'a pas les moyens de faire grand-chose, et aller au cinéma juste pour y aller n'est pas élevé sur ma liste comme quelque chose pour lequel dépenser de l'argent - de l'argent que nous ne pouvons pas nous permettre - afin de le faire.

Je n'avais pas l'habitude de me voir refuser quoi que ce soit de sa part, mais je n'avais pas demandé grand-chose non plus, alors j'ai dit avec ressentiment : « Qu'est-il arrivé à tout cet argent que vous avez obtenu en vendant vos entreprises ?

Après une longue pause, Brad dit calmement : « J'ai acheté une terre agricole vacante où nous pourrons construire une maison après notre mariage, et ma mère garde le reste pour que nous achetions ce dont nous aurons besoin pour la construire. Voulez-vous dépenser cela aussi ? »

J'avais tellement honte après m'être calmé. Je n'avais vraiment pas envie d'aller au cinéma. Je soupçonnais juste un peu qu'il essayait de m'empêcher de dépenser son argent ou qu'il ne voulait pas en dépenser pour moi. Après cela, il a été plutôt réservé pendant quelques jours.

Il pensait probablement que je commençais juste à être le genre d'épouse exigeante dont beaucoup de ses amis se plaignaient, alors qu'en réalité, je ne voulais pas vraiment être "comme les Jones" pas plus que lui !

J'en suis venu à apprécier hautement la grande capacité de mon âme sœur à gérer l'argent, à avoir ce dont nous avions besoin et plus encore. Il y avait des moments où ce n'était pas facile, mais il semblait toujours capable de s'en sortir quand cela semblait impossible. Un de nos fils a récemment déclaré : « Papa avait cette touche Midas ! Il l'a fait honnêtement, et son objectif pour le faire a toujours été de faire profiter sa famille.

Sa famille, du début à la fin, a été la chose la plus importante de sa vie. C'était un garçon de la campagne peu éduqué, partant de rien. Il a dit: "Premièrement, je désire avoir une femme qui m'aime et d'être marié, d'avoir une grande famille aimante, de pouvoir gagner décemment sa vie, de donner une bonne vie à ma famille et de vivre moi-même une bonne vie chrétienne comme exemple pour eux. C'est tout ce que j'ai toujours voulu. Faire des choses comme ça impliquant toute ma famille ensemble, c'est juste la cerise sur le gâteau !

Il avait tout cela et bien plus encore. J'ai cité ce qui précède de sa réponse à une question que lui a posée un journaliste du comté de Clermont, Ohio, après une émission familiale de ski nautique sur la rivière Ohio. La question qui lui a été posée était la suivante : "Avez-vous commencé à planifier votre vie pour faire cela [spectacles de ski nautique destinés à la famille] ?" Je n'ai jamais vu cette question et sa réponse apparaître dans le journal, mais sa réponse ce jour-là signifiait tellement pour moi que je l'ai notée sur un programme d'émission comme je m'en souvenais. Il résumait ses objectifs de vie.

57

Nouvelles Tant Attendues

Alors que nous marchions dans la rue vers le grand magasin qu'il avait indiqué, j'ai remarqué une voiture familière garée dans le stationnement des employés de la compagnie d'assurances où je travaillais; elle ressemblait remarquablement à la voiture de Brad, celle qu'il avait laissée à son frère dans le Kentucky. Plus loin examen, j'ai vu que c'était le cas ! Maintenant, j'étais vraiment perplexe.

À mon regard interrogateur, Brad hocha la tête et dit qu'il avait trouvé Daniel qui l'attendait en rentrant du travail et qu'il avait ramené la voiture de Brad du Kentucky avec de très bonnes nouvelles. Une lettre (qu'il a extraite de la poche de sa veste et qu'il m'a remise) était venue du tribunal de comté local de Brad dans le Kentucky, déclarant que la "demande de libération d'un mariage insatisfaisant par décret de divorce" avait été accordée. C'était tout ce que j'avais besoin de lire. C'était une très bonne et très attendue nouvelle !

Nous sommes montés dans la voiture et nous sommes restés assis là pendant, en fin de compte, un long moment pendant que je lui racontais les nouvelles que j'avais et ce que je pensais faire.

Tout ce dont j'avais besoin était son sceau d'approbation.

Sur ce, j'ai poursuivi en lui disant pourquoi, en toute bonne conscience, je ne pouvais pas accepter la promotion car je voulais ce que Brad faisait, à savoir être une mère au foyer alors que nous avions des enfants à charge. Je n'ai pas pu profiter de cette opportunité, et plus tard, lorsque nous avons eu les enfants, les siens ou l'un des nôtres, qui ont abandonné le travail et obligé l'entreprise à chercher à nouveau un autre pour combler ce poste. Ils avaient été trop bons avec moi.

Cependant, il m'a dit que je devais prendre cette décision seul, qu'il ne voudrait jamais avoir quoi que ce soit à dire dans une décision comme celle-là pour moi car si je devais regretter plus tard ce que j'ai choisi à sa demande, je lui en voudrais de son rôle. et peut-être le blâmer si cela s'est avéré mauvais pour moi.

J'avais tellement voulu qu'il me dise ce que je devais faire, mais il a tenu bon. Cependant, je pouvais dire par son doux sourire qu'il approuvait la décision que je lui avais dit être la seule que je sentais que je pouvais prendre. J'ai appris au cours de notre vie commune que lorsque survenaient des décisions qui pouvaient avoir un effet dramatique et qui me concernaient personnellement, il ne s'y mêlait pas. Il m'a également dit que la seule façon dont il prendrait mes décisions personnelles importantes pour moi serait si j'étais totalement et physiquement incapable de les prendre moi-même.

Lorsque nous avons terminé notre conversation, j'avais pris ma décision, et alors que nous quittions le parking, je pensais, *comme cet homme que je vais épouser est sage. s'avérant être.*

58

La Proposition

Nous sommes arrivés au grand magasin où Brad avait vu le manteau que il m'avait décrit. Il y avait dans sa vitrine le manteau vert, et je l'ai adoré à vue ! C'était de la laine vert forêt bordée de fausse fourrure de léopard. La bordure en fourrure commençait à l'encolure avant et faisait le tour du col montant de l'encolure, descendait sur le devant, autour du bas du manteau et remontait sur le devant de l'autre côté de l'ouverture jusqu'au point de départ, encerclant le tout le périmètre du vêtement. La garniture aux poignets était de la même empreinte animale.

Brad a acheté le manteau d'une beauté saisissante, puis nous nous sommes dirigés vers le département des vêtements pour femmes. Nous avons sélectionné plusieurs robes et jeté tout ce que nous avions sélectionné. Ceux que j'ai essayés ne correspondaient pas; Je n'avais toujours pas repris tout le poids que j'avais perdu pendant que j'étais malade. Ce qu'il avait approuvé à contrecœur et que j'avais essayé pendait à ma maigreur comme un sac. Je ne savais pas que j'avais perdu autant de poids, mais apparemment j'en avais perdu.

Brad semblait chercher quelque chose de spécial pour moi, quelque chose qui rendrait justice au beau manteau, a-t-il dit. Je lui ai donné la tête car rien de ce que je voyais ne m'attirait après les avoir essayés. Ne trouvant rien au magasin, nous avons déménagé dans un autre magasin et avons recommencé le processus. Cette fois cependant, Brad a semblé sentir qu'il avait trouvé celui qu'il aimerait que j'aie. C'était une robe en coton doux gris perle, à haut ajusté, à taille basse et à manches longues.

Il avait un faux col roulé avec des boutons dans le dos et une jupe plissée sur la taille basse. Je l'ai essayé, et ça me va. Le gris n'est pas une couleur que j'aurais choisie, mais j'ai bien aimé.

Puis il m'a acheté une paire d'escarpins en cuir noir à talon moyen et des bas en nylon avec coutures, une autre première (le nylon revenait juste après la guerre). Puis il a choisi et m'a acheté ma première paire de jeans, jamais ! Puis vinrent une jupe bleu marine et deux pulls basiques (l'un était rose). J'ai protesté ici car avec mes cheveux roux, la plupart des roses ne fonctionnaient pas. Il a insisté sur le fait qu'il était beau tenu près de mon visage. Le deuxième pull, à manches longues, était blanc. Ensuite, j'ai choisi et acheté plusieurs sous-vêtements. Brad est parti pendant que je choisissais ce dernier et a déclaré qu'il reviendrait tout de suite.

Il est revenu avec, entre toutes choses, une valise !

"Et pour quoi avons-nous besoin de ça?" J'ai demandé.

"Nous avons besoin de quelque chose pour transporter tout ce que nous avons acheté", a-t-il répondu, et il a chassé le vendeur qui avait commencé à emballer nos achats.

Il n'avait rien acheté pour lui-même. Quand je l'ai mentionné, il a dit qu'il avait des vêtements chez sa mère et qu'il n'en avait pas besoin. Avec tous nos achats bien rangés dans la valise, à l'exception du manteau que je portais car il commençait à faire froid, nous retournâmes à la voiture. Lorsque nous nous sommes installés et que nous avons mis le chauffage en marche, j'ai vu Brad regarder sa montre, alors je lui ai demandé l'heure.

Il a dit : « Il est six heures et quart. Si j'y avais pensé, j'aurais pu faire tomber Daniel moi-même.

Ce n'est qu'alors que je me suis souvenu de Daniel. "Où est-il?" J'ai demandé.

Il a répondu : « Je l'ai emmené à la gare et je l'ai renvoyé chez lui. Il a dit qu'il devait rentrer tôt demain matin. Maintenant, nous allons rentrer à la maison pour nous marier ! Oh, je suppose que je ferais mieux de demander. Veux-tu m'épouser?" Tu vois quel romantique était ma bien-aimée ? J'ai dit oui quand même.

Ce que j'ai vraiment dit, c'est : « Oui ! Oui! Oui!"

59

Une Escale Redoutée

Halloween était croustillant et froid sous une pleine lune de récolte. Le lecteur à Denton était rempli d'excitation pour moi, du moins pendant le temps où j'étais éveillé. En premier lieu, c'était la nuit des fantômes et des sorcières, nous avons vu de nombreux signes de supercherie d'Halloween tirés sur de nombreux sans méfiance.

propriétaire rural, celui qu'il a découvert lorsque la nature l'a appelé au milieu de la nuit. Des dépendances avaient été repoussées, et pire que cela, certaines avaient été déracinées et placées au milieu de la route principale de voyage de Cincinnati vers le sud sur ces routes montagneuses.

Lors du voyage à Denton, je pouvais à peine contenir mon excitation. Le voyage de plus de 250 miles a donné le temps (quand j'étais éveillé) de faire ce que nous aimions beaucoup faire - et c'était de parler et de partager nos rêves et nos ambitions (moi les rêves, et lui les ambitions). J'ai mentionné précédemment que lorsque nous avons parlé, la voix grave de Brad avec son accent du Sud était très apaisante. Je pouvais sentir la légère vibration dans son épaule de sa voix alors que je me blottissais contre lui. C'était tellement apaisant et j'étais tellement fatiguée par le travail de la journée. Toute l'excitation que la journée m'avait apportée me rendait si somnolent, et je m'endormis bientôt.

Je me suis réveillé, sentant que la voiture s'était arrêtée. Nous nous étions arrêtés sur le côté d'une rue qui m'avait d'abord semblé inconnue. Après avoir examiné plus en détail les points de repère, j'ai réalisé que nous étions au même endroit où nous nous étions arrêtés de très nombreuses fois. C'était l'endroit sur Main Street à Denton, près de la rue où j'avais vécu toutes mes années de jeunesse, l'endroit où il s'était arrêté pour me laisser sortir quand il m'avait ramené de l'école.

Mon bien-aimé m'a accueilli avec "Bonjour". En regardant autour de moi, je pouvais voir qu'il faisait encore nuit.

J'ai demandé : "Pourquoi on s'arrête ?"

Il m'a dit qu'il pensait que nous devrions aller dans nos maisons respectives, l'une des principales raisons étant d'essayer de reconstruire des clôtures avec mes parents et de leur faire part de nos projets. Son plan semblait judicieux, mais nul doute que ça allait être dur pour moi. De plus, il m'a demandé de le rencontrer au même endroit à neuf heures le lendemain matin, estimant qu'au cas où mes parents n'étaient pas prêts à lui parler, nous ne pousserions pas la question en faisant un possible arrivée chez mes parents.

Il est devenu évident que Brad avait fait quelques préparatifs à l'avance pour notre grand jour qui devait avoir lieu le lendemain, le 1er novembre 1947, sachant qu'ils recevraient mon approbation. Il a poursuivi en me disant que nous n'avions qu'à partir du moment où il est venu me chercher jusqu'à environ dix heures du matin pour gérer tout ce que nous avions à faire. Nous devions avoir un test sanguin approuvé avec son document de preuve d'accompagnement, qui était requis avant que nous puissions obtenir notre licence de mariage. Après le test sanguin dans une clinique de santé gérée par le comté de Denton pour obtenir notre licence, nous avons ensuite dû nous rendre au palais de justice de notre comté, à une certaine distance de Denton. Tout cela devait être fait pour se marier avant midi, car c'était l'heure de fermeture des bureaux du comté le samedi. Au mieux, les mécanismes d'une telle entreprise seraient difficiles à terminer dans le temps qui nous était imparti, mais parce que Brad voulait me laisser le temps de parler à mes parents après que mon père soit rentré du travail entre sept et sept heures et demie, cela nous a laissé peu de marge de manœuvre, et j'ai accepté d'être là à neuf heures ou avant.

Brad m'a tendu la valise. À ce moment-là, j'ai réalisé la raison de l'achat de cet article apparemment inutile !

Alors que je me dirigeais vers ma maison, il était maintenant près de onze heures du soir. Cela signifiait que papa serait déjà au travail, et

j'étais plutôt soulagé. (La désapprobation de mon père à mon égard a eu beaucoup plus d'impact que celle de ma mère. Je n'en connais pas la raison, à moins que son approbation soit plus difficile à obtenir.)

Je suis arrivé à la porte de la maison et j'ai vu une seule lumière allumée dans la maison, la chambre de mes parents. Ma mère a rapidement ouvert la porte, a poussé l'écran, et (jamais beaucoup sur l'action démonstrative, elle ne m'a pas serré dans ses bras) a dit: «Entrez. Content que vous ayez décidé de revenir. Mieux vaut monter et se coucher. Il est tard."

Je suppose que ça aurait pu être pire. Elle aurait pu m'enfermer !

60

Peur Du Matin

J'ai trouvé ma place habituelle dans la chambre pour cinq filles, remarquant mon lit partenaire avait changé. Ce devait être ma sœur de douze ans, Shar. Cela m'a fait plaisir. Shar s'est réveillée et, avec un petit couinement, m'a serré dans ses bras et a dit : « Je suis content que tu sois à la maison ! » Je l'ai encouragée à se rendormir et j'ai essayé de dormir moi-même. Je ne pense pas avoir beaucoup dormi car je redoutais le matin où je devrais affronter mes deux parents.

Tôt le lendemain matin, j'ai entendu une agitation qui indiquait que ma mère se préparait pour la journée, et comme je voulais avoir une idée de ce à quoi j'allais faire face quand papa rentrerait à la maison, je me suis dépêché de m'habiller et je suis descendu. En me voyant entrer dans la pièce, maman a demandé : « Qu'est-ce qui t'a finalement décidé à rentrer à la maison ?

Je lui ai dit qu'avec la situation avec Brad, comme avec son état civil, j'avais eu peur de venir. "Maintenant qu'il est libre de m'épouser, je voulais venir à..."

Être honnête! ma conscience a insisté.

« C'est Brad qui a pensé que je devrais rentrer à la maison et obtenir ta bénédiction et celle de papa avant de nous marier », lui ai-je dit.

"Tu veux l'épouser pour qu'il se retourne et te fasse la même chose qu'il a fait à sa première femme, c'est ça ?" elle a répondu.

« Maman, ce n'est pas du tout comme ça. Vous ne le connaissez tout simplement pas. Après l'avoir rencontré et lui avoir parlé, vous comprendrez ce que je veux dire ! Il a été ton meilleur allié dans tout ce qui s'est passé, l'ai-je suppliée.

« Parler n'est pas cher, et nous ne pouvons pas laisser cela vous arriver. Vous n'irez nulle part. Attendez juste que papa rentre à la maison ! s'exclama-t-elle.

Je ne voulais pas attendre que papa rentre à la maison, mais il me semblait que je n'avais pas le choix. Maman semblait bien décidée à m'empêcher de partir ; la porte d'entrée de la maison avait été verrouillée avec une clé passe-partout, et j'ai découvert que la clé avait été retirée de la porte. Il ne restait que la porte de derrière, où maman semblait veiller pour m'empêcher de sortir.

Je suis remonté là où mes sœurs s'agitaient, et elles étaient si contentes de me voir. Mais la peur pour moi semblait être leur plus grande émotion. Ils ont commencé à exprimer qu'ils pensaient que mes parents verraient que je ne quittais pas la maison même s'ils devaient m'enfermer, comme ils avaient entendu dire par papa. Je craignais que cela se produise déjà.

61

La Décision

Mon père est venu comme prévu, et j'ai pris du retard quand mes sœurs commencé en bas.

J'ai entendu papa grogner: "Eh bien, où est-elle?"

Après ce qui m'a semblé long, Dee est montée et m'a dit que papa voulait me parler. L'heure, j'ai vu sur l'horloge du salon, était 8 h 20. Aucun plaisir de me voir n'apparaissait sur le visage de mon père. En fait, il fronçait les sourcils. J'ai ressenti de la peur face à ce qui allait arriver alors que je m'asseyais à sa demande de lui faire face.

« Ta mère dit que tu as de grands projets pour aujourd'hui. Eh bien, ça n'arrivera pas ! grogna-t-il. « La dernière chose que ta mère et moi permettrons, c'est que tu épouses cet oiseau ! Autant en sortir les vêtements de ville et s'installer et oublier ça. Vous n'irez nulle part !

Il avait dit ce qu'il avait à dire, et il s'installa dans son coin dans son fauteuil à bascule avec un air renfrogné sur le visage qui ne laissait aucune place à la discussion.

J'ai regardé dans la pièce voisine où j'avais vu ma mère debout, écoutant juste un instant auparavant. Je suppose que je cherchais du soutien de sa part.

Elle n'était plus en vue. J'avais un tel sentiment de malaise et de naufrage, et je suppose que, comme un enfant cherche sa mère quand il est blessé, j'ai cherché la mienne, espérant qu'elle arrangerait les choses. Elle n'était nulle part en vue dans cette pièce ou dans la cuisine. Je me suis retourné et j'ai aperçu ma valise avec mon nouveau manteau drapé dessus dans le coin, où je les avais laissés, et ne pensant qu'à m'éloigner de l'horrible situation dans laquelle je me trouvais, j'ai attrapé mes affaires et couru à travers l'ouverture, déverrouillée porte dérobée et refait le même parcours que je avait suivi plus tôt cette année-là en mai, lorsque j'avais quitté la maison après ma scène fatidique de la soirée de remise des diplômes.

J'ai couru sans pause jusqu'à ce que je sois sûr que je n'étais pas suivi et que j'étais assez loin pour pouvoir atteindre Main Street, puis revenir en arrière pour arriver au point de la rue où Brad était censé me rencontrer. J'ai vu une horloge sur la berge en sortant sur Main Street et j'ai réalisé qu'il était déjà onze heures moins le quart, bien trop tard pour poursuivre nos plans. Mes sœurs m'ont dit plus tard que Brad était passé plusieurs fois devant notre maison en voiture, et mes parents, remarquant qu'ils regardaient nerveusement à travers les fenêtres, leur ont fait s'asseoir et rester à l'écart des fenêtres et de « le laisser s'inquiéter autant qu'il veut ». à." De plus, ils m'ont dit qu'aucun d'eux ne savait que j'étais parti depuis un moment ; ils pensaient que j'étais à l'étage dans la chambre.

62

Joyeuses Retrouvailles

J'étais un peu mieux préparé cette fois qu'en mai. En réalité, j'avais beaucoup mûri. J'avais de l'argent et je ne dépendais pas d'un taxi qui passait par là ; Je suis allé directement à une station de taxis et j'ai demandé à être emmené à Sunfish. j'ai eu décidé d'aller là où je savais que je pourrais trouver Brad était le bon choix, et c'est là qu'il restait, chez sa mère. Le taxi m'a coûté trois dollars cette fois. Aussi mature que je pensais l'être, je ne connaissais pas le pourboire, je suppose, et je ne lui ai payé que trois dollars.

Ma est venue à ma rencontre en me voyant sortir du taxi. Elle était plutôt énervée et m'a dit que Brad était parti depuis un moment. Il était allé en ville pour me rencontrer et s'était demandé : « Avez-vous tous croisé vos fils ? Secouant la tête, je lui ai brièvement expliqué la situation et elle m'a demandé si elle pouvait me préparer quelque chose à manger. (Il semble que nous, du Sud, pensons toujours que la nourriture est la réponse à tous les problèmes.) Je lui ai dit que je ne voulais rien car j'étais trop nerveux pour manger. Elle se demanda pourquoi Brad n'était pas revenu après avoir été incapable de me trouver. Je ne pouvais qu'imaginer à quel point il était inquiet quand je ne me montrais pas, et je savais que forcer le problème avec mes parents n'aurait pas été sa première action pour résoudre le problème. Moi aussi je me demandais si j'avais quitté Denton trop tôt. Il attendait peut-être encore pour moi.

Soudain, Ma dit : « Le voici. Va dans la pièce du fond !"

Je suis allé dans une chambre qui rejoignait la cuisine, et elle a rapidement attrapé ma valise et l'a poussée après moi et a fermé la porte. Presque aussitôt, elle rouvrit la porte et jeta mon manteau sur la malle à côté du lit j'étais assis dessus. Cette fois, elle ne ferma que partiellement la porte. Je l'ai entendu entrer dans la cuisine et sa mère lui a demandé ce qui s'était passé.

D'une voix très inquiète et découragée, il a répondu : « Maman, ils doivent l'enfermer. Elle n'est pas venue, et je sais qu'elle serait venue si elle avait pu ! Je passais devant sa maison encore et encore, et je n'ai vu personne, pas même aucune de ses sœurs, et je savais que je n'avais pas le droit de m'approcher et d'exiger qu'ils la laissent sortir ! Je ne sais pas quoi faire.

J'ai entendu sa mère dire tranquillement d'une voix très apaisante : « Nous trouverons quelque chose. D'abord, va dans la chambre là-bas et apporte-moi ce seau de pommes. Je dois commencer par eux.

La porte de la chambre où je me trouvais s'est ouverte, et avant de me voir, mon bien-aimé a vu mon manteau. Avec une forte inspiration, il s'est retourné et m'a vu, et je suis entré dans ses bras ouverts. Nous nous sommes juste tenus l'un l'autre pendant un moment car c'était un si grand soulagement pour nous d'être de nouveau ensemble en toute sécurité et d'être dans les bras l'un de l'autre ! J'ouvris enfin les yeux pour voir le visage souriant de sa mère qui nous regardait les larmes aux yeux. C'est alors que j'ai réalisé que Brad et moi étions également en larmes.

63

De Retour Dans Les Carrington Folds

Il était beaucoup trop tard pour poursuivre nos projets de mariage ce jour-là, et le gros problème était de savoir quoi faire de moi pour la nuit. Pour des raisons de bienséance, il n'y avait aucun moyen que la future mariée et le futur marié puissent partager les mêmes quartiers sans être mariés, alors la famille Carrington a entrepris de le rendre convenable et de me trouver un logement. Le frère de Brad, Daniel, qui était alors rentré à la maison, fut envoyé chercher une de leurs sœurs, Theresa, une favorite de Brad, qui vivait à Denton et que je n'avais pas encore rencontrée. J'avais rencontré les trois sœurs cadettes ; deux d'entre eux, Treena et Nancy, que j'avais rencontrés dans son restaurant plus tôt dans l'année. La plus jeune, Dolores, avait environ douze ans et vivait à la maison. Cela laissait deux frères - Nolan, le plus jeune à quatorze ans, et un plus âgé, Terrell, juste quelques années plus jeune que Brad, qui, après son retour de l'armée, a vécu à Cincinnati.

Quand Theresa est arrivée, je l'ai tout de suite aimée. La meilleure façon de la décrire est qu'elle était la personne la plus douce et la plus douce que j'aie jamais rencontrée (à part son frère, celui avec qui je prévoyais d'être pour la vie). Plus tard, nous devions réaliser que nous avions la chance d'avoir une fille comme Theresa, notre douce Kaylene.

Theresa a résolu notre problème pour nous. Elle avait une chambre supplémentaire et serait heureuse d'avoir un invité pour les deux prochaines nuits, réalisant qu'ayant raté nos chances le samedi, le lundi était le plus tôt possible pour nous marier.

Plus tard dans la journée, j'ai de nouveau dû quitter Brad, même si je ne doutais pas que nous serions réunis. Nous avons passé l'après-midi ensemble. Brad était appréciant d'être réuni avec sa famille, et j'appréciais d'être avec lui et d'apprendre à connaître la famille Carrington. J'ai appris qu'ils savaient vraiment comment préparer un festin, et manger étant l'une de mes activités préférées, j'étais au paradis du porc. (Plus tard, après que Brad et moi nous soyons mariés, sa mère a passé beaucoup de temps à essayer de me faire grossir pour que je ne ressemble pas à un "geai choisi" - ses mots !)

Ce jour-là, j'ai rencontré son père, qui passait du temps loin de chez lui et de son lieu de travail habituel dans un placement temporaire, mais il était à la maison pour le week-end.

Brad m'avait préparé à rencontrer son père en disant : « Mon père est une personne très calme et il ne vous dira probablement que très peu de choses. S'il vous plaît, n'ayez pas l'impression qu'il ne vous aime pas, car il se peut qu'il ne vous parle pas du tout. Il est parfois très timide avec les étrangers, surtout les femmes.

Qu'est-ce qu'il avait tort ! Son père, Paul Carrington, s'est immédiatement glissé et a placé une chaise à côté de lui, en disant : « Asseyez-vous ici et faites comme chez vous. Passez Rachel le pain de maïs. Vous aimez le beurre de baratte maison ? Tiens, prends un peu de ça.

Avant la fin de ce repas, il était sûr que j'aimais tous ses plats préférés, et dans les repas à venir, c'était ma place à sa table, et il s'est assuré de me passer ses plats préférés tout en me déclarant : « Je suis content qu'ils soient tes préférées aussi !"

Depuis ce jour, je l'aimais beaucoup.

64

Anneau De Cloches De Mariage

3 novembre 1947, le jour de notre mariage tant attendu, m'a trouvé levé tôt et attend avec impatience l'arrivée de Brad. Je ne pouvais pas attendre. Je n'avais mentionné à personne que je craignais que mon père n'apparaisse soudainement et ne me ramène à la maison, empêchant ainsi notre mariage d'avoir lieu. Nous avions appris au cours du week-end que la loi du Kentucky empêchait les personnes de moins de dix-huit ans de se marier sans autorisation parentale, et comme je n'avais que dix-sept ans, je pouvais éventuellement me heurter à cette restriction. Brad avait appris que l'un des trois comtés qui composaient la ville de Denton pourrait suivre cette règle plus strictement qu'un autre. La rumeur disait qu'il était plus facile dans un comté de contourner cette disposition. Depuis que j'étais mineur et pas moyen si mes parents allaient donner la permission, nous avons choisi ce comté.

Cependant, ce n'était pas le jour où notre comté choisi devait être indulgent et ils nous ont dit de revenir avec mes parents. Cependant, le greffier du comté nous a donné des informations utiles. Il a dit qu'il avait entendu de bonne source que l'un des autres comtés contournerait cette règle si le couple avait des témoins qui signeraient certains papiers pour le couple. Nous sommes retournés chez Theresa, et elle et son mari Bob ont accepté d'aller comme témoins.

Nous avons réussi dans le deuxième comté et nous nous sommes mariés par un juge de paix. Quelle joie ! Je commençais à penser que cela n'arriverait jamais. Nous sommes retournés à Ma's et avons découvert que Brad avait demandé à son frère d'aller ramener ses deux enfants plus âgés, et il les avait amenés à Ma's pour célébrer avec nous. Nous les avons emmenés faire un tour dans notre voiture, qui avait alors été décoré de banderoles ; quelques boîtes de conserve et de vieilles chaussures étaient attachées au pare-chocs. Plus tard, nous avons découvert que les enfants s'en souvenaient comme s'ils étaient allés à notre mariage ! Nous l'avons appris lors de notre cinquantième anniversaire de mariage lorsque les enfants, métaphoriquement, nous portaient un toast et parlaient de bon nombre de leurs souvenirs spéciaux. À ce moment-là, notre douce Kaylene a dit qu'elle s'était sentie si spéciale qu'elle pouvait aller à notre mariage et s'est souvenue qu'elle pensait que sa nouvelle mère était "la plus jolie femme qu'elle ait jamais vue avec de longs cheveux roux dans une jolie robe, avec la plus belle manteau vert dans le monde !

65

Célébration Après Le Mariage

Comme c'était la coutume dans les collines du Kentucky, nous nous étions retirés dans notre lit le notre nuit de noces quand nous avons soudainement pris conscience d'un bruit horrible comme des casseroles métalliques cognées ensemble et d'autres bruits de claquement très forts accompagnés de rires rauques, de sifflements et de voix fortes venant de l'avant de la maison. (Heureusement, Brad m'avait prévenu que cela arriverait.) Il m'avait dit qu'il y aurait plus que du bruit et qu'il était de coutume que les jeunes mariés soient traînés hors du lit. Donc, étant prévenus, nous nous étions mis au lit entièrement habillés, et nous n'avions pas à attendre longtemps avant que le chaos ne s'installe à l'intérieur. Un groupe de ses amis et voisins s'était réuni, et soudain, nous avons regardé les visages de plusieurs d'entre eux autour de notre lit ! Cette cérémonie est connue dans les collines sous le nom de chivaree. La cérémonie n'excluait pas les femmes de la communauté car elles étaient là aussi pour s'amuser. Ils avaient apporté des pâtisseries et des collations ainsi que des boissons. Il n'était pas rare de voir des contenants d'une demi-pinte coincés dans les poches arrière de certains des hommes, et quelques pots d'un quart d'un liquide clair sont également apparus. Cette coutume comprenait également des procédures concoctées pour rendre la consommation des vœux de mariage, pour le dire délicatement, un peu inconfortable ! Dans cette procédure, le marié devait monter sur un rail, généralement une bûche transportée entre deux hommes avec un peu de rebondissement, ce qui rendait la bûche difficile. La mariée est rebondie dans une bassine en métal. Même ainsi, ils m'ont traité avec plus de douceur que certains que j'ai vus depuis. (Ils avaient peur de blesser cette petite fille de la ville !)

Mais ils m'ont fait mal... mais pas à cause du rebond. Alors qu'ils prenaient la baignoire dans laquelle j'étais, l'une des poignées a attrapé mon petit doigt entre la poignée et la baignoire. Il y avait tellement de réjouissances bruyantes qu'ils n'ont pas entendu mon cri. J'ai finalement attiré leur attention en pinçant fort le bras de l'homme qui se trouvait de l'autre côté de la baignoire, pointant et faisant signe, communiquant ainsi le problème. Toujours à peu près au même moment, des coups de feu ont été tirés en l'air et Brad a été touché à l'oreille par une balle provenant de l'un des coups de feu. Il n'a subi aucun dommage permanent, mais pendant un certain temps, il n'a pas pu entendre de cette oreille. Nous étions les blessés ambulants alors que nous regagnions notre lit de noces plus tard dans la nuit.

66

Le Retour En Ohio

Le matin du 4 novembre s'est levé lumineux et ensoleillé avec une promesse de la chaleur qu'apporte souvent l'été indien. Nous étions de bonne humeur alors que nous rentrions chez nous à Cincinnati. Nous avions quitté la maison des parents de Brad peu après le petit déjeuner, promettant de revenir dans quelques semaines pour Thanksgiving. Ça avait été un super week-end, et j'étais tellement contente de la grande famille qui était maintenant la mienne aussi !

Cela m'a fait penser à la grande différence entre la famille que j'avais comparée à la famille de Brad et la façon dont sa famille m'avait accepté, même s'il était douteux que ma famille l'accepte un jour.

En pensant à cela, j'ai dit : « Je suis tellement désolé que les choses se soient passées comme elles l'ont fait avec ma famille. S'ils pouvaient juste réaliser à quel point tu es bon pour moi ! Il a répondu: «Je pensais aussi à votre famille et je voulais vous demander si vous envisageriez simplement de leur donner un autre essai. Tu n'as pas à avoir peur qu'ils essaient de t'empêcher de partir, car en tant que ton mari, j'ai un droit légal de vous emmener avec moi.

Puisqu'il avait quelque peu apaisé mes craintes, j'avais hâte d'essayer à nouveau de faire la paix avec mes parents. Lorsque nous sommes arrivés chez eux à Denton, je suis allé seul à la porte, car nous pensions que c'était la meilleure méthode.

Mon père était assis dans son coin du salon, fumant comme d'habitude. J'ai aperçu ma mère quittant rapidement la pièce alors que je me dirigeais vers la porte. Mon père m'a invité à entrer quand j'ai frappé à la porte moustiquaire (la porte intérieure était ouverte). Je lui ai dit que j'étais marié depuis la veille et que nous étions en route pour Cincinnati, où nous avions un appartement et des emplois. Mais je lui ai dit que je n'avais pas voulu y retourner sans lui avoir donné, ainsi qu'à maman, l'occasion de rencontrer et de connaître mon mari. Papa ne l'avait jamais rencontré.

Il a continué à s'asseoir, ne faisant absolument aucune indication qu'il m'entendait car son visage figé et sans sourire n'a pas changé.

J'ai commencé à être un peu en colère car j'avais fait tous les efforts que je savais pouvoir faire, sans aucune réponse de sa part, et j'ai dit :

« D'accord, si c'est comme ça que tu veux, ça va être comme ça. Si vous ne voulez pas accepter mon mari - l'un des hommes les plus gentils et les plus gentils que vous ayez jamais rencontrés, celui qui s'est si bien occupé de moi et a été si sérieusement empathique envers vous et maman concernant votre inquiétude à propos de mon départ de la maison comme je l'ai fait, alors tu pourras m'oublier aussi car je ne reviendrai pas. Sur ce, j'ai ouvert la porte et j'ai commencé à partir.

Je n'avais pas complètement franchi la porte lorsqu'il prononça ses premiers mots. "Eh bien, quand vais-je rencontrer votre mari?"

"En ce moment si tu veux," répondis-je. Sur ce, je suis allé à la voiture et j'ai dit: "Il dit qu'il veut te rencontrer!"

Brad m'a suivi dans la maison, et immédiatement, mon père s'est levé et a tendu la main. Brad l'a secoué et a dit : « Brad Carrington. Ravi de vous rencontrer."

Brad et mon père ont parlé pendant un moment de choses telles que leur travail. Papa était ravi de découvrir que Brad avait aussi un emploi dans le chemin de fer. Avant le départ de Brad, mon père le traitait comme s'il était une connaissance appréciée. J'étais tellement contente que papa l'ait accueilli, et il semblait que papa l'aimait depuis ce jour. Maman ne l'a rencontré (elle l'avait revu au début du printemps mais n'était pas au courant de son identité) jusqu'à plusieurs semaines plus tard, à Thanksgiving, lorsque nous nous sommes arrêtés pour une collation de restes de dinde avec eux avant de retourner à Cincinnati. C'était notre deuxième visite à Denton en tant que couple marié. Lors de cette visite, ma mère est tombée sous le charme de mon beau mari, et cette relation spéciale a duré jusqu'à la mort de ma mère en 1989.

67

Le Retard

Un mardi après le jour de notre mariage et notre courte visite avec monpère à Denton, nous retournions à Cincinnati, et je me suis soudain souvenu de nos emplois ! Nous avions tous les deux quitté Cincinnati dans le sens de retourner à notre travail lundi. C'était mardi, et nous ne reviendrions pas le travail jusqu'à mercredi, ayant manqué deux jours. J'ai supposé appeler pour signaler nos absences à l'époque, car maintenant aurait été la bonne façon de gérer cette situation. Nous ne l'avions pas fait tous les deux, et honnêtement, mon travail ne m'était jamais venu à l'esprit. Dans l'état actuel des choses, nous n'aurions qu'à tenter notre chance pour qu'ils nous ramènent.

Le mercredi matin, je suis allé tôt sur mon lieu de travail car je savais que mon patron était toujours en avance. Je l'ai trouvé assis dans la salle à café avec une tasse de café travaillant sur un dossier. Il a levé les yeux quand je suis entré et a dit: "Alors vous avez décidé de nous faire la grâce d'une visite, hein?"

Il va me virer à coup sûr , pensai-je. J'ai commencé par "Je me suis marié lundi, mais le mariage devait être samedi. Je lui racontai toute l'histoire, admettant même que je n'avais même pas pensé au travail juste avant de retourner à Cincinnati.

Il sembla s'asseoir et réfléchir à ce que je lui avais dit un peu plus longtemps que prévu, et j'espérais que cela ne signifiait pas qu'il n'approuvait pas mon absence et que je n'avais plus de travail. Alors il s'est mis à rire de tout ! Il a dit que c'était la première fois qu'il obtenait cette excuse d'un employé qui était en retard au travail. Perplexe, je lui ai dit : « Je ne suis pas en retard. Je n'étais pas au travail lundi et mardi, et je n'ai avisé personne de ne pas Attends moi. Je ne sais pas si s'absenter pour se marier est excusable, mais je soupçonne que si un employé n'avise pas un employeur d'une absence planifiée de quelque nature que ce soit au plus tard le jour de l'absence en cas d'urgence, l'absence est inexcusable."

"Vous avez raison dans le résumé que vous avez présenté, mais voici comment je le vois. Notre politique ici est de donner aux jeunes mariés deux jours de salaire comme cadeau de mariage, et si le mariage a lieu un jour ouvrable et que l'employé est absent pendant les deux jours, il n'est pas amarré pour le moment car c'est le montant qu'il recevrait comme cadeau de mariage, et l'absence n'est pas comptabilisée. Dans votre cas, vous avez été en congé pendant deux jours et votre raison était votre mariage, donc deux jours de salaire et aucune absence. Cependant, parce que vous avez tardé à déclarer votre mariage, cela passe pour un retard - un retard excusé - parce que la raison, le fait d'être parti pour se marier, est une excuse légitime pour ne pas être présent. Maintenant, sortez d'ici avant que je ne change d'avis. Au fait, Rachel Pervenche, la prochaine fois que tu te marieras, dis-le à quelqu'un… avant le mariage !

Oh, comment s'est-il souvenu de mon horrible deuxième prénom ? Je ne voulais même pas m'en souvenir moi-même ! Cependant, le scintillement dans ses yeux était tout ce dont j'avais besoin pour me rassurer. Je voulais répondre à la partie « la prochaine fois » de son avertissement par : « Cela n'arrivera jamais ! »

68

La Promotion

J'ai attendu la fin de la semaine que mon patron m'avait donnée pour lui donner ma décision concernant la promotion qu'il m'avait offerte plus tôt. Lorsque j'ai expliqué la raison de mon refus, il a indiqué que même s'il était déçu que je n'accepte pas le poste, il comprenait et j'ai apprécié la raison pour laquelle je l'ai refusé.

Il a poursuivi en me disant que quelques années auparavant, sa propre femme s'était vu offrir une promotion dans le poste qu'elle occupait à l'époque. Pour les mêmes raisons, elle avait refusé, et sa famille d'abord, elle n'avait pas travaillé depuis plus de vingt ans. Enfin, elle a réintégré le marché du travail. Elle pourrait alors consacrer le temps et les efforts nécessaires au travail sans partager son temps et son attention entre le travail et la famille. Il a indiqué qu'il estimait que leurs enfants en avaient bénéficié. Puis, lorsqu'elle a décidé qu'elle était prête à travailler, elle a suivi des cours de recyclage et s'est tenue au courant de l'actualité et des tendances, donc travailler à nouveau n'a pas nécessité d'ajustement majeur.

"Mais en attendant, tu vas rester encore combien de temps ?" Il a demandé. Je lui ai dit que je resterais probablement au moins pendant l'hiver parce que nous retournions dans le Kentucky et prévoyions de construire une maison, et nous attendrions que le temps soit plus chaud pour commencer le processus. Il a convenu qu'un préavis de deux semaines serait largement suffisant pour annoncer mon départ.

Personne dans notre bureau ne s'est vu offrir la promotion que j'ai refusée; il a été rempli par un travailleur expérimenté plus âgé d'une autre compagnie d'assurance.

69

Incertitude Future

Lorsque Brad était venu pour la première fois à Cincinnati, il avait pris un emploi chez un chemin de fer en tant que manutentionnaire de marchandises. Ce n'était pas le type d'emploi qu'il voulait garder pendant toutes ses années de travail, mais à l'époque, il payait les factures.

Son rêve était de trouver du travail dans le Kentucky et d'y élever ses enfants, mais il n'y avait toujours pas beaucoup de travail disponible dans ces régions. Par conséquent, ce qui s'est passé au cours des deux prochaines années dicterait ce que nous devions faire. À cette époque, trouver un emploi dans le Kentucky semblait de plus en plus prometteur. Les rumeurs circulaient selon lesquelles plusieurs compagnies charbonnières préparaient le terrain pour déplacer leurs opérations dans les contreforts de la région entourant Denton, et l'économie s'améliorait lentement. Le frère de Brad, Daniel, nous pressait de rentrer dans le Kentucky, et Brad y réfléchissait sérieusement mais s'est toujours retenu de renoncer à son travail.

Sachant comment Brad pensait et planifiait, je savais qu'il serait certain qu'il y aurait des opportunités d'emploi avant de prendre des participations dans l'Ohio et de déménager au Kentucky. Ensuite, il travaillerait à me convaincre, et cela ne demanderait que très peu d'efforts. C'était ainsi que travaillait mon bien-aimé, il savait à quel point j'avais peur du changement. En raison de ma réticence à entrer dans le futur sans crainte, il a ouvert la voie en vérifiant tous les angles et en m'encourageant à faire ces plongeons vraiment effrayants main dans la main avec lui. Il ne m'a jamais laissé tomber.

Jusque-là, il est resté avec le chemin de fer. Après son retour de l'absence pour notre week-end de mariage prolongé, la raison de son absence au travail a été acceptée, mais pas avec les bonus surprises de mon « retard » approuvé.

70

Thanksgiving Numéro Un

Quelques semaines après notre mariage, Brad et moi sommes retournés à Denton pour Action de grâces. J'avais hâte de revoir sa famille et d'emmener mon nouveau mari chez maman et papa pour qu'il rencontre les reste de mes soeurs et frères. Nous devions y aller pour les restes de dinde le lendemain de Thanksgiving. Maman avait écrit une lettre nous demandant de venir pour Thanksgiving, mais comme nous avions déjà prévu d'aller chez Brad, j'ai proposé que nous venions le lendemain pour les restes. Maman a gracieusement accepté et semblait très contente que nous venions le lendemain.

Nous sommes partis juste après le travail le mercredi soir pour aller dans le Kentucky pour les vacances. Lorsque nous sommes arrivés chez la mère de Brad, tout le monde était au lit, ce à quoi nous nous attendions puisqu'il était assez tard. Entrant dans la maison par la cuisine, les arômes résiduels du repas du soir servirent rapidement à nous rappeler que nous n'avions pas mangé depuis notre repas de midi.

Brad m'a fait un clin d'œil et m'a dit : « Tu veux que je te prépare mon plat préféré, celui qui m'a tant manqué quand j'étais dans la marine ?

Pensant qu'un repas comme celui-là prendrait trop de temps à préparer, j'ai dit: "Peut-être une autre fois."

Il a dit : « Je vais m'en réparer un. Autant en faire deux. "Oh d'accord. Allez-y, ai-je accepté.

Quelques minutes plus tard, Brad est revenu avec un grand bol de service rempli d'un liquide grumeleux et de deux cuillères. En y regardant de plus près, j'ai reconnu le contenu du bol : du pain de maïs et du lait ! J'ai adoré le pain de maïs et le lait! Nous avons fait une courte commande de la délicieuse concoction. je pouvais le voir était ravi que j'aie aimé l'un de ses en-cas préférés, et le manger ensemble dans le même bol le rendait encore plus spécial.

Notre Thanksgiving avec la famille de Brad était merveilleux. Jusqu'à présent, toute sa famille semblait m'avoir acceptée dans la famille Carrington avec amour. La grand-mère de Brad, Maggie Kennedy Minton, était là, et j'ai pu voir où la mère de Brad, Alene, est venue par sa façon franche et directe de parler. Sa grand-mère avait mis le moule. Elle l'a dit comme ça.

Cela était encore plus évident plus tard dans notre mariage après que nous ayons fondé notre famille ensemble. L'incident dont je me souviens qui m'a blessé et embarrassé était une remarque que sa grand-mère n'avait faite à personne en particulier mais à l'assemblée en général. Brad et moi venions de franchir la porte de la maison de Ma avec notre petite Margene de six semaines. Grand-mère Minton ne m'avait pas vu depuis la naissance du bébé, mais on lui avait dit que je n'allaitais pas mon bébé. Désapprouvant fortement ce choix même si elle savait que la raison en était que je n'avais pas assez de lait pour le bébé, elle a fait remarquer : « Vous ne pouvez pas me dire qu'elle n'a pas assez de lait avec des seins aussi gros ! Je suis certain que mon visage rouge montrait clairement mon extrême embarras ; en fait, j'étais tellement gêné que je voulais partir.

Brad a mis son bras autour de moi et m'a tiré plus près et a dit: «Elle dit exactement ce qu'elle pense. Ne laissez pas cela vous déranger. Elle ne veut pas te faire de mal !

Même si elle me faisait peur, j'avais l'impression qu'elle m'appréciait toujours. La nourriture préparée par Ma était délicieuse et abondante. Elle avait l'habituel Dinde de Thanksgiving et garnitures comme j'en avais l'habitude en grandissant. Elle n'avait pas la vinaigrette aux châtaignes que maman préparait toujours, mais elle et la vinaigrette de maman étaient du type pain de maïs à la sauge – celle de maman moins les châtaignes.

La présentation de maman de ses repas de vacances était juste un peu plus sophistiquée que celle de maman. Ma's était tout simplement un pays agricole avec une variété de légumes, une plus grande variété que celle offerte par maman. Maman a préparé une salade de pommes de terre froide ; Ma's était de la variété chaude.

Ma avait une variété de tartes et de gâteaux; Maman avait des gâteaux, et l'un de ses habitués pour Thanksgiving était un gâteau aux fruits maison qu'elle préparait chaque année. Ma avait un gâteau à la mélasse. Maman a gardé ce gâteau spécial pour le dîner de Noël. (Il a été fait juste avant Thanksgiving et vieilli jusqu'à Noël et était l'un des préférés de tous. S'il pouvait s'en sortir sans que maman ne l'attrape, papa l'ajouterait au rhum pendant qu'il vieillirait !)

Il serait extrêmement difficile de déterminer quel dîner était le meilleur; Ma et Mama étaient d'excellentes cuisinières !

Il s'est avéré que Brad et moi avons eu deux délicieux dîners de Thanksgiving complets la première année de notre mariage; Ma lui a servi le dîner à midi, et celui de maman était vers quatre heures et demie, tous deux le jour de Thanksgiving ! Pas de restes pour nous; les deux étaient le repas de famille pour la saison de Thanksgiving. Nous étions contents de ne pas avoir à retourner à Cincinnati ce soir-là. Cela aurait été une conduite inconfortable avec des estomacs aussi pleins.

71

Premier Hiver

Hiver 1947-1948 a été une expérience merveilleuse pour Brad et moi .

C'était notre premier hiver en tant que mari et femme. Même si nous étions ensemble depuis juillet, nous semblions expérimenter constamment de nouvelles choses et savourer tout ce que nous faisions ensemble de nouveau. Nous avons fait du patin à roulettes plusieurs fois cet hiver-là, et Brad m'a appris à faire plus que simplement avancer… une fois que j'ai surmonté ma peur de tomber. Pour apprendre à faire des routines de patinage, je devais apprendre qu'il devait y avoir des chutes et que le sol montait vite et fort. Brad a finalement eu un partenaire de patinage - pas aussi bon qu'il en avait l'habitude avec certaines des jeunes filles avec lesquelles il a patiné à Francfort, mais il avait l'air content de moi.

Lorsque nous sortions et que nous ne patinions pas ou ne marchions pas (nous marchions moins que la normale car il faisait très froid cet hiver-là), nous allions au cinéma à l'occasion. Nous avons vu Autant en emporte le vent, Noël blanc et d'autres films dont je ne me souviens pas des noms. Nous n'avions pas de télévision, qui était le passe-temps que la plupart des gens semblaient apprécier pendant les mois ternes de froid. Les téléviseurs commençaient tout juste à apparaître dans les magasins, mais peu en avaient chez eux. Nous préférions toujours rester assis ou marcher (si le temps le permettait) et parler plus que toute autre activité que nous pouvions faire, et le week-end et le soir après le travail, nous passions de nombreuses heures à faire exactement cela.

Notre premier Noël ensemble a été mémorable. Nous n'avons pas décoré pour Noël car nous allions au Kentucky pour passer Noël avec nos familles. Nous ne savions pas si nous pourrions voir les enfants de Brad. Ma nous avait écrit et nous avait dit qu'elle verrait s'ils pouvaient dépenser quelque temps avec nous, mais le moment venu, cela ne s'est pas produit. Nous avions des cadeaux pour eux, et maman aussi. En début de soirée de Noël, Brad a livré les cadeaux et a pu voir brièvement ses enfants. Ce soir-là, quand il est revenu, il m'a de nouveau déclaré : « J'aurai bientôt mes enfants avec moi, et nous pouvons planifier que cela se produise ! Je ne veux rien faire jusqu'à ce que je puisse avoir une maison pour eux, et un appartement à Cincinnati n'est pas la voie à suivre. La maison que je construirai sera leur maison, et dès que je pourrai trouver du travail ici, nous reviendrons dans le Kentucky.

Encore une fois pour les dîners de vacances de Noël, nous avons pu passer du temps avec nos deux familles. J'étais tellement heureuse de voir comment maman et papa ont accueilli Brad dans notre famille. Mes sœurs l'aimaient déjà ; Je ne sais pas pour mon frère Chandler, car il n'était pas beaucoup avec nous pendant notre visite. Mon frère Jason, mon plus jeune frère, était un enfant qui aimait s'amuser et disait toujours des choses amusantes. Brad l'aimait tout de suite. Brad a fait un tabac avec les jeunes sœurs Ali et Patrece en jouant avec elles. Autant que je sache, la famille l'avait complètement accepté.

Être avec la famille Carrington a été un régal pour moi. Ils étaient ouverts et bienveillants envers moi, et je devenais très proche d'eux. Ils m'avaient accueilli à bras ouverts, en particulier les sœurs de Brad, Nan et Treena. Je crois que c'est parce que leurs âges étaient proches du mien, tous deux juste un peu plus jeunes que moi. Nan et Treena prévoyaient de quitter la maison pour trouver du travail, mais devaient vivre avec des parents pendant une courte période, du moins jusqu'à ce qu'elles aient économisé un peu d'argent. Ils ont demandé l'approbation de Brad pour vivre avec nous s'ils venaient à Cincinnati pour trouver du travail.

Le frère de Brad, Terrell, vivait à Cincinnati avec sa femme et ses deux filles en bas âge. Parce qu'il s'attendait à rester à Cincinnati, il avait offert à ses sœurs un logement avec sa famille. Il avait retrouvé un bon travail après son passage dans l'armée américaine, et ce travail était prometteur pour son avenir.

Lorsque Brad a appris que ses sœurs voulaient rester avec nous, il les a encouragées à aller plutôt chez Terrell car nous ne serions probablement pas à Cincinnati. Dès que des travaux arrivaient dans la région de Denton, il voulait être là pour trouver un emploi et construire notre maison à Sunfish. Tout indiquait que cela commencerait à se produire bientôt. Les filles ont pris la décision de vivre avec Terrell et sa famille alors qu'elles cherchaient un emploi à Cincinnati.

Le travail de Terrell chez HH Myers, une usine de transformation et d'emballage de viande à Cincinnati, était différent de beaucoup d'emplois manufacturiers auxquels les militaires revenaient. De nombreuses usines étaient directement liées à la fabrication de pièces et de fournitures pour l'effort de guerre, et ces entreprises avaient besoin de temps pour se moderniser pour la fabrication en temps de paix, et elles n'étaient pas immédiatement prêtes à reprendre des employés.

Les usines étaient également confrontées à la tâche de conserver autant que possible les employés supplémentaires en temps de guerre dans leurs postes afin d'éviter des licenciements massifs. Ensuite, il y a eu la réembauche des militaires de retour. De nombreuses femmes avaient accepté des emplois dans des usines où les femmes n'avaient pas travaillé avant la guerre, et tout cela signifiait plus de personnes ayant besoin d'être placées et moins de postes à pourvoir. En plus de tout cela, la demande de produits manufacturés avait chuté. Tout cela s'est combiné pour nécessiter plus de temps pour effectuer les changements pour les entreprises afin de revenir à un fonctionnement normal.

L'attrition normale a pris en charge certains des problèmes de placement des employés de retour, mais les rapatriés militaires avaient d'abord besoin d'être placés dans des postes comparables à ceux laissés lors de leur appel au service en temps de guerre avant qu'une nouvelle embauche puisse être effectuée. J'imagine que parce que certains des militaires démobilisés utilisaient l'argent de leur "chaise berçante" avant de retourner à leur travail, cela a aidé à trouver de l'espace pour ceux qui étaient prêts à revenir.

Brad a repris son travail dans les chantiers navals de la marine de Newark dans le New Jersey dans le délai imparti à son retour, mais seulement après avoir réalisé qu'il n'avait pas de mariage à retourner et aucune raison réelle de vouloir rester dans le Kentucky. Il s'est avéré qu'il n'y est resté que six semaines environ. Sa famille lui manquait et son désir d'être plus proche de ses enfants augmentait. Il a quitté cet emploi pour démarrer une entreprise dans le Kentucky.

72

Les Bonnes Nouvelles Ne Cessent D'arriver

En février 1948, une lettre de Daniel nous est parvenue à Cincinnati. Dans ce lettre, Brad a appris qu'une grande compagnie charbonnière avait déplacé ses opérations dans les montagnes entourant les régions de Denton, Sunfish et Rolling Rock et devait commencer une opération d'extraction à ciel ouvert, et toutes ces opérations étaient proches de la maison de la mère de Brad. Dans cette lettre, Daniel a dit à Brad qu'ils avaient besoin d'opérateurs d'équipement lourd. Brad, qui a passé plusieurs années dans le Civilian Conservation Corps d'avant-guerre (communément appelé simplement les 3C ou CC), a suivi une formation sur ce type d'équipement. Daniel avait également suivi la formation grâce à son service militaire, et il avait déjà obtenu un emploi dans cette compagnie charbonnière en tant qu'opérateur de pelle et allait bientôt commencer à travailler. C'était une grande opportunité pour Brad. Lui et moi avons immédiatement donné un préavis de congé à nos employeurs et, le premier mars, nous étions prêts à déménager au Kentucky.

Vers la fin février, j'avais commencé à avoir des problèmes inhabituels et j'avais peur que la maladie que j'avais eue l'été précédent ne revienne. J'étais très fatiguée et j'avais du mal à rester éveillée au travail, même si je dormais bien la nuit. J'ai commencé à avoir des nausées, et je n'avais pas eu de nausées pendant ma maladie d'été. Brad a pris rendez-vous pour que je voie un médecin que la propriétaire m'avait recommandé. En marchant pour voir le médecin, je me suis évanoui et j'ai même perdu connaissance. Si Brad n'avait pas été là pour me rattraper, je serais tombé.

Après un peu, cependant, j'ai pu terminer ma marche jusqu'à mon rendez-vous chez le médecin. Après m'avoir examiné minutieusement, le médecin m'a dit d'aller chercher s'habiller et entrer dans son bureau. Dans son bureau, elle a commencé à revoir avec moi tout ce qu'elle avait appris par l'examen et les tests qu'elle avait passés. Elle a dit : "Mme. Carrington, vous n'êtes pas malade.

Tu es enceinte! Tous les symptômes que vous avez mentionnés sont des symptômes qui peuvent indiquer une grossesse. Certains d'entre eux devraient disparaître sous peu, d'autres dureront plus longtemps et d'autres, comme votre somnolence, vous obligeront à avoir besoin de beaucoup plus de sommeil, et cela vous accompagnera tout au long de votre terme et même après que vous ayez accouché pendant un certain temps. . En ce qui concerne l'évanouissement, même s'il se produit en de rares occasions, vous ne le reverrez peut-être plus jamais. Vous étiez probablement anxieux de venir ici aujourd'hui. C'est souvent l'anxiété pendant la grossesse qui la déclenche.

73

Heures Chargées

Parce que l'attention de Brad était tellement exigeante quand nous de retour au Kentucky, nous avons reporté la construction de notre maison au printemps et à l'été. Le démarrage de l'exploitation minière à ciel ouvert avait démarré en trombe.

Les routes autrefois calmes de Sunfish grouillaient de camions transportant du charbon, de l'équipement et des travailleurs. Brad a immédiatement été embauché pour diriger ce qu'il appelait une drague, et une partie de ce temps, il a dirigé un bulldozer Caterpillar. Il a vu l'opportunité de gagner de l'argent supplémentaire en achetant et en vendant du charbon à l'entreprise pour laquelle il a construit des routes et extrait du charbon.

Cela a nécessité l'achat d'un camion, ce qu'il a fait, en prenant une partie de l'argent qu'il avait mis de côté pour la construction de notre maison. Après le travail, il retournait au site de décapage et transportait des charges de charbon jusqu'aux maisons privées. Les habitants de ces zones rurales utilisaient presque exclusivement le charbon comme seule source de combustible pour la cuisine, le chauffage de l'eau et le chauffage de leurs maisons, et comme cela était si nécessaire, le marché était bon pour ces transporteurs locaux, gardant Brad très occupé. Nous avions très peu de temps libre ensemble, et cela me manquait, mais je savais que c'était nécessaire.

74

S'installer à La Campagne

Que les activités de l'été ont été une expérience d'apprentissage pour moi, et ma nouvelle belle-mère était mon professeur. Elle excellait dans toutes les tâches d'une femme au foyer et j'étais une étudiante passionnée. J'aimais plaire à mon mari, et quel meilleur moyen, dans mon esprit, était là que de faire les choses comme sa mère les faisait! Elle a toujours eu un grand jardin, et la plupart de ce que nous avons mangé cet été-là provenait de son jardin et de notre viande de la ferme. De ces sources provenaient également nos repas après la fin de la saison de croissance. Le porc était la viande de choix, principalement parce qu'il pouvait être séché et conservé pendant de longues périodes, et sans congélateurs et très peu de réfrigérateurs couramment utilisés par les maisons rurales à cette époque, les types de conservation des aliments en plus de la réfrigération étaient essentiels.

Le père de Brad et son frère Daniel, qui vivaient à la maison, gardaient toujours un approvisionnement de porc de saison abondant. L'abattage de porcs était un projet de quartier où les agriculteurs aidaient d'autres agriculteurs pendant la saison d'abattage, qui survenait généralement après le premier gel meurtrier. C'était une époque où il faisait assez froid pour empêcher la viande fraîche de se gâter pendant le processus de séchage des parties de l'animal et la mise en conserve des autres coupes.

Lorsque l'été est enfin arrivé, la saison de croissance a amené des travaux qui m'étaient familiers - la mise en conserve de fruits et de légumes, car j'avais aidé ma mère à préparer les aliments qu'elle mettait en conserve - mais j'avais peu d'expérience dans leur culture. Chez ma famille, nous achetions ce que nous avions à des marchands ambulants des fermes voisines et des stations de camions. Avant le mariage, mon travail consistait à aider à laver et à éplucher pour préparer le fruits et légumes pour la mise en conserve, et non la conservation proprement dite de la nourriture. Je n'avais aucune connaissance de cette phase de l'opération, mais j'ai appris, et Ma était une enseignante patiente.

J'ai travaillé avec Ma dans toutes ses activités de conservation des aliments cet été-là. J'ai appris à mettre en conserve une grande variété de légumes et de fruits. Les fruits non cultivés dans son jardin ou son verger, comme une variété de baies, ont été cueillis dans des champs incultes et des zones boisées et transformés en fruits cuits en conserve ou en confitures, gelées, marmelades et conserves. J'ai également appris les procédés de mise en conserve des viandes car les congélateurs étaient pratiquement inconnus dans ces régions. Je sentais que je ne pourrais jamais atteindre le niveau d'excellence de la mère de mon mari, mais j'avais l'intention d'être la meilleure possible.

J'ai appris plus tard, en entendant une conversation entre la mère de Brad et l'une de ses sœurs, que Ma était très satisfaite de mes progrès. Elle disait à ma belle-sœur qu'elle m'avait appris à faire de la gelée mais que ma gelée était bien meilleure que la sienne ! Son approbation était tellement importante pour moi.

75

Les Nouvelles Apportent Le Changement

Plus tard cet été-là, Brad m'a dit qu'il avait trouvé un logement que nous pouvions louer ; en fait, il était en cours de construction et serait prêt peu de temps avant la naissance de notre bébé au début de novembre. Il m'a également dit qu'il prévoyait d'aller voir un avocat pour entamer les procédures d'audience de garde afin d'obtenir la garde de ses trois enfants. Il savait combien je cherchais hâte d'avoir notre famille tous ensemble.

Il a contracté la maison de location et est allé voir son avocat pour déposer le costume de garde. La maison devait être prête pour nous au début du mois d'octobre, mais il avait constaté que la garde devait attendre le tribunal de circuit du printemps. De plus, mon mari s'était engagé à faire construire notre propre maison et à la commencer au début du printemps de l'année suivante. Brad apportait finalement assez d'argent pour pouvoir reconstituer ce qu'il avait prélevé sur nos fonds de construction afin d'acheter son camion et avait pu mettre de côté l'argent supplémentaire qui serait nécessaire lorsque notre famille s'agrandirait car il allait bientôt faire. Tout cela était vraiment excitant pour Brad et moi; nous pouvions maintenant poursuivre notre vie comme nous l'avions prévu.

76

Ça Vaut La Peine D'attendre

À mesure que ma grossesse avançait, il n'en a pas fallu beaucoup pour que je sois extrêmement fatigué. Ma et moi utilisions les derniers produits du jardin, en l'occurrence des tomates, qu'elle avait l'intention de peler et de ranger entières dans des bocaux en conserve, ce qui était un moyen simple et facile de les transformer. Elle faisait ce lot pour que nous l'emportions avec nous lorsque nous avons emménagé dans notre maison louée. Je me suis souvenu que lors des rares occasions où nous avions mangé au restaurant, Brad commandait du jus de tomate (au lieu d'un soda) à boire avec un repas. Et à cause de ça, je savais qu'il aimait le jus. Comme je faisais le traitement sous sa direction, j'ai demandé si je pouvais faire du jus. Bien sûr, ça lui convenait, mais parce qu'elle savait que j'étais fatigué, elle m'a expliqué que c'était plus difficile de faire du jus et que ça prendrait plus de temps, mais si je voulais le faire, elle le ferait me montrer comment.

J'ai fait le jus.

Après avoir fini le jus et lavé les ustensiles de mise en conserve, Ma m'a suggéré d'aller m'allonger un moment car elle pouvait voir que j'étais très fatigué. J'ai accepté de le faire et je suis allé dans la pièce voisine pour me reposer.

Peu de temps après, Brad est rentré du travail et, remarquant que les bocaux de conserve remplis de jus que sa mère avait indiqués étaient les nôtres, il a demandé : « Pourquoi du jus ? J'aime beaucoup les tomates.

Sa mère lui dit : « Jeune homme, n'ose pas dire ça à Rachel ! Elle a travaillé très dur pour faire du jus pour vous. Elle pensait que le jus était ce que vous vouliez, alors acceptez-le et soyez-en heureux.

C'était peut-être la première des nombreuses fois où j'étais conscient qu'elle me défendait. Elle n'était pas démonstrative et elle n'exprimait pas ce qu'elle ressentait pour ceux qu'elle aimait, mais cela se voyait à bien des égards. Elle est devenue pour moi une seconde mère très appréciée.

Je n'ai pas eu une grossesse difficile ou un long travail avec mon premier enfant. Le plus dur a été la chaleur extrême du long été, mais l'inconfort a été oublié lorsque j'ai vu le bébé pour la première fois. Mon premier aperçu de notre petit nouveau Carrington était d'un petit visage fraîchement frotté emmailloté tout en rose et dans les bras de son papa. Notre petite citrouille d'Halloween est née le 31 octobre 1948, exactement un an après le jour où nous avons fait le trajet jusqu'au Kentucky pour nous marier. Parce que j'ai eu des problèmes après l'accouchement qui m'ont gardé à l'hôpital cinq jours - plus longtemps que la plupart des séjours - j'ai raté ma baby shower que mes sœurs avaient prévu pour moi le 3 novembre. (La petite Margene n'était pas attendue avant le 5 novembre.) La naissance de notre premier enfant a été un événement si béni, et Brad et moi étions si reconnaissants pour ce précieux ajout à notre famille.

77

Signaux Mixtes Et Nouveaux Bébés

Ma relation avec maman est restée tendue pendant la première année de mon mariage et revenait parfois au sentiment tendu, même après que mes bébés aient commencé à arriver. Je ne sais pas ce qui la dérangeait, mais je soupçonnais que c'était à cause de ma bonne relation avec mon frères et sœurs. Elle semblait en fait jalouse qu'ils se soucient de moi. Exemple : ils la suppliaient souvent de les laisser passer la nuit chez moi, et la façon dont elle a réagi à leurs demandes dans ses remarques m'a fait sentir que c'était de la jalousie.

J'avais alors besoin de ma mère et l'invoquais souvent pour des conseils concernant mes bébés ou moi-même lors de mes grossesses. Souvent, c'était juste pour être avec elle. Elle était prête et disposée à m'aider pendant ces périodes, et notre relation semblait une fois de plus s'améliorer. C'est avec la naissance et après de mon premier-né, Margene, que j'ai remarqué la première tendresse pour moi de maman dont je me souvienne.

Je me rends compte que je peins une mauvaise image de ma mère dans ces déclarations, et je déteste vraiment ça, mais je dois le dire. Je me rends compte que ma mère avait toujours beaucoup à faire lorsqu'elle élevait sa famille, et elle a fait un travail remarquable avec ce qu'elle avait à faire. Une grande partie de ce temps, elle a dû le faire seule car papa a traversé des périodes de forte consommation d'alcool avec une perte de revenus, ce qui a dû rendre ses luttes encore plus difficiles. Elle semblait toujours tendue, impatiente et en colère, et enfant, je la sentais inaccessible. Par conséquent, je ne lui ai pas fait part de mes questions ou de mes problèmes. Les enfants ont souvent une mauvaise opinion de leurs parents ou opinions les moins différentes de celles des autres membres de la même famille. Dee ne ressentait pas du tout cela.

Maman ne parlait jamais de problèmes entre nous. La seule façon dont je peux décrire ses actions est que, comme je l'ai déjà mentionné, elle semblait jalouse. J'ai eu des rancunes pendant un certain temps concernant ma soirée de remise des diplômes. Brad faisait beaucoup d'efforts pour m'encourager à m'en remettre, et j'ai progressivement mis de côté les rancunes.

Pour moi, puisque je ne conduisais pas encore, prendre le bus pour aller en ville était le seul moyen d'aller aux rendez-vous chez le médecin, et le bus ne circulait qu'une fois par jour, allant en ville tôt le matin et revenant de Denton à cinq heures du soir. chaque jour. À quelques reprises, j'ai raté le bus de retour. Comme je l'ai mentionné plus tôt, papa n'a jamais eu de voiture, il ne pouvait donc pas m'aider. Ces jours-là, mes parents m'accueillaient quand je me présentais à leur porte, et papa essayait de me trouver une voiture pour rentrer chez moi. D'autres jours, ils m'ont offert un endroit pour rester et me reposer et manger un morceau entre les trajets en bus. Comme je l'ai indiqué plus tôt, mon mari les avait conquis et leur approbation de mon mariage semblait très élevée. Lors de ces visites avec eux, ma mère était très agréable et me traitait merveilleusement. Les rencontres désagréables avec elle avaient toujours eu lieu lorsque mes frères et sœurs étaient présents. Je recevais des signaux mitigés. Je ne comprenais tout simplement pas son comportement yo-yo.

Ma mère m'a rendu visite pendant les cinq jours que j'ai dû passer à l'hôpital après la naissance de Margene, et j'ai énormément apprécié ses visites. Lors d'une de ces visites, elle m'a dit que ma fille allait avoir une tante qui serait plus jeune qu'elle. Maman a supposé que le bébé qu'elle attendait serait une fille, puisque huit des dix enfants qu'elle avait déjà étaient des filles. Et comme elle s'en doutait, un peu plus de quatre mois après la naissance de mon propre enfant, ma petite sœur Lucy, la tante de mes enfants, est née le 5 mars 1949.

Ma petite sœur était la fierté et la joie de papa. J'ai vu à quel point il aimait cette petite fille blonde pleine d'énergie. Oui, elle était gâtée, mais elle savait qu'elle était aimée et sa confiance était à son comble. Son énergie active et imaginative lui a causé beaucoup d'ennuis et a donné des crises à maman, surtout après le décès de papa. Il est mort quand Lucy avait six ans.

78

Déménagement Et Un Soupçon D'avenir

Fin novembre 1948, notre maison de location était prête pour notre déménagement Nous n'avions aucun meuble, à l'exception de ma machine à coudre et de la petite radio de Brad, car notre appartement à Cincinnati avait été meublé. Après cela, nous avons vécu avec Ma, nous avons donc dû acheter des meubles. Encore une fois, afin de renforcer davantage la solvabilité, nous avons acheté les meubles à tempérament et n'avons acheté que ce qui était nécessaire pour meubler la petite maison de deux chambres que nous louions. J'avais d'abord voulu acheter un lit bébé; le panier à œufs qui servait de lit à Margene allait bientôt être trop petit. J'avais vu des berceaux dans un catalogue Sears Roebuck qui avaient l'air bien mais semblaient plutôt chers. J'en ai parlé à la sœur de Brad, Theresa, en lui demandant des conseils sur l'achat, et elle a dit qu'elle avait un lit qu'elle aimerait donne-moi. Après avoir vu la crèche, c'était exactement ce que je voulais.

Peu de temps avant que Brad et moi nous rencontrions, Theresa avait perdu un petit garçon, Michael, des suites d'une maladie très grave. Le berceau qu'elle m'avait donné était un bois d'érable au style attrayant avec un matelas et des draps qu'elle avait utilisés pour Michael. Je suppose qu'elle et son mari ne s'attendaient pas à avoir d'autres enfants et qu'ils ne l'ont pas fait pendant un bon moment après.

Les meubles et les appareils nécessaires ont été livrés à notre nouvelle maison de location, et après avoir acheté un poêle à charbon et Brad a livré le charbon nécessaire, nous avons emménagé dans la maison. À ce moment-là, Noël était proche et nous avions déjà de la neige au sol, ce qui rendait les déplacements plus difficiles.

Le premier week-end où nous avons vécu dans notre nouvelle maison, Brad a pu récupérer ses enfants pendant quelques jours. C'était la première fois que je gardais le petit garçon Barry pendant la nuit, et il pleurait sa grand-mère (apparemment, il passait beaucoup de temps avec sa grand-mère maternelle). Enfin, quand j'ai calmé les deux bébés, j'ai pu aller me coucher.

Ouf! En ce week-end rare avec deux bébés et deux autres jeunes enfants, c'était une bonne pratique pour quand nous aurions une plus grande famille.

À cette époque, une femme et une mère avaient la responsabilité quasi totale de s'occuper des enfants, et aujourd'hui, quand je vois mes gendres et mes petits-fils nourrir, changer et baigner leurs bébés, ma première pensée est : pourquoi Brad ne m'a-t-il pas aidé de cette façon ?

C'est alors que je me souviens. Il n'a pas eu le temps ! Là où les hommes modernes travaillent huit heures et rentrent chez eux, il reste du temps dans la journée. Dans la vie professionnelle antérieure de Brad, huit heures n'étaient même pas la moitié de la journée qu'il travaillait. Quand cela a été terminé, il s'est précipité chez lui, a pris une bouchée à manger (que je devais préparer) afin qu'il puisse passer à un deuxième travail , puis éventuellement passer à un troisième. Il devait le faire pour aller de l'avant ou, parfois, juste pour atteindre le seuil de rentabilité.

79

Une Première Surprise Réconfortante

En avril, l'avocat de Brad l'a informé qu'il avait intenté une action en justice pour garde de ses trois enfants et que les tribunaux devraient lui envoyer des notifications écrites ainsi qu'à son ex-femme dans quelques semaines. Comme je l'ai déjà dit, il était et est toujours très difficile pour un père d'obtenir la garde complète d'enfants mineurs dans l'État du Kentucky, et dans la plupart des cas où les hommes obtiennent la garde, c'est parce que la mère a été déclarée mère inapte . Brad n'avait pas de nature vindicative, et même s'il aurait pu légitimement déposer sa plainte avec une raison plus forte, il en avait déposé une moins dure et des témoins pour la soutenir, une raison que son avocat pensait pouvoir suffire. Par conséquent, en raison de sa confiance dans la victoire de l'affaire, son avocat l'a averti que nous devions nous préparer à un changement substantiel à la taille de notre famille.

Début juin, Daniel est venu voir Brad pour lui dire que son ex-femme aimerait rencontrer Brad, son avocat, et Daniel (Daniel était un témoin dans le procès pour garde à vue), et elle leur avait demandé de venir chez elle. Daniel lui a dit que la réunion avait à voir avec l'audience de garde.

Ils se sont rendus chez elle et l'ont trouvée avec son avocat ainsi que sa mère et une de ses sœurs. Son avocat a commencé la réunion informelle par la lecture d'un document juridique préparé qu'il avait apporté à la réunion. Le document indiquait, en substance, que sa cliente, afin d'éviter l'embarras public ou de nuire à sa moralité, était disposée à régler l'affaire à l'amiable si les parties pouvaient s'entendre sur une proposition révisée qui devait être présentée. Elle était disposée à renoncer à la garde des trois enfants pour leur père naturel pour certaines considérations, et il a énuméré ce qui suit : si la demanderesse acceptait de payer un montant en dollars spécifié, dont la défenderesse avait besoin pour rembourser une dette impayée qu'elle devait à une épicerie locale ; un accord du demandeur et de son avocat de s'abstenir de rendre publiques certaines déclarations préjudiciables faites dans le cadre de la poursuite contre elle ; et un accord du demandeur sur les droits de visite du défendeur avec leurs trois enfants mineurs à des heures et à une fréquence à déterminer ultérieurement entre eux deux.

Sur un signe de tête de son avocat, Brad était plus que prêt à signer cet accord pour payer le montant demandé et, espérons-le, ramener les enfants à la maison ce jour-là. En fin de compte, non seulement ils avaient les enfants prêts à être renvoyés à la maison avec Brad, mais ils avaient également leur maigre réserve de vêtements prêts. Aucune des robes que j'avais faites pour Kaylene, les pulls que nous avions achetés pour les enfants, ou les salopettes et les chaussures que nous avions achetées pour le petit Brad n'étaient dans le sac.

Au début, j'étais en colère, mais Brad a rapidement lissé mes plumes ébouriffées en disant tranquillement : « Regardez juste ce que nous avons gagné », indiquant les trois petits.

Immédiatement, j'ai eu très honte de mon explosion. C'était certainement correct. Je pourrais faire plus de robes, et la salopette était quelque chose que le petit gars n'aimait pas de toute façon. On pourrait lui acheter des jeans. Et des chaussures! Nous devions apprendre que Brad Jr. pouvait passer par une paire de chaussures par mois. Nous n'avions rien acheté pour le bébé, Barry, car il n'était venu qu'une seule fois auparavant.

80

Se Préparer à Aider

Jamais dans mes rêves les plus fous n'aurais-je jamais deviné que lorsque Brad revenait de la rencontre avec son ex-femme que la taille de notre famille aurait exactement doublé. Je suis passé d'une famille d'un enfant à quatre enfants. J'avais dix-huit ans, j'avais une petite fille de six mois, un petit garçon de deux ans, un garçon de cinq ans et une fille de huit ans. Pour rendre les choses encore plus intéressantes, environ neuf mois plus tard, je devais avoir une nouvelle petite fille, faisant de notre cinquième enfant, et j'avais encore moins de vingt ans. Je ne savais pas alors que finalement, notre famille serait composée de la mère, du père et de sept enfants au moment où j'ai célébré mon vingt-troisième anniversaire !

Durant cette période de notre vie, Brad travaillait près de vingt heures par jour, et il me manquait. La plupart du temps, nos longues discussions me manquaient, mais le temps manquait. Notre maison était en train d'être construite, et quand nous avons épuisé l'argent que Brad avait mis de côté pour la maison, nous avons réussi à payer au fur et à mesure de la construction en raison des longues heures de travail de Brad.

J'avais commencé à réaliser que j'avais besoin d'être plus responsable d'une grande partie de ce que Brad avait fait dans le passé. Par exemple, tous les déplacements en ville pour faire l'épicerie et les fournitures, aller chez le médecin et toutes les activités qui ont nécessité un transport pour se rendre à Denton (la ville la plus proche de notre région). Je savais que je devais décharger mon mari d'une partie des responsabilités, et pour ce faire, je devais apprendre à conduire.

J'en ai parlé à mon mari bien-aimé et il a accepté. Prendre le bus n'était plus une option car je ne pouvais pas laisser les enfants à la maison. Aller en ville en bus prenait toute la journée, et transporter des courses dans le bus était hors de question. Plus de bouches à nourrir signifiaient plus de produits d'épicerie à acheter (et à transporter).

J'avais trouvé une petite église à environ un mile de l'endroit où nous construisions notre maison, et il était difficile et dangereux de parcourir cette distance avec quatre enfants sur une route très fréquentée sans trottoirs. Brad ne pouvait pas aider car il travaillait également les week-ends. En fait, il avait commencé à transporter du charbon quatre heures par jour et toute la journée les week-ends pour l'entreprise pour laquelle il travaillait quotidiennement en tant qu'opérateur de bulldozer, et à trente dollars par charge, nous avons finalement senti que nous pourrions rattraper notre retard. De nos jours, cela semblait être, et était, de l'argent, surtout pour un homme qui savait ce que c'était que de travailler toute la journée, de la lumière du jour à l'obscurité, pour un dollar par jour, défricher de nouveaux terrains (des terres qui n'avaient jamais été cultivé) avec scie, pioche, pelle et faux !

À ce moment-là, notre Plymouth modèle 1941 (celle achetée d'occasion qui lui avait bien servi dans son entreprise de taxi et qui a ensuite été utilisée comme voiture familiale), quatre cent mille miles et deux moteurs plus tard, avait cédé, et nous avions besoin d'un auto. Les nouvelles voitures étaient encore difficiles à trouver dans ces années d'après-guerre, alors Brad a décidé de me trouver une bonne voiture d'occasion et de m'apprendre à conduire. Il m'a trouvé une belle voiture propre, une Packard de 1937 qui avait été conduite par un couple plus âgé et qui avait un faible kilométrage. C'était exactement ce dont nous avions besoin pour notre famille. Après avoir appris à conduire, j'ai pu faire moi-même davantage de courses nécessaires.

Ma petite famille a vraiment apprécié notre église. Je ne crois pas que les enfants aient jamais été à l'école du dimanche, et c'était quelque chose qu'ils attendaient avec impatience chaque semaine. Je n'allais pas à cette église depuis quelques semaines quand on m'a demandé d'enseigner à la classe junior. C'était une classe d'enfants de neuf à treize ans.

J'ai adoré enseigner à ce groupe d'âge car ils semblent si désireux d'apprendre, et c'est le groupe que j'ai enseigné tout au long de mes années d'enseignement à l'école du dimanche. L'une de mes activités préférées avec mes élèves à l'époque, en particulier à l'école biblique de vacances, était l'exercice d'épée biblique . Dans ma propre expérience de mon enfance à l'école du dimanche, cet exercice m'a appris à localiser rapidement les livres et à apprendre le format de la Bible. Grâce à cela, aujourd'hui, je peux suivre plus rapidement les références bibliques données par les ministres comme base de leurs sermons. Pour cela, je remercie Dieu pour tous les bons leaders chrétiens que j'ai eus en grandissant, et j'espère que mes propres étudiants ont également bénéficié de moi.

81

Difficultés et récompenses

Fin octobre, lorsque le temps a commencé à être froid avec des pluies fréquentes, tous les travaux extérieurs sur notre maison, alors en construction, ont dû être interrompus pour l'hiver. La maison était complètement sous toit avec toutes les portes et fenêtres installées. Un côté de la maison avait tous les planchers, les cloisons des pièces et une partie des cloisons sèches en place. Nous avons emménagé dans le côté presque fini pendant que Brad essayait de placer le reste de la cloison sèche du côté de la maison où les sols avaient été posés. Notre constructeur avait été engagé pour faire l'extérieur de la maison, et il avait terminé ce qu'il était censé faire. Avec le peu de temps que Brad restait à la maison, je ne voyais pas comment il trouverait le temps de travailler sur la maison. Je l'ai encouragé à demandez au constructeur de faire les travaux à l'intérieur comme à l'extérieur. Il a simplement répondu : « Je n'ai pas l'argent pour l'embaucher. »

Nous avons en fait emménagé dans la maison dont le côté le plus proche n'est que partiellement terminé. À ce moment-là, ma deuxième grossesse était la plus évidente et commençait à être plus difficile, pas la période facile que j'avais vécue avec la petite Margene.

Au cours de cet automne et de cet hiver, Brad s'est absenté de son deuxième travail de transport de charbon, en partie parce que les routes menant à la mine à ciel ouvert étaient si mauvaises en raison des fortes pluies et en partie parce qu'il voulait vraiment que la maison soit habitable avant un froid extrême. Il s'est avéré qu'il n'avait pas mis toutes les cloisons sèches en place et qu'il avait du mal à se protéger du froid.

J'avais peur que les deux garçons aient des problèmes cet hiver-là car ils étaient sujets à une affection physique appelée croup - du moins c'est ce que j'avais été.

prévenus par leur mère et ma belle-mère, qui s'inquiétaient de vivre dans une maison qui ne protégeait pas du froid. Je ne connaissais pas le croup car aucun membre de ma famille n'en avait jamais eu, mais j'étais conscient de ses symptômes et de son danger potentiel, comme me l'ont dit des voisins dont les enfants en souffraient.

Notre Père céleste était avec nous cet hiver-là car les garçons n'avaient pas du tout de croup ni de rhume grave. Pour le reste de leur enfance, ils n'ont plus jamais eu le croup. Mon mari a décidé que le plein air de notre maison, bien que froid, était bon pour eux !

Mon bébé à venir a apporté des problèmes que je n'avais pas rencontrés lors de ma grossesse précédente. J'étais parfois extrêmement déprimé et physiquement plus fatigué que je ne m'en souvenais auparavant. J'avais pris plus de poids et je me sentais si peu attirante. Mon mari a fait tout ce qu'il pouvait pour que je me sente mieux dans ma peau, mais rien n'a fonctionné. Dans l'ensemble, ce fut une période difficile pour moi, et je sais que cela devait l'être aussi pour Brad car il a dû passer beaucoup de temps à me rassurer dans mes périodes de dépression. J'ai tendance à me demander quel genre de mère j'étais pour les enfants à cette époque ; Honnêtement, je ne m'en souviens pas. Je sais que je n'ai jamais ressenti de ressentiment d'avoir une grande famille soudaine, et je me demande même maintenant si les avoir autour de moi ne m'a pas aidé à traverser certaines des difficultés que je rencontrais.

Ma douce petite fille Kaylene, qui avait dix ans à l'époque, m'a été d'une aide si merveilleuse. Elle était gentille avec les petits et s'occupait toujours d'une tâche ménagère bien plus importante que son petit cadre n'aurait dû le faire. Elle avait tellement envie de me plaire. Après qu'elle ait grandi, je me sentais toujours coupable des choses que je lui avais permis de faire pour m'aider, et je le lui ai dit.

Elle a semblé étonnée que je me sente coupable car elle m'a dit : « Maman, tu n'as aucune raison de te sentir comme ça. Tu ne m'as jamais fait faire ces choses. Je les ai faites pour te plaire, et tu avais besoin d'aide !

82

Six Plus Deux

Baby Renée est née le 25 avril 1950. Comme ma grossesse avec elle avait été, tout comme sa naissance - difficile. Elle est venue au monde en protestant bruyamment contre son entrée à un poids de naissance de huit livres et quinze onces - une livre et demie de plus que sa sœur Margene à la naissance. Renee a souffert d'un trouble digestif qui lui a causé des douleurs constantes pendant les trois premiers mois de sa vie. Elle a pleuré presque tout le temps, et tout ce que mon médecin a pu dire, c'est que ça passerait et qu'il m'a exhorté à continuer à lui donner un médicament appelé parégorique. Le médicament a eu un effet calmant sur l'enfant mais, si j'ai bien compris, il ne peut plus être vendu pour les enfants. Je sais maintenant que l'ingrédient actif est la teinture d'opium, un narcotique. Cela a fonctionné pour Renée, mais seulement pendant de courtes périodes. À un moment donné pendant le traitement de mon bébé, le médecin a retiré sa prescription (ou recommandation, quelle qu'elle soit ; je ne me souviens pas si il s'agissait d'un médicament sur ordonnance ou en vente libre).

Le temps change beaucoup de règles à suivre pour élever un bébé, semble-t-il. Tout récemment, dans une boîte de photos, j'ai trouvé un article sur l'éducation des enfants qui a apparemment été extrait d'un magazine des années 1950. En fait, ce n'était qu'une partie d'un article car le côté destiné à être utilisé était un coupon pour des couches en tissu pour bébé, date d'expiration le 31 mai 1950. L'article partiel au verso avisait un nouveau père qu'au cas où il pourrait avoir à faire du baby-sitting, il pourrait vouloir adopter un passe-temps pour passer le temps car il ne devrait «prendre le bébé que lorsqu'il a besoin d'être nourri ou que sa couche a été changée ou qu'il a été blessé, peut-être par une épingle ou des vêtements trop serrés. " Apparemment, l'auteur a estimé que le ramasser autrement n'était pas sain pour le bébé; donc, soi-disant, un père prenant soin d'un bébé trouverait qu'il avait beaucoup de temps libre.

Ce que je veux dire pour ce qui précède, c'est que certaines des méthodes d'éducation des enfants d'aujourd'hui sont très éloignées de celles que je pensais être les bonnes quand mes enfants étaient bébés ! Les choses et les méthodes changent et font parfois des inversions complètes au fil du temps.

Lorsque ma petite a finalement dépassé ses mois de coliques, elle a commencé à développer une personnalité distincte, amusante et espiègle ! Même si nous nous attendions à ce que l'indigestion causée par les coliques et son incapacité à manger pendant son enfance puissent freiner sa croissance et son développement, cela ne s'est pas produit. Elle avait rapidement regagné le temps perdu et rattrapé la taille et le développement normaux attendus chez un enfant de son âge. Dans son onzième mois, elle a commencé à marcher, et peu de temps après avoir atteint l'âge de treize mois, elle faisait du patin à roulettes ! Certes, son style était un peu différent de celui des enfants plus âgés; au lieu de patiner vers l'avant en ligne droite, elle a patiné en cercle en utilisant un seul pied pour se propulser. Quand elle a finalement réalisé que pour avancer, elle devait aussi utiliser l'autre pied, alors elle l'a maîtrisé. Elle a facilement compris les jeux nécessitant des activités physiques dans son enfance.

Elle semblait exceller dans de nombreux domaines, du tout-petit au préadolescent. Elle pouvait chanter d'une voix si claire et si belle même en tant que jeune enfant et pouvait jouer du piano sans connaissance de la musique ni bénéficier de leçons. Elle excellait dans la narration et a diverti les enfants, les autres membres de la famille et les proches pendant des heures avec ses histoires et ses dialectes.

Plus tard, notre famille s'est produite professionnellement en tant que troupe de ski nautique Brad Carrington, et Renee était, sans aucun doute, la star de notre spectacle. Plus tard, notre petite Leeza, l'avant-dernière de nos enfants, est devenue le rôle principal de la troupe de ski (à ce moment-là, M. Stork était en compétition avec nous, et Renee avait abandonné le rôle principal pour assumer un autre rôle, celle d'épouse et de mère !). Notre fille Margene avait brièvement abandonné pour la même raison la saison précédente.

Treize mois après la naissance de Renee le 25 avril 1951, la famille-Carrington a de nouveau vu une augmentation de la taille de la famille. Notre petite rousse Leeza est née, pesant six livres et neuf onces.

Seulement treize mois entre les bébés avaient causé une augmentation de deux enfants à notre famille en un peu plus d'un an, donc pour compenser aux frais d'un autre enfant, une augmentation de revenu pour Brad dans sa situation professionnelle était absolument nécessaire. Heureusement, les mines produisaient de plus en plus de charbon à mesure que de nouveaux sites s'ouvraient. L'un de leurs sites à l'ouest sur la montagne par rapport à nous, avec son entrée directement en face de l'autoroute depuis l'allée de notre maison, était le site où travaillait Brad. Son travail était toujours celui d'opérateur de bulldozer avec un deuxième travail de transporteur pour eux, mais pendant tout son temps libre, il continuait à acheter et à vendre du charbon sur ce site. Son emplacement proche a évité les temps d'arrêt des déplacements, car il vivait pratiquement sur le site. Il pouvait gagner autant et plus d'argent avec moins de temps loin de chez lui, et non seulement nous avons rattrapé notre retard financier, mais nous avons pu économiser un peu pour l'avenir, malgré l'augmentation rapide de notre famille.

83

Une Peur Redoutée Prend Vie

Camions surchargés descendaient continuellement de la colline, et je m'inquiétais toujours à propos d'un fugitif traversant l'autoroute et entrant dans notre cour, même si notre maison était située à quelques centaines de mètres de la route, ce qui, selon Brad, était une zone tampon suffisante pour être à l'abri de ce danger.

Cependant, je ne voulais pas que les enfants jouent devant à cause de cela. Alors que l'été devenait assez chaud, l'ombre fraîche d'un ancien L'arbre à grains de café du Kentucky était attrayant pour les garçons, et ils jouaient dans la terre sous cet arbre avec leurs camions jouets et leurs bulldozers. L'arbre avait un feuillage si dense qu'aucune herbe ne poussait dessous, et le sol nu et meuble était l'endroit idéal pour que les garçons jouent dans la terre - ce n'est pas mon choix comme aire de jeu idéale pour eux, cependant, mais j'ai concédé.

Le caféier se tenait à environ vingt-cinq pieds de la maison, et je pouvais les regarder pendant qu'ils jouaient. Un jour, peu de temps après que j'ai appelé les enfants pour le déjeuner, nous avons soudainement entendu les coups d'un klaxon se rapprocher rapidement, puis un fracas. C'était arrivé. Un camion s'était enfui et le vieux caféier l'avait arrêté. J'ai appris plus tard que traverser la pelouse avait ralenti le camion et que la collision avec l'arbre avait fait peu de dégâts. La chose effrayante cependant était que quelques minutes auparavant, nos petits garçons jouaient à quelques mètres de l'endroit où le camion s'était arrêté avec le vieil arbre entre le camion de charbon chargé et leurs jouets ! Dieu était vraiment avec nous ce jour-là !

Ce fugitif était le seul à entrer dans notre cour pendant que nous vivions là-bas. La partie escarpée de la montagne est l'endroit où les fugueurs normalement s'est produit, et les conducteurs ont pu ralentir au fur et à mesure que la colline s'est stabilisée, ce qu'ils ont fait considérablement longtemps avant d'atteindre l'autoroute.

Nous pouvions dire quand quelque chose s'était passé à la mine ou sur la route qui y mène ou en sort grâce au flux de circulation. De plus, en surveillant l'ordre des camions entrant avant ou derrière Brad lorsqu'il transportait, nous savions quand l'attendre et je planifierais le dîner en conséquence.

La chose effrayante à propos de regarder les camions circuler lors de ces soirées de transport occupées, cependant, était quand nous avons vu que les camions qui avaient suivi le camion de Brad sortaient avant lui ! Un ou deux camions peuvent être hors ligne, mais jamais une chaîne d'entre eux sans qu'il y ait quelque chose qui ne va pas. Les camions sont tombés en panne et parfois, un délai plus long que la normale se produisait lorsqu'un camion se renversait. Et puisque cela a continué après que la montagne était devenue noire la nuit, la seule lumière étant les feux de la machinerie et du camion, il n'était pas inhabituel qu'un camion lourdement chargé recule dans une ornière plus profonde que la normale, et la lourde charge causerait le camion à casser un arbre de transmission ou un essieu et parfois même à se renverser. Si Brad avait une panne qui pouvait le retenir plus longtemps que la normale (il a fait rouler son camion une fois), certains des autres conducteurs viendraient dans notre allée pour me faire savoir qu'il allait bien mais temporairement retardé. Les chauffeurs étaient tous des hommes locaux; ils se connaissaient et veillaient les uns sur les autres.

84

Loisirs D'été Rares

Nous étions mieux financièrement que jamais été. Brad avait travaillé si dur au cours des quatre dernières années, et finalement, nous avons même pu ajouter à nos petites économies. Brad a commencé à décoller le dimanche, et nous allions tous à l'église, puis nous faisions quelque chose d'agréable en famille pour le reste de la journée. Le temps libre était un nouveau concept pour nous. Brad et Daniel avaient acheté un vieux bateau de pêche, l'avaient abattu et transformé en un bateau qui, comme lui et Daniel l'espéraient, serait un excellent bateau pour le ski nautique. Maintenant, tous les deux ne reconnaîtraient pas un ski nautique s'ils en voyaient un, sauf pour ce qu'ils avaient vu dans la section comique du journal. Personne dans notre région ne semblait savoir ce qu'ils étaient. C'était au début de la saison de l'apparition des lacs TVA (Tennessee Valley Authority) qui étaient en cours de construction sur les rivières du sud du Kentucky et du Tennessee. Lorsque ces lacs ont commencé à apparaître, la popularité des sports nautiques a également augmenté, faisant de tous les types d'équipements de sports nautiques un spectacle plus courant. Cependant, à l'époque où les frères rêvaient et expérimentaient, c'était juste avant l'époque où l'équipement de ski nautique était monnaie courante dans notre région de Kentucky.

Brad et Daniel ont décidé de fabriquer un ensemble de skis nautiques. Leur plan était d'expérimenter jusqu'à ce qu'ils soient capables de faire une paire qu'un homme puisse monter, puis ils pourraient travailler sur des modèles de taille enfant pour les enfants. Le premier ensemble mesurait environ huit pieds de long et dix pouces de large sur trois quarts de pouce d'épaisseur. Ils savaient que l'avant du ski devait se relever, mais n'étant pas capables de comprendre comment faire plier le bois, ils ont coupé le bois et ont fait le angle de retournement de deux morceaux de bois entre parenthèses dans un angle qui semblait à peu près droit. Ils n'avaient aucune idée de l'endroit où le repose-pied devait aller, alors ils ont attendu jusqu'à ce qu'ils puissent se rendre à un lac pour expérimenter.

Comme je n'étais pas avec eux lorsqu'ils ont lancé leurs inventions, je ne peux jamais imaginer, même après avoir entendu leurs versions du jour, comment les choses se sont passées. Apparemment cependant, après avoir trouvé où mettre les chaussures (oui, ils ont utilisé une vieille paire de chaussures pour hommes pour les classeurs) sur la porte de la grange - comme des planches destinées aux skis nautiques, ils ont décidé qu'il était temps pour le premier essai. Ils ont essayé de chevaucher ces dalles étranges derrière le bateau de pêche/ski et ont rencontré échec après échec. Je peux imaginer les cris et les cris quand l'un d'eux s'est finalement levé et a roulé juste un peu avant que les skis avec le poids supplémentaire de l'un des hommes ne fassent presque chavirer le bateau.

C'est alors qu'un pêcheur est venu vers eux, et après avoir réalisé que les engins qu'ils transportaient dans l'eau étaient censés être des skis nautiques, il leur a dit qu'il en avait vu en Floride. « Et ils ne ressemblaient certainement pas à ceux-là. Ils ne mesuraient pas plus de quatre ou cinq pieds », a-t-il déclaré. Il leur a également dit qu'il avait vu un constructeur de bateaux courber le bois en appliquant de la vapeur sur le bois et en le mettant dans une entretoise pour le courber.

Armés de ces nouvelles informations, les gars ont commencé à réfléchir ensemble pour trouver une méthode où, avec leur équipement limité, ils pourraient canaliser la vapeur pour être suffisamment concentrés pour mettre le virage dans leurs skis. Et puis il y avait le problème de savoir combien de temps leur devrait être. Honnêtement, je ne sais pas comment ils ont finalement trouvé l'ensemble qui a fonctionné, mais ils l'ont fait ! Je sais que le deuxième ensemble, à quatre pieds de long, était trop court, et l'ensemble qui a fonctionné était plus long et les pointes étaient courbées - pas exactement dans des courbes assorties, mais elles ont fonctionné. Ce fut plusieurs semaines d'essais et d'échecs avant le succès, mais ils ont rapidement renoncé à une chaîne de montage pour leur produit. Peu de temps après, ils ont découvert qu'un fournisseur de vente par correspondance bien connu avait des skis nautiques dans son catalogue, et voilà ! La troupe de ski nautique Brad Carrington est née! (Il a fallu des années plus tard avant que la troupe ne se matérialise réellement.)

Daniel en avait assez de la navigation de plaisance pour les sports nautiques et avait choisi de pêcher sérieusement. L'intérêt de Brad pour les sports était principalement qu'il cherchait à trouver quelque chose que toute la famille puisse apprécier ensemble. Les enfants avaient déjà montré un vif intérêt pour la navigation de plaisance, la natation et le camping, cependant - comme notre famille grandissait encore - nous n'avons pas pu passer beaucoup de temps hors de la ferme pour camper. Cependant, nous avons beaucoup navigué ce printemps-là et nos enfants ont tous appris à nager.

Nous avions enfin réussi à faire fonctionner notre bateau de pêche / ski nautique converti avec succès comme nous le souhaitions, et j'adorais y monter. Cependant, je devenais si encombrante avec ma grossesse tardive que j'avais du mal à entrer et à sortir du bateau. Brad a finalement résolu le problème en me mettant dans le bateau et en me disant d'y rester. Après avoir appris à skier et à monter un autre article fait maison que nous avons appelé une «planche de surf» et découvert plus tard que son nom propre était «aquaplane», il a enseigné à d'autres amis au lac les deux équipements. C'était extrêmement agréable pour moi de rouler et, depuis le bateau, de regarder toutes les activités.

J'avais tellement apprécié la journée ! En premier lieu, la sœur nouvellement mariée de Brad, Treena, m'avait proposé de me donner un peu de temps libre en gardant mes enfants pour la journée, un régal pour moi. À la fin de la journée, j'étais détendu, heureux et très endormi. Lorsque nous eûmes chargé le bateau et regagné la maison de Treena, il était plus de neuf heures. Elle nous a dit qu'elle avait nourri et baigné les enfants et les avait mis au lit, suggérant que nous les laissions là pour la nuit.

Brad a pensé qu'il valait mieux que nous le fassions, et je n'ai pas discuté, même s'il était si rare que Brad accepte de permettre aux enfants de rester loin de la maison pendant la nuit, n'importe où. J'étais content car j'étais très fatigué. Nous sommes rentrés chez nous et sommes directement allés nous coucher. Je ne me souviens même pas m'être déshabillé.

85

ne Arrivée Surprise

Un profond sommeil en pensant qu'une liquide était versé sur mon abdomen.

Cependant, la sensation avait disparu au moment où j'étais complètement éveillé. Pensant que c'était un rêve, je me suis retourné pour me rendormir quand il est revenu. C'est alors que j'ai réalisé que j'étais en travail et que les douleurs se succédaient ! Nous avons pris ma valise prête à l'emploi, avons sauté dans la voiture et nous sommes dirigés vers l'hôpital. Sur le chemin de l'hôpital, je ne peux que me souvenir d'avoir eu une solide vague de douleur sans répit. À mon arrivée, j'ai dit à l'infirmière que je pensais que le bébé venait chercher à ce moment-là, j'ai ressenti une pression extrême et le besoin de pousser, et je le lui ai dit. Je l'ai suppliée d'appeler mon médecin. Elle s'est seulement moquée de moi et m'a dit : « Tu as beaucoup de temps. Nous ne vous avons même pas encore préparé. En plus, il est à l'hôpital. Nous pouvons l'appeler quand nous avons besoin de lui. Elle m'a exhorté à m'allonger et à me détendre en disant : « Le moment venu, nous appellerons le médecin, mais cela fait encore un moment. En attendant, je vais faire venir une aide-infirmière ici pour vous préparer.

Je l'ai de nouveau suppliée d'appeler le médecin parce que je pensais que le bébé allait arriver. En quittant la pièce, elle m'a dit qu'elle le ferait plus tard.

Je ne me souviens que vaguement de l'infirmière auxiliaire entrant dans la chambre. J'étais dans un mur solide de douleur. Je me souviens qu'elle a remonté ma blouse et, avec un halètement bruyant, crié pour l'infirmière. Je ne me souviens de rien d'autre, et trente minutes plus tard (ils m'ont dit l'heure le lendemain), je me suis réveillé avec Brad lissant mes cheveux de mon visage et m'embrassant le front alors qu'il me disait que nous avions une petite rousse qui était pressée de venir.

Tout ce que je pouvais penser à dire était: "Ils ne m'ont même pas encore préparé!"

La petite rousse Leeza m'a donné la grossesse la plus facile et le travail le plus court que j'aie jamais eu. Je n'avais pas de points de suture, pas de séquelles, pas de démangeaisons de préparation, rien pour rendre la récupération longue, douloureuse ou inconfortable. Elle n'a causé aucune interruption dans ma vie, semblait-il. Pour mieux comprendre, j'étais de retour sur le lac et de retour dans le bateau (je pouvais monter et descendre facilement), et je suis sorti pour retourner dans ma famille et nourrir mon nouveau bébé, qui était câliné par Ma car elle nous avait accompagnés au lac pour s'occuper des enfants. Elle s'inquiétait pour eux autour de l'eau, nous disait-elle. Nous ne savions pas que nos enfants passeraient une grande partie de leur enfance autour de l'eau!

86

Bébé Leeza

J'avais essayé d'allaiter mon premier bébé, Margene, et je n'avais pas réussi. Le bébé n'a pas souffert de ma tentative, mais je pense que ma jeunesse et mon impatience étaient les raisons pour lesquelles mon lait ne descendait tout simplement pas. Le cri affamé de mon bébé était quelque chose qui a servi à augmenter mon impatience, donc je ne pouvais pas me détendre suffisamment pour que cela réussisse. Je n'avais même pas essayé avec mon deuxième bébé, Renée. Cependant, j'avais un complexe de culpabilité à ce sujet, et parce que je me sentais si bien après cette expérience facile de donner naissance à Leeza, j'ai ressenti le besoin de l'allaiter.

Au bout d'un mois, j'ai réalisé qu'elle ne grandissait pas, mais j'étais certaine qu'elle buvait assez de lait car, selon les instructions du médecin, j'avais pompé et mesuré. Elle a commencé à cracher, et il était évident que son estomac lui faisait mal. Son cri a commencé à ressembler moins à celui d'un bébé qu'à celui d'un chaton. Les os de son visage et de sa poitrine étaient devenus si proéminents, et ses bras et ses jambes étaient si fins. Son ventre semblait grossir.

Au cours de la première semaine d'août, alors qu'elle avait six semaines, j'ai su que quelque chose n'allait pas du tout et j'ai emmené mon bébé chez le médecin. Il a jeté un coup d'œil et a dit: "Votre bébé est mal nourri."

Après l'avoir soigneusement examinée, il m'a dit de l'éloigner de tout lait pendant trois jours. On m'a demandé de la mettre sous un mélange d'une boisson gazeuse claire et d'eau pendant les trois jours et de la ramener le quatrième jour. Pendant les jours où elle n'allaitait pas, je devais exprimer et mesurer le lait maternel aussi régulièrement que j'avais nourri le bébé auparavant et garder une mesure précise de la quantité de lait que j'exprimais.

"Et", a-t-il souligné, "vous n'avez aucun moyen de nourrir le bébé avec du lait. Nourrissez-la uniquement de soda et d'eau ! Il a donné des instructions à l'infirmière pour organiser un rendez-vous tôt le matin pour que nous revenions.

Les trois jours suivants ont été si durs. Je ne savais pas comment la petite pouvait vivre de soda et d'eau sans lait, car elle était si maigre et si malade. Cependant, elle commença bientôt à se sentir mieux. Ses pleurs constants avaient cessé, la diarrhée avait disparu et elle n'avait plus l'air si pâle.

Le docteur eut l'air content alors qu'il commençait à l'examiner. Il a dit : « La quantité de lait que vous avez tirée et mesurée est adéquate, mais je soupçonne que votre lait n'a pas de force. Je vais la placer sur une formule, et une fois qu'elle s'y sera habituée, je pense qu'elle s'épanouira. Il l'a mise sur une formule diluée, qu'elle a prise comme un chaton affamé. En quelques jours, comme indiqué, j'ai mélangé la formule normalement et elle n'a eu aucun problème.

Elle a immédiatement commencé à faire des progrès. Elle avait besoin de plus de lait et j'ai progressivement augmenté la quantité que je lui ai donnée. À la mi-septembre, elle était juste un peu en dessous de l'échelle de croissance attendue qu'elle aurait dû avoir à trois mois. J'étais tellement reconnaissante à notre Père céleste d'avoir ramené notre belle petite fille de la descente dans laquelle elle se trouvait un mois auparavant.

À part la croissance lente et la malnutrition de mon bébé, qui ont été découvertes à temps pour une correction avant qu'elle ne soit critique, l'été 1951 a été un bon été. Nous étions financièrement solides, et comme Brad n'avait pas à travailler autant, il avait renoncé à ses deux emplois à la société de décapage et repris l'entreprise libre d'un atelier de soudure et de réparation avec un contrat pour s'occuper de l'équipement lourd. de la même entreprise de strip-tease pour laquelle il avait travaillé comme employé. Ils étaient contents d'avoir un atelier de réparation à proximité pour recevoir des pièces à souder et à réparer, en particulier un où ils pouvaient recevoir de gros équipements mobiles. Brad a rapidement commencé à obtenir tout le travail qu'il pouvait gérer et a même embauché un apprenti pour aider à la réparation.

87

Tout Est Bien

Là où Brad avait occupé deux ou trois emplois auparavant, celui-ci était souvent rempli le temps de trois! Cependant, nous trouvions tout de même le temps de faire des choses en famille car il essayait de laisser les dimanches libres.

Nous étions tous les deux si fiers de notre famille. Les enfants étaient heureux et veillaient si bien les uns sur les autres que nous avons pu les emmener ailleurs, et c'était tellement bon d'être ensemble. Après que notre petite Leeza ait recommencé à grandir, nos soucis étaient tellement moindres qu'ils ne l'avaient jamais été auparavant. Nous ne nous rendions pas compte du changement qui s'annonçait!

88

Danger Sur La Montagne

À l'approche de l'automne 1951, il y eut de plus en plus de demande sur le temps de Brad, et plusieurs fois, il était seul sur la montagne après la fermeture des opérations pour la nuit. Quand j'ai su que les mines étaient fermées et qu'il n'était pas rentré à la maison, je me suis tenu à la fenêtre à regarder les lumières du camion que je savais être sa descente de la montagne, et la plupart de ces nuits, j'allais me coucher bien avant il a terminé le travail.

Une nuit, alors qu'il soudait sous un bulldozer, Brad s'est rendu compte que la jauge de carburant de sa soudeuse à essence était vide et qu'il devrait bientôt s'arrêter. Il avait un peu plus à souder avant de terminer le travail, et plutôt que d'arrêter son travail pour retourner à son garage pour plus d'essence, il a rempli son bidon de cinq gallons en siphonnant un peu du réservoir du bulldozer à essence.

Il lui a fallu grimper sur le bulldozer pour se rendre à l'ouverture du réservoir. Lorsqu'il a mis le siphon en marche, il s'est rendu compte que l'essence coulerait très lentement, et il a décidé de descendre souder un peu plus pendant que le bidon se remplissait. Apparemment, plus de temps s'était écoulé qu'il ne s'en était rendu compte lorsqu'il a vu qu'un jet d'essence s'était écoulé dans la zone proche de l'endroit où il était en train de souder. Il a tout de suite su que la canette avait débordé !

Juste au moment où Brad a découvert le débordement, il est entré en contact avec une étincelle réelle de sa soudure et a pris feu. Il a couru pour éteindre le feu et a réussi à éteindre la flamme mais, ce faisant, a pris feu aux jambes de son pantalon. Il s'est rapidement éloigné de l'essence de peur qu'elle ne se rallume ou que les vapeurs souffleraient. Le processus de course a attisé les flammes sur ses vêtements, et à ce moment-là, elles avaient vraiment éclaté. Quand il sentit qu'il était assez loin, il se coucha et roula jusqu'à ce que le feu soit éteint. Beaucoup de jambes de son pantalon ont été brûlées et, ce faisant, il a eu des brûlures aux jambes. Il était conscient que les fumées pouvaient encore s'enflammer à tout moment et pouvaient l'atteindre.

C'est alors qu'il prononça une prière : « S'il vous plaît, Dieu, aidez-moi ! Sa prière fut exaucée et il ne vit plus de flammes.

89

Vulnérabilité Nocturne

L'appel rapproché d'un incendie qui aurait pu être mortel avait fait que Brad repenser à travailler seul sur la montagne et à se mettre dans une telle position de danger. Le feu n'était qu'un des dangers auxquels il était confronté lorsqu'il travaillant sur ou autour d'équipement lourd car parfois il devait dépendre de vérins dont il doutait qu'ils soient assez solides pour supporter la charge et devait ensuite ramper sous cet équipement ainsi soutenu. Il a commencé à se demander s'il voulait ou non se placer, lui et sa famille, dans la position précaire qu'il occupait lorsqu'il a quitté ces emplois. Pendant qu'il s'examinait, il voulait m'en parler mais ne voulait pas que je m'inquiète tant qu'il faisait encore ce genre de travail. Je pourrais être assez inquiet pour beaucoup moins. Je m'inquiéterais encore plus si j'avais su que ce genre de chose se produisait. Le feu que je connaissais; comment pourrait-il cacher des jambes de pantalon brûlées et des jambes brûlées ?

Une autre nuit de novembre, Brad était monté sur la montagne pour souder et réparer un gros bulldozer, et comme il était sur le point de refuser le travail, l'entreprise avait accepté que deux hommes restent et aident au gros travail. Il avait accepté d'y aller et était parti depuis le début de la soirée. Il était bien plus de minuit et je n'arrêtais pas d'aller à la fenêtre pour le guetter. Je voulais tellement qu'il soit en sécurité à la maison !

Mes remuements avaient réveillé le bébé, je l'ai soulevée et l'ai emmenée à la fenêtre. J'avais besoin de tenir mon bébé pour le confort que son petit corps chaud me donnerait. Je savais que je ne pourrais pas dormir ; Il me manquait tellement ! La lune était pleine et était ce que nous appelions une lune de moisson. À l'époque où Brad travaillait un quart de travail et en rentrant à la maison, nous avions le temps de nous promener, et l'un de nos moments préférés était de marcher sous la pleine lune, en particulier la lune des moissons. J'aspirais à avoir la chance de lui tenir la main et de marcher avec lui cette nuit-là, mais nous avions si peu de temps pour nous à cette époque. Avec des souvenirs poignants dans mon esprit, j'ai commencé à pleurer, et c'est alors que j'ai réalisé à quel point les bébés sont sensibles à nos sentiments ; son petit visage était plissé pour pleurer parce que je pleurais. Je l'ai serrée contre moi et j'ai travaillé pour me contrôler tout en murmurant des sons apaisants à mon enfant pour la mettre à l'aise.

Il était près de cinq heures du matin lorsque Brad rentra enfin à la maison et se mit au lit. Il m'a demandé de le réveiller à sept heures car il devait être de retour au garage à sept heures et demie. Il en fut ainsi pendant les mois suivants, et Brad avait l'air très fatigué la plupart du temps.

90

Indications De Problème

À deux reprises cet hiver-là, quand j'ai apporté le déjeuner à Brad alors qu'il était travaillant dans le garage, je l'ai trouvé assis derrière le petit poêle ventru, sa source de chaleur pour le garage. La première fois que j'ai eu est entré sur lui, il avait un petit bloc de papier et un crayon très court. Une fois auparavant, quand j'avais remarqué son crayon de deux pouces, je lui avais proposé de obtenez-lui un plus long, et il a refusé, en disant: "Je peux facilement transporter celui-ci dans ma poche."

Cette fois, quand je lui ai demandé ce qu'il faisait, il a levé les yeux, surpris (il ne m'avait pas entendu entrer), puis j'ai remarqué à quel point il avait l'air inquiet. Il a répondu: "Oh, j'essaie juste de comprendre comment gagner un dollar."

Je devais entendre ces mots plusieurs fois tout au long de notre vie ensemble, et il était toujours capable de trouver la réponse. J'ai remarqué, en regardant autour de moi, qu'il avait plusieurs travaux inachevés assis là. J'ai demandé s'il attendait des pièces. Il a répondu: "Non, je vais les rejoindre." Cela ne sonnait pas vrai.

Pendant l'hiver, les emplois disponibles semblaient arriver plus lentement. Je pensais que la raison en était que les routes menant aux mines à ciel ouvert étaient impraticables plusieurs jours à cause du temps. J'ai découvert plus tard que c'était plus que le temps.

Brad avait rattrapé tous les travaux de réparation sur l'équipement qui se trouvait dans son garage et passait des journées avec très peu à faire. Heureusement, à sa manière économe, il avait mis de l'argent de côté pour nous dépanner pour des moments comme cette. Je suis sûr qu'il s'inquiétait, bien qu'il ne me l'ait jamais dit. Si je lui demandais, sa réponse serait : « Tout ira bien. Ne vous inquiétez pas ! »

En février 1952, j'ai découvert que j'étais de nouveau enceinte, et avec l'état actuel de notre économie lente, je me suis demandé si Brad pourrait devenir encore plus inquiet avec cette nouvelle d'un enfant à venir pour agrandir encore notre grande famille. Il ne m'a jamais fait sentir qu'il ne voulait pas d'un autre enfant ou qu'être enceinte était quelque chose que j'aurais pu éviter. Je sais que son frère Daniel l'a souvent fustigé à propos d'« exagérer ce truc de famille » et, dans un langage très grossier, ce qu'il fallait faire à ce sujet.

91

Leçons Apprises

Brad a continué à sortir pour les travaux de réparation sur place, mais les a limités à pendant la journée et uniquement aux travaux qui ne pouvaient pas être transférés dans son garage. La nuit, il travaillait sur du matériel qu'on lui apportait. C'était lors de certaines des longues soirées où il travaillait au garage, je m'asseyais à la fenêtre de la cuisine et regardais de la maison sa torche de soudage. D'une manière ou d'une autre, le simple fait de voir cette fusée éclairante m'a fait me sentir plus proche de lui. Je l'ai vu si peu et il m'a tellement manqué.

Notre bébé Leeza avait enfin commencé à se remplir et à grandir. Son entrée facile dans ce monde s'était transformée en des premiers mois pas si faciles pour la petite.

À la fin de l'hiver 1952, j'étais tellement occupée à peindre la maison, alors que Brad avait enfin terminé les murs intérieurs, que j'avais pris l'habitude de coucher le bébé avec un biberon. Elle était dans son berceau dans le salon juste au coin de l'endroit où je travaillais dans la cuisine et dans d'autres pièces à proximité. Je regardais de temps en temps pour vérifier ses progrès sur la bouteille que je lui avais donnée. J'avais couché Renée pour sa sieste en même temps que le bébé. L'autre petite, Margene, qui était trop jeune pour aller à l'école, jouait seule dans le coin. Ce serait alors assez calme pour que Leeza et Renee fassent une longue sieste.

Plusieurs fois, lorsque j'ai vérifié, Leeza avait vidé son biberon mais le suçait toujours et était presque endormie. J'ai enlevé le vide et j'ai noté mentalement d'augmenter le lait parce qu'il était parti trop tôt, ce qui devrait signifier qu'elle en avait besoin de plus. Même après avoir augmenté le lait, elle semblait toujours vider son biberon trop vite ; J'ai même cherché une fuite ! Pas au début mais plus tard, elle a commencé à avoir faim juste après avoir bu un biberon, sa prise de poids s'était arrêtée et elle pleurait davantage. Elle recommençait même à maigrir.

Un jour, j'avais couché Renee et Leeza pour une sieste, comme d'habitude, et le bébé avec un biberon (Renee avait été sevrée plus tôt). J'étais dans la cuisine en train de préparer le dîner et j'ai entendu le biberon tomber par terre. J'ai sauté au coin de la rue pour le ramasser et j'ai vu Renee se précipiter sous le lit de bébé avec le biberon en disant: "Je l'ai remis!" Je lui ai pris la bouteille et, réalisant qu'elle était vide, j'ai regardé Renée, qui avait un anneau de lait autour de la bouche avec des bulles fraîches dans le lait. J'ai demandé d'un ton accusateur : « Avez-vous bu le lait du bébé ?

Elle avait l'air d'être sur le point de pleurer en disant : « J'aide, j'aide !

Puis j'ai réalisé ce qui s'était passé et je ne pouvais pas croire que je ne l'avais pas attrapée avant. Elle buvait le lait du bébé ! J'ai réalisé aussi que si j'allais donner à mon plus jeune enfant une chance de grandir et d'être en bonne santé, je devais mieux prendre soin d'elle.

J'ai commencé à tenir le bébé pour le nourrir et je pouvais presque le voir grandir. Je me privais, ainsi que le bébé, de ne pas la tenir pendant qu'elle allaitait, car il y a beaucoup de plaisir à avoir son bébé. Je n'ai pas arrêté de réfléchir à ce moment-là et je me rends compte maintenant que j'écris ceci, Renee n'était qu'un bébé aussi. Elle avait été sevrée à treize mois, juste avant la naissance de Leeza, mais elle portait encore des couches jusqu'à peu de temps avant la période de vol de biberon. Elle n'a vraiment pas été le bébé assez longtemps et souffrait à cause de cela. Vous savez comment ils disent que le recul est de vingt-vingt.

Inutile de dire que j'ai commencé à donner plus de lait à Renée. Où étaient les gobelets alors? Dee, qui habitait juste en haut de chez moi, compensait un peu mon manque de temps pour Renée. Elle la câlinait beaucoup car Renée semblait pleurer excessivement et traversait des périodes très difficiles. Son problème digestif au début de sa petite enfance semblait être revenu. C'était une petite fille heureuse pour la plupart.

92

Trois Nounous Et Un Billy Acariâtre

L'été a été une période chargée pour moi avec les enfants rentrés de l'école et le jardin à entretenir avec la préservation de sa générosité. Brad m'a donné toute l'aide qu'il pouvait, mais était lui-même assez occupé à "essayer de gagner un dollar". Nous avions une vache que je traitais deux fois par jour, ce qui gardait une réserve abondante de lait de vache disponible pour la famille. Cependant, à cause des problèmes d'estomac de Renee et Leeza, nous avions demandé à une chèvre d'essayer le lait de chèvre pour remplacer le lait de vache dans leur alimentation. Cela a semblé aider. Brad a préféré boire du lait de chèvre aussi, et nous avons décidé garder quelques chèvres pour la traite.

Bien sûr, si vous avez des nounous (chèvres), cela signifiait que pour garder du lait frais, nous aurions éventuellement besoin d'un bouc (bouc) pour nos femelles. Brad en a acheté un et a ramené le billy à la maison. Ce fut le début d'un tout nouveau problème pour moi. Nous ne pouvions pas garder le billy parqué. Il escaladait n'importe quelle clôture, quelle que soit sa hauteur.

Si nous le gardions dans la grange, il resterait debout et frapperait la porte jusqu'à ce que ses douilles de corne soient ensanglantées. Si on lui mettait un collier, il le tirerait jusqu'à le casser. Nous avons finalement essayé de mettre la corde autour de ses cornes, et quand il a découvert que tirer dessus lui causait trop d'inconfort, il mâchonnait la corde jusqu'à ce qu'il soit à nouveau lâche. Les enfants avaient très peur du billy car il butait sur tout ce qui bougeait.

Chaque fois que le billy se détachait, il devait être attrapé et à nouveau retenu. Moi, étant le seul adulte à la maison et enceinte de huit mois, je devais être celui qui l'attrapait et le tenait jusqu'à ce que l'un des garçons puisse mettre la corde (ou tout ce que nous utilisions actuellement pour le retenir) autour de son cou ou de ses cornes. Pour l'attraper, je n'avais qu'à aller vers lui, et il courrait vers moi, tête baissée. J'ai ensuite dû l'attraper par les cornes juste avant qu'il ne me fonce dessus et s'accroche. Simple, hein ?

Lorsque je l'ai attrapé, j'ai dû faire un pas de côté, creuser mes talons et m'accrocher pour arrêter son élan; sinon, mon baby bump en prendrait le coup. Heureusement, il n'était pas très grand, mais il était très fort pour sa taille. Le prochain obstacle était alors de persuader mon Brad Jr. de huit ans de venir vers moi avec la contention et de la mettre autour de son cou jusqu'à ce que je puisse l'écrire ou tout ce que je pouvais faire avec lui pour l'empêcher de se déchaîner et de cogner tout le monde. ou tout ce qui bougeait.

Pendant tout ce temps, j'essayais d'amadouer mon fils pour qu'il apporte la contention, mais cela a pris un peu de temps car Brad Jr. avait très peur, et pendant ce temps, la chèvre essayait de me cogner dans le ventre. Au moment où mon fils a été convaincu que je ne lâcherais pas prise, j'étais tellement fatiguée que je n'étais pas vraiment sûre de pouvoir tenir le coup! Il a finalement eu le courage d'apporter la retenue de la chèvre, et j'ai alors pu enclos la chèvre. Pendant la journée, cela s'est produit à plusieurs reprises. Puis un jour après avoir attrapé et parqué la chèvre quatre fois, j'en avais fini avec lui.

Je l'ai finalement mis dans la grange pour le laisser se cogner et saigner ses cornes jusqu'à ce qu'elles soient arrachées pour tout ce que je voulais ! Quand Brad est rentré à la maison, il m'a dit qu'il se débarrasserait de lui le lendemain.

Dès le lendemain, un homme de l'autre côté de la montagne est venu voir le billy et a dit qu'il voulait l'acheter mais qu'il devrait revenir le lendemain avec l'argent. Brad ne voulait pas que la chèvre reste jusqu'au lendemain et lui a dit de prendre la chèvre avec lui cette nuit-là et d'apporter l'argent le lendemain.

L'homme revint le lendemain comme promis et rapporta : « La chèvre que j'allais acheter est morte. Je le menais juste, et il reculait toujours et s'arrêtait, alors quand il est tombé mort, j'ai juste pensé qu'il était à la hauteur de ses tours. Cette fois, il ne s'est pas levé quand j'ai tiré sur la corde ! Il était mort comme un clou de porte.

À ce stade, il a sorti l'argent qu'il aurait dû pour la chèvre et a dit : « Voici l'argent. Maintenant, tu me dois une chèvre.

Brad, refusant l'argent, a déclaré: "Je n'avais qu'un seul billy, vous devrez donc en acheter un ailleurs."

Nous étions si heureux que la chèvre soit partie que nous nous moquions vraiment de savoir si cela se passait comme l'homme l'avait dit ou non. Brad pensait que l'homme était peut-être devenu tellement en colère contre la chèvre acariâtre qu'il l'avait peut-être battue à mort !

93

Un Coup De Pied Dans L'oubli

Corvées que j'accomplissais deux fois par jour était de traire notre vache pour la lait familial. Brad Jr. était mon petit assistant dans toutes les corvées et il m'accompagnait et sortait le grain et le foin pour la vache pendant que je traitais, et il resterait avec moi jusqu'à ce que j'aie fini.

Un jour, lorsque la vache est entrée dans la zone où je l'ai traite, il a remarqué qu'elle avait une grande place enflée sur son sac juste au-dessus d'un de ses trayons. J'ai envoyé Brad Jr. de l'autre côté de la route pour demander si le fermier voisin voulait bien s'approcher pour regarder notre vache. Il n'était pas vétérinaire mais était doué pour les maladies animales. Il est venu et a regardé la blessure et a annoncé qu'il croyait que c'était une morsure de serpent, ce qui arrivait souvent, nous a-t-il dit. Il a suggéré une pommade à utiliser pour le traiter. Il nous a assuré qu'il n'y aurait aucune raison pour laquelle nous ne pourrions pas utiliser le lait, mais pas de cette tétine. Mais il nous a avertis que même si nous ne devions pas l'utiliser, nous devions nous assurer que la tétine était proprement retirée. (Le processus consistant à retourner après la traite et à retirer tout le lait possible de chaque trayon s'appelait le stripping. Si cela n'est pas fait à chaque traite, une forme de mammite se développe, ce qui entraîne une diminution de la production de lait et peut éventuellement entraîner dans une situation permanente avec l'animal.) Le principal ingrédient du baume que nous avons utilisé sur la blessure/infection de la vache était l'acide carbolique, un produit que les enfants ont continué à appeler le baume de vache tout au long de leurs années de croissance. Il s'agissait d'une pommade vendue par un porte-à-porte d'une société spécialisée dans les produits pharmaceutiques à usage humain. Nous devions constater que cela fonctionnait aussi bien pour les infections mineures chez les humains que chez les animaux.

Après le départ de notre voisine fermière, j'ai fait ma traite habituelle, laissant son mamelon douloureux pour la fin. Lorsque j'ai commencé à la traire, elle a immédiatement réagi à la douleur. Je l'ai soigneusement traite et j'ai fait des progrès, mais j'ai dû être un peu rude avec elle car tout à coup, elle a donné un coup de pied, me frappant violemment sur le côté de la tête. Son coup m'a fait tomber du tabouret de lait et sur le bord de la crête sur laquelle je me suis assis, et j'ai fini par descendre à environ dix pieds du tabouret. J'ai dû perdre connaissance momentanément car la prochaine chose dont je me souviens est Brad Jr. penché sur moi, pleurant et essayant de me mettre en position assise. J'avais un nœud en relief sur la tête, mais j'allais bien sinon. J'ai rassuré mon petit garçon, et il m'a aidé à mettre une entrave (un gadget conçu pour empêcher une vache de donner des coups de pied) sur la vache, et j'ai fini de la déshabiller.

Au cours des jours suivants, Brad s'est assuré de ne rien planifier au moment de la traite et a fait la traite lui-même. Cela s'est avéré être plus que quelques jours car j'ai fini par être absent plus longtemps que prévu.

94

Derrière Des Portes Closes

Le mois de septembre m'avait échappé, mais c'était plus que Bienvenue. J'étais tellement contente d'avoir un temps plus frais car les grossesses d'été étaient des tueries ! En plus de la chaleur inconfortable, je commençais à avoir des problèmes de vertiges sévères qui semblaient s'aggraver.

de plus en plus mal et provoquait des nausées extrêmes.

Le 3 septembre après mon bilan de santé, le médecin a voulu me mettre à l'hôpital car il s'inquiétait de mes vertiges et de mes nausées. Je commençais à avoir beaucoup de douleurs à l'estomac et une horrible constipation aussi. Après une journée de tests, le médecin a déterminé que mes problèmes provenaient du fer et peut-être d'autres minéraux contenus dans le mélange concentré de vitamines que je prenais ; par conséquent, il m'en a enlevé. J'étais tellement épuisée qu'il voulait que je reste à l'hôpital quelques jours de plus afin qu'ils puissent se concentrer sur ma préparation et ma capacité à avoir mon bébé.

J'ai été libéré le 10 septembre pour rentrer chez moi et on m'a conseillé de me reposer beaucoup. J'étais à la maison le 11, et très tôt le 12 septembre, j'ai commencé le travail et j'étais de retour à l'hôpital. J'étais en travail onze heures, et aucun progrès n'a été fait du tout. Le personnel de la maternité m'a dit qu'ils me donneraient un peu plus de temps et que si rien ne se passait, ils provoqueraient le travail. J'avais une douleur si intense que j'avais l'impression qu'une porte à l'intérieur de moi était fermée et qu'il semblait y avoir beaucoup de pression contre cette porte fermée. Je ne sais pas ce qui a causé ce sentiment car ils ne me l'ont jamais expliqué, et je ne l'avais eu avec aucune des autres naissances. Puis la douleur de l'accouchement est devenue plus intense, et cette porte ne s'ouvrait toujours pas. Une fois, après une examen par l'infirmière, ils ont conféré, et quelqu'un est allé après le médecin. Après son examen, il est venu me parler. Il m'a dit que j'étais sur le point d'accoucher, mais que le bébé n'était pas dans la bonne position pour entrer dans le canal de naissance et qu'il devrait le tourner avant que je puisse le mettre au monde. (Je dis "ça" car à cette époque, les médecins ne pouvaient pas dire le sexe du bébé avant la naissance comme ils le font aujourd'hui.)

J'étais dans et hors de la conscience pendant que l'infirmière m'avait injecté quelque chose qu'elle disait être pour contrôler la douleur. J'ai semblé être complètement éveillée alors que l'infirmière me serrait doucement l'épaule et me demandait si mon mari était à l'hôpital. J'ai dit qu'il l'était, et elle est partie. Elle est revenue peu de temps après avec Brad et m'a dit que le médecin voulait nous parler à tous les deux. J'étais perplexe, pensant : Pourquoi est-ce que je n'ai pas de bébé ? Le médecin est entré et a dit que nous devions parler de quelque chose qui nécessitait une décision de notre part, et que cela devait être fait immédiatement. Vous pouvez imaginer toutes les choses qui me traversaient l'esprit et par conséquent à quel point j'avais peur.

95

Notre Avertissement: Ma Surprise

Dr. _ Smittie était un médecin plus âgé et très fiable chez Denton seulement l'hôpital, et il avait été le médecin qui avait accouché de tous mes enfants. Il nous connaissait bien, nous le respections et lui faisions confiance. Il a commencé à souligner différents problèmes que j'avais eus avec cette grossesse, l'hospitalisation pour la fatigue et les moments difficiles que j'ai eus pendant le travail (à ce moment-là, je me souviens avoir pensé que tout ce que l'infirmière m'avait donné pour la douleur avait aidé car je ne ressentais aucune la douleur). Il a poursuivi en disant qu'il y avait eu un problème que je ne connaissais même pas et que mon placenta avait poussé jusqu'à mon ventre. Il nous a en outre dit que lorsque cela se produisait, la prochaine grossesse pouvait même être pire, car il avait vu des cas où le fœtus lui-même avait grandi jusqu'à l'utérus, et cela mettait souvent la vie en danger pour la mère et le bébé. Une fois ces problèmes survenus, ils étaient plus que susceptibles de se poursuivre à chaque grossesse ultérieure.

Le Dr Smittie a poursuivi : « Vous avez déjà une famille nombreuse selon les normes d'aujourd'hui. Vous n'avez pas l'impression d'en avoir assez ? Et compte tenu des situations que je viens de signaler, je voudrais faire une recommandation. Maintenant, pendant que Rachel est à l'hôpital, ce serait un excellent moment pour nous d'effectuer une intervention chirurgicale sur elle pour éviter de futures grossesses.

Brad parla alors pour la première fois. Il a dit: «Je ne veux pas qu'elle subisse cette opération car j'ai entendu dire que c'est dur pour le corps d'une femme plus tard. J'ai aussi entendu dire qu'il y a quelque chose que vous pouvez faire à un homme qui l'empêchera de mettre sa femme enceinte et que c'est plus facile pour un homme que la chirurgie pour une femme. Pouvez-vous nous dire quelque chose à ce sujet ? » Le Dr Smittie a répondu : « Oui. J'ai effectué cette procédure. C'est très simple, le temps de récupération est court et l'homme ne souffre d'aucun effet à long terme de la chirurgie. La seule condition sur laquelle je dois mettre en garde serait l'effet psychologique que cela pourrait avoir si l'homme devait s'attarder sur le fait qu'il ne peut plus engendrer d'enfants. D'autres cas seraient ceux où un homme se remarie, dans des familles plus petites où il devrait perdre un enfant, ou dans d'autres cas où l'homme n'est pas psychologiquement fort. Je pense qu'aucune de ces raisons ne s'applique à vous. Oui, ce serait mon itinéraire suggéré. Il faut dire cependant que ce n'est pas souvent que les hommes se portent volontaires ! C'est ce que vous faites, n'est-ce pas ? »

"Oui. Dites-moi ce qui va se passer et quand vous le ferez.

Le médecin m'a fait un clin d'œil et m'a dit : « Bonhomme, tu es arrivé ici ! Et à Brad, il a dit: «Ce n'est pas obligé d'être ce soir. On doit juste s'assurer que c'est fait avant qu'elle ne tombe à nouveau enceinte, et avec vous deux, ce n'est pas long. Je vais la garder à l'hôpital quelques jours, et ça ne peut pas arriver ici. Il en riant. «Je suggérerais que nous parlions dans les deux prochaines semaines et fixions une date. En attendant, je vais vous donner une brochure. Regardez-le et si vous avez des questions, nous en discuterons lorsque nous nous reverrons.

Pendant tout le temps qu'ils parlaient, je devenais assez anxieux. Quoi à propos de mon bébé ? ! Est-ce que je l'ai eu ? Les infirmières semblaient occupées à nettoyer la maternité, et il n'y avait pas de bébé en vue. Brad m'a vu regarder autour de moi et a su que quelque chose m'inquiétait.

Il m'a serré la main et a dit : « Nous avons une parfaite petite fille blonde ! Elle est belle."

Une infirmière, entendant notre conversation, a demandé: "Voulez-vous la tenir?" Poussant un soupir de soulagement, je me suis exclamé : « Oui ! L'infirmière a disparu derrière un rideau et j'ai brièvement entendu des bruits de bébés qui pleuraient. Elle était de retour en un instant avec ma belle petite fille Eileen, avec une carte épinglée sur sa couverture indiquant: "Carrington Girl, BD: 9/12/52, 7 lb. 2 oz." Elle était parfaite !

Tous mes autres bébés sont nés avec des marques rouges sur le front, juste au-dessus du nez ; Eileen n'avait pas ça. Plus tard, j'ai demandé au médecin la raison pour laquelle ils l'avaient tous et elle ne l'a pas fait. Il m'a suggéré de regarder derrière sa tête. Ils y étaient! Il a poursuivi en disant que le placement d'Eileen lors de la naissance n'était pas celui naturel du bébé face à l'avant, mais sa position était qu'elle faisait face à ma colonne vertébrale. Cette position a causé plus de difficultés naissance comme je l'avais vécu.

Les autres ont subi une pression d'une partie de mon corps, provoquant l'apparition de taches sur leur visage et à l'arrière de la tête d'Eileen. (J'ai constaté que les marques rouges disparaissent avec le temps ; enfin, presque de toute façon !)

96

Le Nombre Magique Est Sept

Rentrer à la maison après l'hôpital était assez effrayant car je me sentais tellement fatigué. je Je n'avais pas besoin de m'inquiéter, cependant, car Brad m'avait aidé. j'étais couvert ! Ma sœur Josie m'a rencontré à la voiture avec mon bébé Leeza dans ses bras. Ils étaient « besties », Josie et « Meesh » (petit nom de Josie pour ma petite fille). Ma sœur Shar, âgée de seize ans, a jeté un coup d'œil par la porte avec une pomme de terre et un couteau d'office à la main. Quelqu'un cuisinait; Je me demandais qui. Lorsque j'entrai dans ma cuisine, ma chère maman sortit une poêle brûlante du four et y versa les préparations pour le pain de maïs. Je sentais le chou (l'un des légumes encore disponibles du jardin). Si c'était tout ce qu'elle avait préparé, ça aurait été très bien car j'adorais le chou cuit et le pain de maïs et Brad aussi. En fait, ils avaient préparé un festin tardif pour mon retour à la maison. Et comme je l'ai déjà dit, j'adore manger !

Josie avait la voiture de son petit ami et avait amené maman et Shar dans notre ferme et devait ramener maman à la maison. Maman a dit : « Si tu as besoin d'elle, je laisserai Shar ici pour t'aider pendant environ une semaine. J'étais tellement contente que cette petite sœur reste, non seulement pour aider, mais parce que j'aimais être avec elle. Elle était si serviable et toujours aussi agréable.

Je me souviens vivement d'un incident à l'occasion de ce séjour en septembre 1952. Nous avions encore du maïs dans le jardin, et Shar adorait le maïs. S'il y avait quelque chose que nous avions à l'automne qui avait meilleur goût que le maïs pour Shar, c'était bien les raisins Concord ! Quand le maïs était de saison, je le servais pour presque tous les dîners. Jusqu'à l'arrivée des grands froids, les raisins étaient toujours là pour la cueillette. Et Shar a choisi ! Ne pas avoir l'habitude de manger beaucoup de raisins et de ne pas en avoir beaucoup de maïs pour les repas, comme le fait de vivre dans une ferme, Shar a tout simplement mangé trop des deux. Elle a développé des maux d'estomac accompagnés de diarrhée, la rendant malheureuse.

Elle ne voulait pas que quiconque le sache, surtout moi, alors elle a essayé d'aider autant qu'elle l'avait fait dans le passé. Éplucher des pommes de terre était toujours quelque chose qu'elle faisait pour moi, et elle le faisait. J'étais en train de mélanger le pain et je suis tombé sur Shar par hasard. Elle avait la tête baissée sur la table et était d'une blancheur de mort, mais elle épluchait toujours des pommes de terre. Je l'aimais tellement à ce moment-là; Je ne voulais rien de plus que d'embrasser cette petite fille ! Étant donné qu'à cette époque, ma famille n'était pas très démonstrative et que cela avait tendance à créer une grande gêne pour le donneur et le receveur, je me suis abstenu et lui ai juste dit d'aller se coucher jusqu'à ce que le souper soit prêt et qu'elle n'ait pas à aider jusqu'à ce que elle avait des maux d'estomac. Elle était malade un autre jour, mais cela ne l'a pas empêchée d'aider.

Quand Eileen avait une semaine, Brad s'est blessé au dos en soulevant un réservoir d'acétylène dans son atelier de soudure. À ce moment-là, il n'avait pas pris ses dispositions pour l'intervention chirurgicale recommandée par le médecin et, devant s'absenter du travail à cause de son dos, il a appelé et s'est arrangé pour voir le médecin pour son dos et pour l'intervention que le médecin avait recommandé—une vasectomie—le même jour afin d'avoir moins de temps d'arrêt de travail.

Comme cela a continué tout au long de sa carrière professionnelle, Brad ne manquerait pas de travail à moins qu'il ne puisse tout simplement pas s'y rendre. Le médecin l'appelait en plaisantant un glouton pour la punition, mais en réalité, c'était juste comme ça que mon mari pratique a toujours géré les choses. Il était absent deux jours après sa chirurgie mineure et une autre grossesse n'était plus un souci. Notre famille devait s'arrêter à sept enfants.

97

Stockage

Plus tard, vers le printemps, j'ai remarqué que Brad défrichait le terrain qui se trouvait directement derrière son atelier de soudure, et je lui ai demandé s'il envisageait de le planter. Il a dit qu'il songeait à acheter du charbon et à l'entasser là pour le vendre à ceux qui avaient besoin de charbon pour l'hiver ; il y avait encore ménagères qui cuisinaient avec du charbon comme combustible.

Il a poursuivi: "Je peux acheter du charbon à bas prix en ce moment et je devrais pouvoir gagner de l'argent plus tard avec." Il avait acheté et vendu du charbon plus tôt, avant de commencer à transporter exclusivement pour l'entreprise, mais il ne l'avait pas fait depuis un moment.

J'ai demandé: "Quand pensez-vous que vous aurez le temps de le faire?" Il a dit : « Je songe à réduire les travaux de soudure et se lancer dans autre chose. »

J'étais heureux d'entendre cela, mais un peu inquiet sur les raisons. Sans qu'il me dise quoi que ce soit qui puisse m'inquiéter, pour une raison inexpliquée, je m'inquiétais . C'était ce qu'il ne me disait pas qui m'inquiétait.

Comme il avait dit qu'il le ferait, Brad a commencé à stocker du charbon, vendant même des charges de temps en temps directement de son camion avant de l'apporter sur le terrain. Quand il eut tout son lot, il commença à construire une pièce d'équipement qui, une fois terminée, pourrait l'utiliser pour charger son camion sans le travail éreintant de le pelleter. C'était une sorte d'ascenseur électrique.

Au fur et à mesure que Brad vidait une place dans son parc à charbon, il en achetait plus et remplissait la place vide. Plus tard, j'ai remarqué qu'il avait une grande place vide qui s'est agrandie au fur et à mesure qu'il vendait, sans qu'aucune ne soit transportée pour la remplacer.

J'ai demandé: "Pourquoi n'achetez-vous pas plus pour remplir la place vide?"

"Je ne veux pas aller trop loin jusqu'à ce que je sache que j'en aurai besoin de plus", a répondu Brad.

Cela avait du sens, donc sa réponse m'a satisfait; cependant, je craignais qu'il ne manque de fonds qui seraient nécessaires pour en acheter plus.

98

Une Quasi-Tragédie

Notre nouveau petit, Eileen, ne semblait pas avoir les coliques et divers bébé troubles que les autres petits avaient dans leurs premiers mois. En fait, elle semblait juste retarder ces maladies jusqu'à son adolescence. C'est alors qu'elle a semblé être plus sensible aux maux d'estomac qu'elle était comme un bébé.

Eileen a grandi rapidement, et comme il y avait un peu plus de quatorze mois d'âge entre Eileen et Leeza, quand Eileen a commencé à marcher, elle était presque aussi grande que sa sœur Leeza. Les deux étaient inséparables quand ils étaient enfants, et même maintenant, bien qu'ils aient tous les deux la soixantaine, ils sont, ainsi que leurs maris, toujours très proches. Ils avaient la même taille la plupart de leur vie. Même s'ils ne se ressemblaient pas, les gens me demandaient souvent s'ils étaient jumeaux.

Leeza suça son pouce. Je remarquais que ce n'était pas une chose constante, mais quand elle avait envie de le sucer, elle regardait anxieusement autour d'elle jusqu'à ce qu'elle trouve sa poupée préférée, une poupée de chiffon douce et débraillée dans une robe bleue en sac de farine (Ma avait fait pour elle). Elle serrait cette poupée dans ses bras, mettait son pouce dans sa bouche, enroulait son index autour de son nez, et commençait à sucer et à marcher - plus une promenade qu'une promenade. Je ne sais même pas si elle regardait où elle allait ; Je suppose qu'elle était en train de rêver ou peut-être somnolente à cause de l'effet réconfortant de la succion et du confort de sa poupée. Nous devions la surveiller de près lorsqu'elle commençait à marcher parce qu'elle allait là où elle ne s'aventurait pas d'habitude quand elle avait sa poupée et son pouce. Comme je l'ai déjà mentionné, nous vivions sur une route principale avec beaucoup de circulation de camions.

Nos enfants avaient une peur saine de l'autoroute, et nous n'avons jamais eu à nous soucier qu'ils s'aventurent sur la route. Nous n'avons jamais pensé que cela pourrait devenir un souci pour nous.

Un jour, alors que Leeza avait un peu moins de deux ans, Brad est rentré de son garage et m'a dit qu'il allait en ville chercher du matériel de soudure et voulait savoir si j'avais besoin de quelque chose. Réalisant que ce serait une bonne occasion de faire quelques courses, j'ai décidé d'aller avec lui. Je pouvais magasiner pendant qu'il allait chercher ses fournitures de soudage. Nous avons laissé les petits – Margene, Renee, Leeza et Eileen, quatre mois – à Kaylene. Kaylene était une petite fille de douze ans très digne de confiance, et quand on lui confiait un devoir à accomplir, surtout s'il s'agissait des plus petits, nous ne nous inquiétions jamais quand elle était responsable.

Le bébé venait d'être nourri et couché pour ce qui était généralement une longue sieste, et la surveillance de Kaylene consistait principalement en les trois autres petites filles. Les garçons avaient besoin de chaussures et nous accompagnaient.

Apparemment, le jour où nous avons quitté la maison, Leeza l'a laissée aussi, juste derrière nous, et Kaylene ne l'avait pas immédiatement découverte. Soudain, alors qu'elle était encore à l'intérieur du salon de notre maison, Kaylene a entendu les coups de klaxon et le grincement des freins venant d'en bas de la route à une courte distance. Elle a regardé par la porte et a vu Leeza déambuler, son pouce dans sa bouche et sa poupée dans ses bras, en plein milieu de l'autoroute !

Le camion que Kaylene avait entendu était arrêté, et elle pouvait voir de l'autre côté de la route le propriétaire de l'épicerie, Jack Barnes, se précipiter vers la route et vers notre petite fille. Kaylene a également traversé un petit champ de foin en sprintant vers elle.

Plus tard, en reconstituant ce qui s'est passé, nous avons appris du conducteur du camion qu'il n'était qu'à une courte distance de l'endroit où il avait fait arrêter sa plate-forme lorsqu'il avait vu le bébé sur la route. Il a dit : « Dieu merci, je revenais à vide après avoir livré mon chargement, car si j'avais eu un chargement, il aurait fallu beaucoup trop d'espace pour s'arrêter !

Jack Barnes nous a dit plus tard que même si Kaylene avait trois fois la distance à parcourir, elle est arrivée à l'enfant avant lui et avait choisi elle s'était levée et avait couru jusqu'au fossé de notre côté de la route et s'était couchée avec elle. Quand Jack les rejoignit, Kaylene sanglotait de soulagement. Il a essayé de la calmer et a proposé de ramener l'enfant à la maison, mais Kaylene n'a pas lâché sa petite sœur tant qu'elle ne l'a pas déposée sur les marches de notre porche. Le chauffeur et Jack nous ont tous deux dit que leur plus grande crainte était qu'un camion chargé vienne de l'autre côté avant que quiconque puisse atteindre notre adorable bébé ! Pendant la journée, il était habituel que de très nombreux camions passent devant notre maison.

99

Le Soutien De Dee Et Son Chagrin

Une autre chose qui me soutient, autre que mon mari fort, son l'amour pour sa famille, et son ferme désir de bien gagner sa vie pour nous - était d'avoir ma sœur Dee et sa famille vivant à proximité. Elle vivait sur la route à environ un quart de mile de nous et descendait souvent en portant son bébé, Barbara, tandis qu'à côté d'elle se trouvait son petit garçon, David. Il avait à peu près l'âge de ma Margene ou un peu moins, je crois. Dee a toujours été là pour moi quand j'avais besoin d'elle. Par exemple, lorsque Renee avait tant de coliques, Dee venait s'asseoir juste pour la tenir pendant que Je me suis occupé du bébé.

Dee s'inquiétait vraiment pour Renée, me disant une fois : "Rachel Pervenche [je détestais mon deuxième prénom !], j'ai peur que tu ne puisses pas l'élever" quand Renee, qui semblait sujette à des problèmes de santé, faisait ses dents problèmes et embouteillages importants.

Puis, l'été avant la naissance d'Eileen, alors que j'avais des problèmes avec ma grossesse, Dee était là pour moi. Et à peu près au même moment, Margene a commencé à avoir un nez bouché sévère qui, au début, nous pensions qu'il pourrait s'agir d'un problème d'allergie. (Brad avait souffert d'une allergie, qu'il appelait le rhume des foins.) C'est Dee qui a remarqué une mauvaise odeur sur le visage de Margene et que la zone des sinus de son nez avait l'air plutôt enflée. Nous l'avons immédiatement amenée voir le médecin, et après l'avoir examinée, il a demandé si elle avait pu entrer dans n'importe quel type de graine, comme les haricots ou le maïs. En fait, plus tôt dans la semaine, je l'avais trouvée en train de mettre des haricots dans sa bouche quand nous écossions des haricots pour les conserver en graines. Apparemment, elle les avait mis dans son nez auparavant !

Dee et moi avons passé beaucoup de temps ensemble à la fin de l'été et à l'automne, et nos familles sont devenues très proches. Son mari, Barney, possédait et travaillait dans une mine et s'arrêtait chez nous pour récupérer la famille car il s'attendait à ce qu'ils soient là. Quand il rentrerait à la maison, il serait noir uni de la tête aux pieds, sauf autour des yeux où il avait porté des lunettes de protection, à cause de la poussière de charbon qui s'était déposée sur lui dans ses mines souterraines.

Parfois, Dee et moi avons dîné ensemble, et je lui suggérais : « Barney, pourquoi ne rentres-tu pas chez toi te laver pour que nous puissions tous manger ensemble ? Dee et moi avons beaucoup cuisiné pour nous tous afin que nos deux familles puissent partager un repas ensemble.

Il rentrait chez lui, se lavait et revenait manger avec nous. Nous avons toujours aimé prendre nos repas ensemble et Dee aimait venir chez nous où il y avait des enfants avec qui David pouvait jouer. Barbara n'était qu'un bébé, trop petite pour lui être beaucoup de compagnie.

Une tragédie triste et triste est arrivée à la famille de Dee et Barney. David tomba soudainement malade et mourut dans les vingt-quatre heures. Le médecin a diagnostiqué une méningite. La maladie est arrivée si soudainement que Brad et moi ne l'avons même pas su jusqu'au départ de l'enfant. Eileen n'avait que quelques jours, si je ne m'abuse, lorsque Barney est venu chez nous tôt le matin, le lendemain de la mort de David, et nous a annoncé la triste nouvelle. J'avais eu un accouchement très difficile et tellement de problèmes post-grossesse que je n'étais vraiment pas capable d'être là pour elle. Je suis allé aux funérailles de David, mais le médecin m'a averti de ne pas me tenir debout pendant que j'étais là-bas.

Pendant les offices funéraires, je me souviens m'être assis sur une chaise de cuisine que Brad avait apportée de chez lui. Une chose qui me reste à l'esprit à propos de la veillée funèbre et des funérailles était la petite Barbara, la petite sœur de David, qui s'inquiétait pour son grand frère dans son cercueil avec des chaussettes mais pas de chaussures ! Cette tragédie a été une chose si triste pour ma sœur et sa petite famille.

100

Début Des Temps Effrayants

À la mi-novembre, quand Eileen avait environ deux mois, j'ai marché à l'atelier de soudure de mon mari. Je gardais habituellement un œil sur sa boutique depuis la maison car plusieurs de nos fenêtres faisaient face à cette direction. J'ai su quand j'ai vu des fusées éclairantes constantes de son soudeur qu'il était occupé; cependant, cela faisait près d'une heure que je n'avais pas vu le dernier flash, et même s'il était un peu tôt pour son déjeuner, je le lui apportai. Une fois de plus, je le trouvai assis dans un coin avec ce qui ressemblait à un certain nombre de factures éparpillées autour de lui, et il notait des chiffres sur un petit bloc-notes devant lui. J'ai marché jusqu'au bureau de fortune, et quand il s'est rendu compte que j'étais là, il a commencé à rassembler les factures et à les mettre dans une enveloppe en papier kraft. Encore une fois, j'avais vu le froncement de sourcils très inquiet sur son visage que je soupçonnais être plus qu'un froncement de sourcils concentré. Je lui ai demandé ce qui se passait.

Il n'a fait qu'une brève pause, puis a dit: "Vous pouvez aussi bien le savoir." Il ramassa l'enveloppe kraft et commença à en sortir ce qu'il venait d'y fourrer.

«Ce sont des factures pour des travaux que j'ai effectués pour la société minière qui sont en retard depuis longtemps et dont je doute qu'elles soient un jour payées. J'ai des centaines de dollars de travail pour lesquels ils me doivent en plus de ceux-ci. Tu vois tout ce travail qu'ils n'arrêtent pas de m'apporter ? Il a indiqué plusieurs grosses pièces d'équipement dans son magasin. « Je leur ai juste dit ce matin de venir les chercher car je ne travaillerai plus tant que je ne serai pas payé pour les travaux que j'ai déjà effectués. Je pense qu'essayer d'obtenir mon argent est inutile. Je m'attends à ce qu'ils fassent faillite à tout moment ou du moins qu'ils fassent faillite.

«Je dois trouver quelque chose bientôt que je peux faire tout de suite. Je n'aurai bientôt plus de charbon à vendre. Je vais voir si je peux obtenir une partie de l'argent qui m'est dû en me faisant payer en charbon, bien que je ne veuille pas obtenir plus de charbon que je ne peux en vendre, car la plupart des gens ici en ont déjà dans leur charbon d'hiver. Je devrai peut-être le transporter plus loin et le vendre à des entreprises situées à d'autres endroits à une certaine distance, peut-être aussi loin que Louisville, Lexington ou Knoxville. Pour être honnête, je pense qu'il ne faudra que quelques jours avant que Custer [propriétaire d'Osway Mining Company] ne ferme toutes les mines à ciel ouvert d'ici. De toute façon, toutes les mines privées sont dans le même pétrin.

Bien sûr, comme c'était souvent mon cas lorsque j'entendais des nouvelles de graves problèmes à venir, j'ai été légèrement pris de panique. "Qu'allons nous faire?" m'écriai-je.

Et comme d'habitude quand j'ai eu peur, il m'a tout de suite calmement rassuré. « Je ne veux pas que tu t'inquiètes car je pense que j'ai à peu près tout compris. J'en prendrai soin."

Il s'était toujours occupé de n'importe quel problème, et je savais qu'il le ferait cette fois.

101

Sauvé Par Le Chemin De Fer

À Thanksgiving 1952, il était évident pour tout l'est du Kentucky que si les mines privées pourraient rester ouvertes, ce serait un miracle. Le lundi avant Thanksgiving, avec tout son charbon stocké vendu, Brad a décidé de chercher à nouveau la possibilité de travailler dans la région de Cincinnati. Il a dû prendre une décision rapide car aucun emploi ne semblait être disponible dans notre région et notre réserve de trésorerie s'épuisait. Comme nous en avions discuté longtemps dans la nuit, il n'avait d'autre choix que d'aller en Ohio pour chercher du travail.

Il partit tôt le lendemain matin, le mardi avant Thanksgiving, pour Cincinnati. Le lendemain à midi, mercredi, il a appelé au téléphone un ami commerçant et m'a laissé un message à son épicerie. Le message véhiculait que Brad avait un travail sur le chemin de fer - le même travail qu'il avait quitté juste après notre mariage - mais ils voulaient qu'il commence le lundi après Thanksgiving. Il a dit qu'il s'était trouvé une chambre à coucher et qu'il rentrerait tôt à Thanksgiving pour s'occuper des détails à la maison. Il a dit qu'il ne voulait pas que je m'inquiète car il avait d'autres bonnes nouvelles qu'il me dirait quand il rentrerait à la maison.

Il avait pressé son ami de m'assurer que tout irait bien. C'était la première de nombreuses fois où mon mari merveilleux et attentionné devait me dire ces mots, et nous l'avons toujours été. Lui personnellement (avec Dieu pour le conduire) y a veillé !

Brad est rentré mercredi après minuit. Le matin de Thanksgiving, lorsque les enfants se sont réveillés et ont vu leur père à la maison, leur joie était quelque chose à voir ! Il n'avait jamais été loin de nous auparavant. Ils tous empilés sur le lit, et j'ai pensé qu'ils pourraient l'étouffer. J'ai amené le bébé dans le lit, et elle n'arrêtait pas de lui attraper le nez et de glousser. Les enfants n'étaient pas plus heureux que leur maman ou leur papa d'ailleurs ! Comme cela n'avait rien d'anormal quand il s'agissait de sa famille, je l'ai vu essuyer furtivement des larmes de joie à plusieurs reprises lors de l'accueil des enfants.

102

Plans Cruciaux En Préparation

Brad et moi n'avions pas eu l'occasion de parler de l'état des choses dans notre vie jusqu'après le petit déjeuner, quand j'ai installé les enfants avec leurs jeux et le bébé au lit pour une sieste.

Puis Brad a dit: "Comment te sens-tu à l'idée de retourner à Cincinnati?"

J'ai été abasourdi pendant un moment, puis j'ai répondu: "Si c'est ce que nous devons faire, nous le ferons.

Il a dit: «Oui, je pense que ça l'est. Les longues soirées où j'étais là seul et n'avais rien d'autre à faire, je réfléchissais sérieusement. Je n'ai pas l'impression d'aller là-bas et de prendre un travail temporaire comme solution, car ce qui va se passer de nouveau me permettra de revenir et de trouver n'importe quel type de travail pour prendre soin de notre famille comme Je veux? Il devient de plus en plus difficile de gagner sa vie dans cette région du Kentucky, et même si je m'en sortais plutôt bien, je devais travailler tout le temps et passer très peu de temps avec ma famille. Ce que je fais maintenant m'éloigne encore plus de la famille, et je ne veux pas m'en aller. Je suis également fatigué de travailler pour moi-même avec tous les soucis de m'occuper de tout ce qui se passe pour faire fonctionner ma propre entreprise. Je veux pouvoir travailler mon quart de travail et laisser l'usine et les soucis derrière moi à la fin de mon quart de travail.

Cela ne me dérange pas de faire un peu ou beaucoup d'heures supplémentaires, d'ailleurs. Je veux juste que quelqu'un d'autre ait les soucis de gérer cette entreprise.

Il était assis et me montrait son âme. Pendant qu'il parlait, j'ai réalisé quelle charge cela avait été sur lui, et comme il ne voulait pas m'inquiéter, il ne m'en a pas parlé jusqu'à ce moment. Il sentit qu'il avait besoin de me protéger et, ce faisant, s'était trop chargé. Certes, j'avais beaucoup à faire, mais avec mes grossesses à répétition et les soins que la famille exigeait de moi, j'avais allègrement continué sans m'apercevoir qu'il avait besoin d'aide. Je pouvais attendre avec impatience l'allégement de ma charge sans plus de grossesses à craindre.

C'est alors que je me suis promis de m'impliquer davantage dans ses responsabilités familiales et d'intervenir là où je le pourrais.

Brad avait beaucoup plus à dire et ses nouvelles continuaient à arriver. Au moment où il s'arrêtait et réfléchissait, quelque chose d'autre lui était venu à l'esprit. L'aînée de nos enfants était Kaylene, qui avait douze ans, et dans quelques années, elle serait au lycée. Avant que nous puissions faire demi-tour, elle allait poursuivre des études supérieures ou chercher du travail, et Brad Jr. n'était pas loin derrière elle. La meilleure économie apportée à notre partie du Kentucky par l'exploitation minière à ciel ouvert s'estomperait avec le départ des entreprises. Il m'a dit tout cela et plus encore, et cela lui avait fait penser, pour le bien des enfants, que nous ferions mieux de les déplacer dans une région où les opportunités d'emploi seraient là le moment venu pour eux. Il m'a également dit que son travail dans le chemin de fer n'était qu'un palliatif jusqu'à ce qu'il puisse faire mieux. Il avait nivelé avec le chemin de fer, et ils l'ont quand même embauché. Mais si j'acceptais de déménager à Cincinnati, nous réglerions tous les problèmes du Kentucky et déménagerions dès que possible.

Il y avait plus ! Il avait fait beaucoup de réflexion et de planification pendant qu'il était à Cincinnati. Je devais aussi apprendre que, comme toujours, il avait soigneusement réfléchi avant de prendre des décisions.

Il me disait ce qu'il pensait que nous devions faire, et même si j'avais souvent si peur que nous prenions la mauvaise décision, j'hésitais à donner mon approbation immédiate, mais il finissait par me convaincre.

Jamais il ne nous a égarés ; il semblait toujours avoir les bonnes intuitions. Cela a beaucoup aidé à prier, et je sais qu'il l'a fait !

Il a déclaré qu'après avoir examiné les opportunités d'emploi à Cincinnati, il avait postulé chez General Electric et que l'entretien avait été très positif. On lui a dit qu'ils avaient besoin de soudeurs possédant ses qualifications et son expérience; cependant, comme ils approchaient de la fin de leur année de contrat, ils attendaient la nouvelle convention collective avant d'embaucher de nouveaux soudeurs. Il avait appris que le département où les soudeurs devaient être employés serait un poste nouvellement classé dans le cadre du nouveau contrat. GE embaucherait dans environ six semaines. Sa classification de statut d'embauche était être « embauché provisoirement », en fonction des résultats de son examen physique, ce qui ne se ferait qu'après le début de l'année. Sachant qu'il serait impossible pour un homme ayant une famille d'être au chômage sans revenu, certains des hommes placés dans cette catégorie d'embauche provisoire ne reviendraient pas car ils auraient besoin de trouver un emploi plus tôt et chercheraient ailleurs. S'ils étaient embauchés, ils conserveraient probablement leur emploi. Le statut d'embauche provisoire leur donnerait cette option. Ce serait ce que Brad aimerait faire si j'acceptais de retourner dans l'Ohio.

Il y avait encore plus ! Lors d'un entretien chez General Electric, il a reçu une brochure énumérant les opportunités de logement possibles pour les employés de GE devant déménager. Il a examiné la possibilité d'acheter une maison et en a vu quelques-unes répertoriées du côté Kentucky de la rivière Ohio à Covington. Il a trouvé des maisons qui, selon lui, pourraient répondre à nos besoins et dans une fourchette de prix qu'il estimait pouvoir nous permettre.

L'un était un brownstone sur un petit terrain. Il l'a regardé et a trouvé qu'il avait été remodelé et repeint, et il a pensé que je l'aimerais. Cela conviendrait à notre famille, nos filles partageant une grande chambre semblable à un dortoir au deuxième étage. Il y avait une salle à manger formelle qui pourrait plus tard être convertie en chambre pour les filles plus âgées. Il y avait une grande cuisine avec une table à manger de trois mètres de long et dix chaises qui devaient être laissées dans la maison. (La maison avait été utilisée comme pension pour les travailleurs loin de chez eux.) Il s'est avéré que Brad avait fait une offre en espèces à l'agent immobilier, qui lui avait assuré que son offre serait très probablement acceptée, mais que puisque le propriétaire était absent pour un Thanksgiving familial, il n'a pu confirmer l'acceptation du propriétaire que le lundi suivant le jour férié. Cela aussi avait besoin de mon approbation. Il avait certainement été occupé !

Plus nous parlions, plus j'étais excité et plus j'admirais cet homme bon (si c'était possible, je croyais déjà qu'il avait accroché la lune !). Son enthousiasme était contagieux. Nous avons prié ensemble pour rendre grâce en ce jour de Thanksgiving pour tout ce que Dieu avait fait pour réunir cette grande famille aimante et les faire si bien s'adapter; nous avons remercié le Seigneur de nous avoir pourvus comme il l'avait fait et, plus que tout, de nous avoir réunis et de bénir notre amour les uns pour les autres. Nous avons demandé à Dieu de nous aider à faire les bons choix sur les décisions auxquelles nous étions confrontés car nous les placions entre ses mains.

Nous avions beaucoup de nouvelles à annoncer aux parents de Brad et à ses frères et sœurs lorsque nous nous sommes ensuite réunis chez eux pour un dîner de Thanksgiving. Beaucoup de membres de sa famille élargie étaient là pour le rassemblement ce jour-là, et nous avons pu en voir beaucoup que je n'avais jamais rencontrés. Que de bonne bouffe et de convivialité !

C'était un merveilleux rassemblement, et après le départ des autres invités, nous avons informé Ma et Pa de nos plans. Ils étaient ravis pour nous et nous ont proposé de nous aider de toutes les manières possibles. Ils ont demandé si nous avions besoin d'argent, ce que Brad a refusé. Il leur a dit qu'il avait un peu mis de côté, assez pour acheter la maison et faire le déménagement, et qu'il avait l'intention d'essayer, dans les prochains jours, de vendre et de louer notre maison, ce qui devrait rapporter assez pour donnez-nous un départ dans le nouvel endroit. Entre-temps, expliqua-t-il, il avait un emploi, peu rémunéré, mais qu'il pouvait garder jusqu'à ce qu'il puisse entrer chez GE.

Avec leurs meilleurs vœux, nous nous sommes préparés à partir, mais pas avant d'avoir pris des dispositions pour que Nolan (le frère cadet de

Brad) vienne surveiller nos enfants pendant environ une heure le lendemain matin afin que nous puissions aller à Denton pour parler à mes parents. sur notre déménagement. Ma et Pa avaient été si merveilleux à ce sujet ; J'espérais juste que mes parents seraient aussi favorables, et je pensais qu'ils le feraient.

    Nous nous sommes levés du lit le vendredi après les vacances et, après le petit déjeuner, nous nous sommes dirigés vers Denton. Nous sentions tous les deux que nous avions la bénédiction de Dieu sur les décisions que nous avions prises d'aller en Ohio. Nous avons parlé de nos plans à mes parents, et ils semblaient ravis pour nous aussi. Papa a mentionné qu'un collègue de chemin de fer cherchait un camion à benne basculante à utiliser pour transporter du gravier et pourrait être intéressé par le camion à charbon de Brad. Brad lui a donné les informations sur le camion et ce qu'il voulait en échange, et papa a dit qu'il savait que l'homme lui répondrait. Il l'a fait le jour même et a acheté le camion. Maman était contente pour nous, mais il était évident qu'elle détestait nous voir partir. Maman a dit qu'elle nous aiderait de toutes les manières possibles si nous lui faisions savoir ce dont nous avions besoin. Il semblait qu'ils étaient aussi dans notre coin.

    Nous avons annoncé la nouvelle aux enfants et ils semblaient très positifs à l'idée de déménager dans un nouvel endroit passionnant. Quelqu'un avait parlé au petit Brad du zoo de Cincinnati, et cela seul l'aurait convaincu que nous devions déménager. Cela ressemblait trop à une aventure pour qu'aucun d'entre eux ne soit excité.

103

Le Retour

Au cours des deux jours suivants, Brad a accompli des miracles ! Il a vendu son camion et les outils et l'équipement de son magasin et a loué notre maison, les locataires devant emménager dès que nous avons déménagé. Il a cédé son garage à son frère Daniel pour qu'il l'utilise pour sa propre petite entreprise. Il a commandé à un marchand de charbon local (un de ses amis) et a payé une charge de charbon à livrer à la maison que nous devions acheter. Il était certain que nous l'obtiendrions. Il a engagé le même homme (qui avait deux camions normalement utilisés pour le transport du charbon) pour déplacer nos articles ménagers et nos meubles à Covington, Kentucky.

C'était si difficile de passer les huit semaines suivantes sans Brad. Il a pu passer quelques jours avec nous à Noël et est revenu à la maison avec des cadeaux pour les enfants et moi. Il m'avait dit qu'il ferait les courses pour moi car il serait difficile pour moi de partir sans lui pour m'aider. Je lui ai envoyé une liste de choses possibles à obtenir, et il a bien fait, à ma grande surprise, car il m'avait toujours laissé ce genre de choses. Il m'a offert un beau collier d'or et de perles. Je l'ai aimé! Il m'a dit que sa logeuse (Liz, la même logeuse que lui et moi avions quand nous vivions à Cincinnati avant et après notre premier mariage) avait emballé les cadeaux pour lui, et elle m'avait écrit un gentil mot.

C'était merveilleux d'avoir des nouvelles de notre ancienne propriétaire. Elle était si gentille avec nous deux quand j'étais malade en 1947. Je l'ai vue une fois après notre déménagement dans le nord du Kentucky, et c'était quelques mois après notre déménagement à Covington, lorsqu'elle est venue nous apporter un cadeau de pendaison de crémaillère. Elle peut ont quitté la région car nous ne l'avons jamais revue. Elle nous avait dit qu'elle vendait son immeuble car cela devenait trop lourd à gérer pour elle. Je ne sais pas quel âge elle avait, mais je suppose qu'elle était plus âgée que nos parents, quelque part entre le milieu et la fin de la soixantaine.

Lors de notre déménagement à Covington, nous avons apporté nos meubles et appareils électroménagers, des jambons crus, des épaules de porc et du bacon, ainsi que tous nos fruits et légumes en conserve. Nous avions des sacs de farine, des haricots pinto et des pommes de terre. Nous étions en bonne forme pour pouvoir préparer un repas correct rapidement car tous les colis et cartons de denrées alimentaires étaient bien étiquetés et réunis, rendant possible et en peu de temps un repas d'urgence.

Notre déménagement était prévu du 24 au 25 janvier 1953. Brad devait rentrer chez lui après le travail le vendredi 23 janvier, et avec Daniel et son jeune frère Nolan pour aider à emballer et charger les camions le 24, nous pouvions alors planifions notre déménagement tôt le matin du dimanche 25. Tout a fonctionné comme prévu et nous sommes arrivés vers midi le 25 janvier.

Daniel conduisait un camion et le propriétaire des deux camions conduisait l'autre. Les deux hommes ont aidé à décharger et à installer nos meubles. Kaylene avait douze ans, bientôt treize à l'époque, et m'a été d'une grande aide, alors elle et moi nous sommes occupés de mettre de l'ordre dans les chambres et la cuisine tout en préparant le repas pour nourrir les ouvriers avant qu'ils ne retournent à Sunfish. . Notre charbon avait été livré la semaine précédente, et tout allait bien car il faisait froid! Brad devait être de retour au travail lundi matin, mais pas au chemin de fer. Il avait trouvé un emploi dans une petite entreprise de fabrication de camions manuels, qui payait plus que le chemin de fer et l'avait embauché même après avoir pris connaissance de son statut d'embauche provisoire chez GE. Cette entreprise devait venir à la rescousse de l'emploi de Brad encore une fois dans un proche avenir.

104

Vraiment Béni

Nous avions parcouru un long chemin, Brad et moi, du coup de foudre (parlant pour moi-même, et Brad convient que c'était aussi pour lui) à l'église baptiste missionnaire de South Denton à Denton, Kentucky, pour que nous soyons ensemble dans notre maison actuelle de Pleasant Street à Covington, Kentucky, en tant que couple marié et heureux avec sept enfants !

Ce jour de janvier 1953, alors que nous nous préparions à dormir notre première nuit dans notre nouvelle maison, nous avons réuni tous les enfants et nous nous sommes tenus dans notre nouveau salon presque vide. Nous avons regardé avec tendresse ce merveilleux petit rassemblement dans notre nouvelle maison, retenant à peine nos larmes et essayant de parler autour de la boule dans nos gorges. Entourés de ceux que nous aimions le plus au monde, nous avons remercié Dieu de nous avoir aidés à traverser des moments difficiles mais très gratifiants à cause de l'amour que nous avions les uns pour les autres et pour la promesse que nos vies semblaient contenir. Nous nous sommes engagés envers notre Père céleste béni et les uns envers les autres à conduire nos enfants dans la voie qu'ils doivent suivre, à faire de notre mieux pour leur offrir une bonne vie et à toujours garder les enseignements de Dieu familiers en les emmenant à l'église. . Nous nous sommes engagés à subvenir aux besoins physiques de nos enfants, mais nous nous efforçons de leur inculquer des traits qui leur permettraient d'être indépendants de nous et, en tant qu'adultes, de pouvoir subvenir à leurs besoins, tout en les aimant toujours et les uns envers les autres avec de tout notre cœur.

Nous avions surmonté de nombreux obstacles auxquels nous étions confrontés dès le premier jour, mais comme nous avions franchi chacun d'eux, nous étions devenus plus forts et encore plus prêts à affronter tous ceux à venir. La famille Carrington *allait bien!*

Épilogue

L'histoire de ma vie et de celle de mes proches ne faisait que commencer. Il est devenu de plus en plus évident au fur et à mesure que nos vies avançaient que mon bien-aimé Brad pouvait bien gérer l'argent de ses chèques de paie durement gagnés tout en complétant ce montant par son revenu agricole. Il n'a jamais utilisé l'argent pour ses loisirs personnels - toutes les activités qu'il organisait toujours impliqué sa famille.

Ma vie après notre déménagement dans l'Ohio a commencé à prendre une apparence de caméléon à multiples facettes. Parce que nous pouvions nous offrir du temps pour les activités de loisirs ainsi que du temps pour rêver, l'imagination active de mon mari a proposé des idées qui ont lancé notre famille sur de nouvelles routes - des routes qui devaient mener à des endroits et à des activités passionnants !

Surveillez le segment suivant, *Dreams Born, Dreams Fulfilled*.

www.ingramcontent.com/pod-product-compliance
Lightning Source LLC
Chambersburg PA
CBHW070505120526
44590CB00013B/759